辉煌交通

丛书主编 ◎ 欧国立

建党百年

看中国交通运输发展

民航篇

李晓津 主 编

王 勇 等编写

100

中国财经出版传媒集团

经济科学出版社

Economic Science Press

图书在版编目（CIP）数据

建党百年看中国交通运输发展．民航篇/李晓津主编；
王勇等编写．—北京：经济科学出版社，2021.5（2021.10 重印）
（辉煌交通）
ISBN 978-7-5218-2562-6

Ⅰ．①建…　Ⅱ．①李…②王…　Ⅲ．①民航运输-交通
运输史-中国　Ⅳ．①F512.9

中国版本图书馆 CIP 数据核字（2021）第 096741 号

责任编辑：杨　洋　程　铭
责任校对：王苗苗　杨　海
版式设计：陈宇琰
责任印制：范　艳　张佳裕

辉煌交通
建党百年看中国交通运输发展
民航篇
李晓津　主　编
王　勇　等编写
经济科学出版社出版、发行　新华书店经销
社址：北京市海淀区阜成路甲 28 号　邮编：100142
总编部电话：010-88191217　发行部电话：010-88191522
网址：www.esp.com.cn
电子邮箱：esp@esp.com.cn
天猫网店：经济科学出版社旗舰店
网址：http://jjkxcbs.tmall.com
北京季蜂印刷有限公司印装
710×1000　16 开　16.75 印张　220000 字
2021 年 8 月第 1 版　2021 年 10 月第 2 次印刷
ISBN 978-7-5218-2562-6　定价：76.00 元
（图书出现印装问题，本社负责调换。电话：010-88191510）

辉煌交通
建党百年看中国交通运输发展丛书编委会

民航篇

主　　编：李晓津

参与编写人员：王　勇　金　梦　盖　青　娄梦玲

陈嘉楠　陈燕芽　李国栋　王卫华

总序

2017年10月31日，习近平总书记带领中共中央政治局常委专程赴浙江嘉兴瞻仰南湖红船。抚今追昔，习近平总书记感慨："小小红船承载千钧，播下了中国革命的火种，开启了中国共产党的跨世纪航程。"① 中国共产党，就是从这小小交通工具出发，驶过百年光辉征程，阔步走向中华民族伟大复兴的。从建党开始，交通就与党和国家的命运紧紧联系在了一起。百年来，中国共产党始终围绕中华民族复兴和中国人民幸福发展交通运输事业，实现了中国交通运输的历史性跨越，有力支撑了中华民族从站起来、富起来向强起来的伟大飞跃。

一、新民主主义革命时期：从不自主到自主——中国共产党领导人民夺回交通权，实现人民交通为人民

2019年1月17日，习近平总书记在天津港码头考察时强调，经济要发展，国家要强大，交通特别是海运首先要强起来②。这一重要论断思想深刻、内涵丰富，是对交通与强国关系的历史性总结和规律性认识。交通是强国之基、兴国之要。近代，中华民族的耻辱始于海上，海上交通权的丧失加快了清政府丧权辱国的速度。晚清的政界、学界已普遍认识到，"凡一国之盛衰，在于制海权之得失""能主管海上贸易，即能主管世界之富源"。自第一次鸦片战争始，西方列强凭借坚船利炮，从海上打开了中国国门，强迫签署了一

① 《习近平：铭记党的奋斗历程时刻不忘初心　担当党的崇高使命矢志永远奋斗》，人民网，2017年11月1日。

② 《习近平：稳扎稳打勇于担当敢于创新善作善成　推动京津冀协同发展取得新的更大进展》，人民网，2019年1月19日。

系列不平等条约，我国的重要港口经营权、江海运输权、铁路修筑权悉被列强所扼，以图疯狂掠夺。1842年中英《南京条约》约定了五口通商；1858年《天津条约》约定增开十处通商口岸，外国商船和军舰可以在长江口岸自由航行。1885年《中法新约》明确中国以后修铁路要找法国人商办。清政府虽开展洋务运动兴办轮船招商局、铁路等实业，然其腐朽至极，已无法阻止国势日衰。1910年爆发的保路运动，导火索就是反对清政府将川汉、粤汉铁路名为收归“国有”、实则拱手让与列强的卖国行径，由此也成为辛亥革命的前奏。民国时期，当选大总统的袁世凯在1912年宣布“统一路政”，把各省已经建成和正在兴建的铁路全部收归国有，用以抵借外债，形成了帝国主义掠夺中国铁路路权的第二次高潮，4年间列强夺得路权多达13000多公里。彼时的交通实质已是列强之交通、权贵之交通，而非中华之交通、人民之交通。

交通是一面镜子，能够折射出一个深刻道理：封建主义、资本主义救不了中国。要解决中国发展进步问题，必须找到能够指导中国人民进行反帝反封建革命的先进理论，必须找到能够领导中国社会变革的先进力量。1921年7月，中国工人阶级先锋队——中国共产党的诞生，是开天辟地的大事，深刻改变了近代以来中华民族发展的方向和进程，深刻改变了中国人民和中华民族的前途和命运，深刻改变了世界发展的趋势和格局。从交通领域来看，在革命战争的洪流中，中国共产党组织领导广大海员和铁路、港口工人，先后参加香港中国海员大罢工、京汉铁路工人大罢工、省港大罢工等一系列重要工人运动，给盘踞在中国大地上的帝国主义和封建主义以沉痛打击。在全民族抗日的浪潮中，中国共产党把交通线作为抗战的生命线，粤汉铁路、长江航运、滇缅公路、驼峰航线、中印输油管道等重要交通线路堪称抗日战争不同时期的“生命通道”，“铁道游击战”“水上游击战”等多种经典战法痛击了日寇。在建设无产阶级革命政权的探索中，中国共产党高度重视交通运输，在中央苏区、抗日根据地、中央解放区建立后，先后成立专门的交通运输管理机构，发动民众修桥铺路、运送物资、支援前线。随着解放战争节节胜利，铁路、公路、水路、航空、邮政也逐步回到人民手中。

这一时期，中国交通最大的变化是从“不自主”走向“自主”。在中国共产党领导下，恢复了国家主权，使中国交通开始走向自主、自足、自强的道路。

二、社会主义革命和建设时期：从自主到自立——交通逐步发展，有力支撑了中华民族“站起来”

新中国成立之初，山河重整、百废待兴，中国交通虽走上自主发展之路，但还远远不能自立。现代意义的交通设施、设备几乎无法国产，铁路仅有2.18万公里，公路仅有8.07万公里，内河航道处于自然状态，民航只有7条国内航线，不少地区的邮政还靠马运人扛，交通运输基础十分薄弱，远不能满足恢复生产和社会主义建设的需要。

以毛泽东同志为主要代表的中国共产党人十分重视交通运输事业发展。早在1948年人民解放战争即将胜利之时，毛泽东就指出：“而恢复和发展工业生产和农业生产则需要有较好的组织工作……首先是解决交通运输和修理铁路、公路、河道的问题。”① 1954年9月，周恩来根据党中央和毛泽东的指示，在第一届全国人民代表大会一次会议《政府工作报告》中提出：“如果我们不建设起强大的现代化的工业、现代化的农业、现代化的交通运输业和现代化的国防，我们就不能摆脱落后和贫困，我们的革命就不能达到目的。”这是我们党第一次提出“四个现代化”，其中就包括了“现代化的交通运输业”。为适应经济发展需求，1973年周恩来总理发出了“三年改变港口面貌”的号召，国务院成立了以粟裕为组长、谷牧为副组长的港口建设领导小组，极大地推进了港口建设进程。在中国共产党的领导下，“一五”

① 《毛泽东选集》第四卷，人民出版社1991年版，第1348页。

期间，中国交通开创了若干自主创新“第一次”。1952 年新中国第一台蒸汽机车“解放型”机车出厂，1954 年第一架国产初教－5 型教练机首飞成功，1956 年第一辆“解放”牌汽车试制成功，1958 年第一艘万吨远洋货轮下水。随着国家投资向交通运输不断倾斜，交通基建和运输规模不断扩大。到 1978 年，铁路营业总里程达到 4.6 万公里，公路达到 78.36 万公里，全国主要港口泊位数达到 735 个，民航国际航线达到 8 条，国内航线也增加到 123 条，国家交通大动脉逐步打通，有力支撑了社会主义建设。

这一时期，中国交通最大的变化是从“自主”走向“自立”。在中国共产党的领导下，推进了我国现代交通运输业的发展，有力支撑了中华民族“站起来”。

三、改革开放和社会主义现代化建设新时期：从自立到自足——基本建成交通大国，有力支撑中华民族“富起来”

改革开放初期，随着经济社会快速发展，交通运输供给短缺问题开始凸显，买票难、乘车难、运输难，压港压货成为常态，交通运输严重滞后于经济社会发展，形成瓶颈制约。

以邓小平同志为主要代表的中国共产党人，推动交通运输解放思想、放开搞活。邓小平同志提出“先把交通、通信搞起来，这是经济发展的起点”“我赞成加强基础工业和农业。基础工业，无非是原材料工业、交通、能源等，要加强这方面的投资，要坚持十到二十年，宁肯欠债，也要加强。这也是开放，在这方面，胆子要大一些，不会有大的失误。多搞一点电，多搞一点铁路、公路、航运，能办很多事情。”① 在党的领导下，交通运输行业率先放开搞活。1979 年 1 月 31 日，中央批复同意了由广东省、交通部联合报送的《关于我驻香港招商局在广东宝安建立工业区的报告》，同年 7 月蛇口工

① 《邓小平文选》第三卷，人民出版社 1993 年版。

业区成立，打响了改革开放的开山第一炮。在党的领导下，“有水大家行船，有路大家走车”“贷款修路、收费还贷”“以港养港，以收抵支”等创新政策陆续推出，交通运输市场化进程明显加快，供给不足问题得到初步缓解。

以江泽民同志为主要代表的中国共产党人，推动交通运输抓住机遇、加快发展。江泽民同志在党的十五大报告中提出：“特别要改善居住、卫生、交通和通信条件，扩大服务性消费。”在党的十六大报告中提出：“继续加强基础设施建设”“走新型工业化道路”“实施西部大开发战略”。在党的领导下，铁路开展建设大会战，1997 年起 5 年间实现四次铁路大面积提速。应对 1998 年亚洲金融危机，国家实施扩大内需战略，推动交通基础设施加快发展，交通基础设施瓶颈制约得到明显改善。

以胡锦涛同志为主要代表的中国共产党人，推动交通运输与时俱进、科学发展。胡锦涛同志在党的十七大报告中提出：“加强基础产业基础设施建设，加快发展现代能源产业和综合运输体系。”在党的领导下，伴随着中国加入 WTO，交通“大部制”改革深入推进，综合交通运输发展驶入快车道。至 2012 年底，我国高铁营业里程达 0.94 万公里，居世界第一；高速公路通车里程达 9.6 万公里，超越了美国，居世界第一；初步形成干支衔接的水运网，民用机场体系基本成型，乡设所、村通邮总体实现，交通运输对国民经济的瓶颈制约得到总体缓解。

这一时期，中国交通最大的变化是从“自立”走向“自足”。在中国共产党的领导下，我国交通运输实现了从“瓶颈制约”到“初步缓解”再到“总体缓解”的历史性突破，有效解决了交通运输“够不够”的问题，基本建成了交通大国，有力支撑了中华民族“富起来”。

四、中国特色社会主义新时代：从自足向自强——聚焦解决交通运输“好不好”的问题，加快建设交通强国，奋力支撑中华民族“强起来”

党的十八大以来，中国特色社会主义进入新时代，社会主要矛盾发生变化，交通运输发展重心从解决“有没有”“够不够”的问题，转向解决“好不好”的问题，需要在交通大国的基础上加快建设交通强国。

以习近平同志为核心的党中央高度重视交通运输发展，习近平总书记多次对交通运输工作作出重要论述，强调“加快建设交通强国”“建好、管好、护好、运营好农村公路”，等等，这为交通运输的发展提供了科学指引，推动新时代交通运输发展取得了历史性成就。截至 2020 年底，全国铁路营业总里程达 14.6 万公里，是新中国成立初期的 6.7 倍，其中高铁 3.8 万公里，居世界第一。全国公路通车里程 520 万公里，是新中国成立初期的 63.3 倍，其中高速公路 16.1 万公里，居世界第一。铁路、高速公路对城区常住人口 20 万以上城市的覆盖率均超过 95%。全国内河航道通航里程 12.8 万公里，居世界第一，其中高等级航道 1.6 万公里；城市轨道交通运营里程 7354.7 公里，居世界第一。港口货物吞吐量世界排名前 10 的港口中，中国占 7 席；旅客吞吐量世界排名前 10 的机场中，中国占 7 席，境内民用颁证通航机场 340 个，民航运输机场已覆盖 92% 的地级市；邮政实现乡乡有网点、村村直通邮，我国综合立体交通基础设施网络初步形成。更令我们自豪的是，港珠澳大桥、北京大兴国际机场等一批超级工程震撼世界，“复兴号”动车组、C919 大飞机等大国重器闪耀全球，网约车、共享单车、网络货运等新业态蓬勃发展，中国路、中国桥、中国港、中国高铁成为亮丽的“中国名片”。正如习近平总书记在庆祝改革开放 40 周年大会上所讲，“公路成网，铁路密布，高坝矗立，西气东输，高铁飞驰，巨轮远航，飞机翱翔，天堑变通途”。

这一时期，中国交通最大的变化是从“自足”迈向“自强”。在以习近平同志为核心的党中央坚强领导下，我国交通运输在“基本适应”的基础上向“适度超前”迈进了一大步，并开启了加快建设交通强国的新征程，有力支撑了实现党的第一个百年奋斗目标，正为实现党的第二个百年奋斗目标不懈奋斗。

栉风沐雨、薪火相传。站在建党百年的历史新起点上，回看这一波澜壮阔的发展历程，中华大地改天换日，中国交通沧桑巨变，孙中山先生在《建国方略》中提出的“10万英里的铁路和100万英里的公路，疏浚现有运河和开挖新的运河……开辟全新的北方、东方、南方三大商用港口，从这些港口出发的铁路将远抵西藏、新疆、蒙古和满洲”的宏伟设想，在中国共产党的领导下变为了现实。我们用70年特别是改革开放40多年的时间，建立了现代综合交通运输体系，对比发达国家已经实现了局部赶超，成功走出了一条具有中国特色的交通运输发展道路。我们还将继续努力，实现到2035年基本建成交通强国、到21世纪末全面建成人民满意、保障有力、世界前列的交通强国目标。

在中国共产党一百周年华诞之际，我们谨以此套丛书展现我国百年交通发展奋斗历程及深刻启示，诠释在中国共产党领导下中国交通运输事业所发生的翻天覆地的变化。丛书分为七册，分别为：综合交通运输篇、铁路篇、公路篇、水运篇、民航篇、城市交通篇、邮政篇。丛书由国家信息中心、国家发展改革委综合运输研究所、交通运输部科学研究院、北京交通大学、长安大学、上海海事大学、大连海事大学、中国民航大学、中国民航管理干部学院、山东财经大学、华北水利水电大学、内蒙古财经大学、国家邮政局发展研究中心、中国铁路经济规划研究院有限公司等单位专家学者共同编写。丛书编纂过程中，有幸得到“老交通”智库老部长顾问团的指导，在此表示深深的感谢！

《辉煌交通·建党百年看中国交通运输发展》
丛书编委会
2021年5月

前言

2021 年是中国共产党成立 100 周年，也是建设交通强国的起始之年，站在新时代的坐标点，我们不忘初心，牢记使命。百年来，中国共产党始终围绕中华民族复兴和中国人民幸福来谋划交通运输发展，交通运输事业取得了辉煌成就，有力支撑了中华民族从站起来、富起来向强起来的伟大飞跃。

航空救国不仅是中国民航人的初心，而且契合中国共产党人“全心全意为人民服务”的历史使命，中国民航天然具有红色基因。在中国共产党领导下，经过百年奋斗，我国的民航事业取得了世界瞩目的成绩。2019 年，全行业完成运输总周转量 1293. 25 亿吨公里、旅客运输量 65993. 42 万人次、货邮运输量 753. 14 万吨，各指标连续 15 年稳居世界第二，且与世界第一位美国的差距不断缩小。2020 年，中国南方航空公司在旅客运输量和旅客周转量方面首次以 9686 万人次、1534 亿吨公里成为世界第一；中国东方航空公司、中国国际航空公司亦稳居世界前十名之内，在主要国际航线上，中国航空公司市场占有率已超过竞争对手；全世界旅客吞吐量排名前十位的机场中，广州白云、成都双流、深圳宝安、重庆江北、北京首都、昆明长水和上海虹桥七个机场分别占据了第一、三、五、六、七、九和十位，其余三个为美国的机场。在中国高铁远超美国的背景下，中国民航主要业务量整体超过美国、成为世界第一指日可待。民航取得如此成就，应归功于中国共产党的正确领导、全体民航人的艰苦努力以及全国各地和各部门的大力支持，系统总结辉煌历史，可使民航走向更加辉煌的未来。

本书作为《辉煌交通 · 建党百年看中国交通运输发展》丛书之一，主要介绍了新中国成立以来中国民航取得的辉煌成就。全书以中国共产党成立之时为起点，按照时间线索，全景式描绘了中国共产党领导下的民航发展脉络和腾飞轨迹，将历史严谨性与文字可读性相互结合。

全书共五章，按照时间顺序编撰成册。

第一章为中国共产党人的航空梦想。回溯了中国共产党积极推动航空发展的艰苦努力，追忆了1924年中国共产党创办的我国第一所飞行学校的点点滴滴，描述了以毛泽东为主要代表的中国共产党人在推动两航起义过程中所做的细致工作，通过这些关键节点事件展现了中国民航的红色基因。

第二章为新中国民航的艰难奠基（1949～1978年）。介绍了新中国成立后中国民航事业艰难的奠基过程，特别是克服重重困难先后开辟国内航线、洲内航线和洲际航线，展现了中国共产党人带领下民航从无到有的发展脉络。

第三章为改革开放促进快速发展（1978～2012年）。介绍了改革开放初期的经济社会发展环境，回忆了邓小平同志对民航工作所作的重要指示："民航要用经济观点管理，要按企业来办，"用事实和数据描绘了中国民航发展从小到大的绚丽场景，2005年，中国民航以运输总周转量261亿吨公里、旅客运输量13827万人次、货邮运输量307万吨的成绩首次位列世界第二，并提出了"建设民航强国"的战略构想。

第四章为民航大国的地位确立（2012年至今）。党的十八大至今，习近平总书记对新时代民航工作多次作出重要指示，对民航工作发展起了巨大指导作用。用川航英雄机组等事迹展现了中国民航在发展、安全、服务、正点和效率等方面的突出成绩，回溯了中国民航在永暑礁试飞、支持国产大飞机、海外撤侨和抗击新冠肺炎疫情等关键时刻的突出表现，通过数据比较说明在高速铁路迅猛发展的背景下，中国民航绝大多数指标已稳居世界第二，部分指标超过美国，位列世界第一，民航强国的战略体系逐步清晰。

第五章为与交通强国相适应的民航强国之路。在习近平新时代中国特色社会主义思想指导下，中国民航形成了包括一个总体要求、八个基本特征和三个发展阶段在内的民航强国战略体系。截至2019年，中国已基本建成单一民航运输强国，从现在到2035年将建成多领域民航强国，到21世纪中叶将实现从多领域民航强国向全方位民航强国的跨越，从而奏响交通强国的民航乐章。

回顾中国共产党建党以来民航发展的峥嵘岁月，就是一部民航人践行党的初心使命的光荣奋斗史。展望未来美好蓝图，民航人将坚守自己的红色基因，始终牢记中国共产党提出的“全心全意为人民服务”的根本要求，始终牢记党赋予的“实现中华民族伟大复兴中国梦”的历史使命，始终牢记党规划的“建设民航强国”的出发点和落脚点，自觉用习近平新时代中国特色社会主义思想武装头脑，为实现交通强国、民航强国的战略构想而不懈奋斗！

本书由中国民航大学李晓津担任主编，主要编写成员有王勇、金梦、盖青、娄梦玲、陈嘉楠、陈燕芽、李国栋以及中国民航管理干部学院王卫华。本书编写过程中得到了来自行业内外专家学者以及相关单位的大力支持和帮助，值此付梓之际，谨向所有关心支持本书编写工作的同仁表示衷心感谢，向中国共产党百年华诞表示衷心的祝贺！

由于笔者水平所限，书中可能存在疏漏和错误之处，恳请各位专家同行与广大读者不吝斧正。

目录

Contents

第一章

中国共产党人的航空梦想

第一节　中国共产党成立与航空梦想

一、中国共产党与中国最早的军事飞机学校

发展航空事业一直是中国共产党人的梦想。早在中国共产党领导人民进行革命斗争的时候，就非常重视培养航空人才和发展航空事业。第一次国内革命战争时期，中国共产党和孙中山先生领导的国民党合作创办了黄埔军校，为中国革命培养了大批军事干部。也正是在这个时期，国共两党共同创办了我国第一所军事飞机学校，这一次的合作开启了中国共产党的航空逐梦之旅。

（一）广东军事飞机学校的创办

1921 年，中国资产阶级民主革命的伟大先行者孙中山先生为了反对北洋军阀政府，在广州成立了大元帅府。大元帅府成立后，孙中山先生为发展我国自己的民族航空事业，专门组建了大元帅府航空局，设在广州市东郊大沙头，杨仙逸担任航空局的首任局长。航空局设立之初，由于当时的条件很差，没有创办飞行学校的能力，只有一个简易机场和一个徒有虚名的飞机制造厂，该制造厂只能算是个维修所。厂里只有杨仙逸通过各种关系从美国买回来的几十架水上飞机，最大的一架可坐十几个人。制造厂有 200 多人，其中有两名美国工程师，几个从俄国和德国请来的技术人员，还有十几名朝鲜人。厂房和设备都极为简陋，一座红砖砌成的二层楼房作

为办公室使用，里面放着工厂仅有的几台车床和其他机械设备①。

1924年初，随着国民党第一次全国代表大会召开，以国共合作为基础的革命统一战线正式成立，迎来了全国革命形势的新高潮。为了适应革命形势不断发展的需要和配合即将进行的北伐战争，在中国共产党的大力支持和帮助下，1924年9月，广州革命政府千方百计筹措资金，在航空局下面正式成立了军事飞机学校（见图1-1），校址设在飞机制造厂附近，这就是我国历史上最早的航空学校。②

图1-1　广东军事飞机学校旧址

资料来源：中国空军网。

这所军事飞机学校的首批学员只有10人，黄埔军校从第一期毕业生中选派了7名优秀学员，即刘云、冯旬、王勋、王翱、万鹏、袁政、郭予如；

① 李建文：《大革命时期国共合作的又一产物——记中国最早的军事飞机学校》，载《广东党史》1997年第1期。

② 资料来源：中国空军网。

其他3人则是由飞机制造厂推荐的实习生①。其中刘云、万鹏、郭予如是中共党员，他们在学校成立了党小组，刘云担任学校的党代表。刘云在黄埔军校第一期学员中曾担任队长，早年留学法国，在法国法尔曼飞机工厂附近的飞行学校学习过飞行，这家工厂生产的法尔曼式飞机是当时世界上最先进的军用飞机之一。回国后，刘云又到黄埔军校学习军事。正是由于他受过这方面的专门训练，政治上又很坚定，中共党组织决定派他担任学校的党代表。

初创时的航空学校虽然教学和生活条件都十分简陋，但教学计划却安排得非常周密和有条不紊，学员们的学习热情都很高。三名德国教官对学员的要求也非常严格，一丝不苟地指导学员完成了飞行专业技能学习和飞行训练任务。虽然学校仅有两架教练机，但学员们很快掌握了单独驾驶飞机的技能。

1925年春，盘踞在广东东江一带的军阀陈炯明在帝国主义的怂恿和支持下，悍然进攻广州，阴谋推翻广州革命政府。为打倒陈炯明的反动武装，广州革命政府进行了东征。飞行学校的学员奉命参加了作战，主要任务是散发传单、进行侦查和投掷炸弹。虽然学员们都是第一次参加空中实践，但圆满完成了任务。同年6月，广州和香港工人发动了声势浩大的省港大罢工，飞机学校的学员们在党代表刘云的带领下，参加了广州各界举行的大规模示威游行活动，航空局还专门派出飞机，在广州上空散发传单，有力地声援了工人阶级的革命行动②。

（二）航空骨干人才的培养

1925年8月，国民革命政府选派飞机学校的第一期毕业生刘云、唐

---

①② 李建文：《大革命时期国共合作的又一产物——记中国最早的军事飞机学校》，载《广东党史》1997年第1期。

铎、王叔铭、朴太厦、王翱、冯荀 6 人赴苏联留学深造①。刘云先赴苏联第二飞行学校学习，后转入苏联陆军大学学习。1930 年回国，曾任中共中央长江局军委委员兼红军总参谋长。同年 9 月 2 日因叛徒出卖被捕，6 日就义，他的英名被刻在中国航空博物馆英烈墙之首。唐铎于 1926 年在莫斯科东方大学中共旅欧支部加入中国共产党②。毕业后，唐铎留在苏联，成为一名中尉飞行员。在第二次世界大战中任苏军飞行团副团长，是苏联国家级最高荣誉勋章——列宁勋章获得者。1953 年唐铎回国后，被任命为哈尔滨军事工程学院空军工程系主任，并被授予中国人民解放军空军少将军衔③。

几乎在同一时期，还有两名优秀的共产党员——王弼和常乾坤，怀揣着共产党人的飞天梦远赴苏联学习深造。王弼于 1923 年 8 月参加社会主义青年团（后改为“共产主义青年团”），1925 年 5 月加入中国共产党。1925 年 8 月受中共中央派遣，赴莫斯科中山大学学习。1927 年 9 月，奉中共之命到列宁格勒空军航空学校学习航空机务工程。1929 年 9 月毕业，入苏联空军航空部队服役，先后担任机械师、工程师等职，军衔少校。1933 年 9 月，考入苏联最高航空学府茹科夫斯基航空学院工程系，攻读飞机、发动机的设计与制造工程，以优异的成绩完成了 5 年的大学学业④。常乾坤于 1921 年考入阎锡山在山西太原创办的讲武堂。1924 年到达当时的革命中心——广州。1925 年考入黄埔军校第三期，同年 7 月加入中国共产党。黄埔军校毕业后，经当时担任黄埔军校政治部主任的周恩来推荐，

---

① 李建文：《大革命时期国共合作的又一产物——记中国最早的军事飞机学校》，载《广东党史》1997 年第 1 期。

② 王有生：《我党第一批航空骨干的杰出代表刘云》，中红网，2018 年 12 月 21 日。

③ 唐加瓦：《唐铎：飞越莫斯科红场的唯一中国人》，载《党史博览》2015 年第 7 期。

④ 朝明阳：《为振兴人民航空事业而奋斗终生——纪念我党最早的航空工程专家王弼同志逝世 20 周年》，载《航空史研究》1998 年第 2 期。

以优异的成绩考入广东航校第二期学习飞行，并任区队长。后经周恩来介绍进入广东航校学习进修。1926 年 5 月，受广东革命政府派遣，常乾坤进入苏联空军第三航空学校学习飞行。常乾坤在苏联航校毕业后，在苏联空军航空部队服役多年，先后担任飞行、领航、射击教官、飞行大队长、飞行团的领航主任，获少校军衔。1932 年考入苏联最高航空学府茹科夫斯基航空学院深造，并以优异的成绩完成了学业。①

正当大沙头军事飞机学校逐步走上正轨、迎来新的发展机遇之时，1927 年 4 月，蒋介石在上海发动了反革命政变。随着大革命的失败，这所国共两党共同创办的航空学校也不得不中途夭折了。由于学校规模很小，举办时间也短，又只招收过两期学员，所以很少为世人所知，但它毕竟是国共第一次合作的一个结晶，是中国共产党创办的第一所飞行学校，培养了早期中国航空事业的人才，是开创中国航空事业的摇篮。②

二、土地革命时期中国共产党航空事业的探索

随着蒋介石和汪精卫控制的国民党发动“四一二”“七一五”反革命政变，第一次国共合作以失败告终。但是即使是在技术条件艰苦、革命环境极端恶劣的情况下，中国共产党人也从来没有放弃过对航空梦想的追寻。而一次“天降”的机缘让中国共产党人第一次真正触碰到了飞上蓝天的梦想。

（一）红军的第一架飞机

1930 年 2 月 16 日，国民党军政部航空第四队中校队长龙文光奉命驾

①② 渝文：《常乾坤和王弼：人民空军的奠基人》，载《军事文摘》2019 年第 11 期。

驶美制“柯塞”式侦察轰炸机，由武汉飞往河南开封执行通信联络任务。返航途中，遇大雾迷航，因油料耗尽，迫降在了鄂豫皖根据地的河南省罗山县宣化店陈家河，罗山县第一区第十乡赤卫队大队长陈国清带领赤卫队员将其缴获。驻扎在陈家河附近的鄂豫皖苏维埃政府立即指示红军部队：保护好飞机和飞行员，并立即将飞机运送到鄂豫皖苏维埃政府所在地——新集（位于河南省新县）。[①]

国民党多次企图炸毁被红军缴获的飞机、抢回飞行员，为了避免飞机再次落入敌人手中，鄂豫皖军委立即指示，将飞机拆卸，用蚂蚁搬家的方式将飞机运往河南省信阳市新县卡房乡林家湾。飞行员龙文光与赤卫队员和红军官兵们一起，在沿途苏维埃政府组织的4000多人协助下，用了半个月的时间才将这架飞机运送到新集。在鄂豫皖革命根据地，有一名学过飞行的人——钱钧，他曾在莫斯科航空学校学习。龙文光、钱钧和红军里几个懂得机械的人一起把飞机又重新组装起来。[②]

为了纪念十月革命的胜利，鄂豫皖苏维埃政府将这架飞机正式命名为“列宁号”，并在飞机的机翼上绘制了两颗醒目的红色五角星，在机身侧面写下“列宁”二字。从此，中国工农红军有了第一架飞机。为便于飞机起飞降落，红军在黄安（今红安）与麻城交界的紫云区和皖西的金家寨同时修建了两座机场。“列宁号”极大地鼓舞了根据地军民的斗志，成为共产党人航空梦的开端。[③]

---

①③ 陈辉、刘昌宝：《红军缴获的第一架飞机：“列宁号”》，新华网，2017年7月15日。

② 董绍富：《横空出世——中国工农红军第一架飞机“列宁号”始末》，载《红色记忆 政协文史资料（第6辑）》，政协新县委员会2010年版，第687页。

☞ 专栏1－1：中国工农红军的第一个飞行员——龙文光

龙文光从小受到五四思潮和进步文化的影响，在大学期间投笔从戎并考入了孙中山先生创办的黄埔军校，并于1926年1月从黄埔军校毕业，时值国共两党联合创办的广东航校招生，他被选送到航校学习；1927年1月又被选派到苏联第二航空学校继续深造。1928年底，龙文光学成归国后，担任国民革命军空军第四队上尉分队长，并在南京中央军校航空班任飞行教官。

1930年2月16日，龙文光驾驶的飞机因油料耗尽迫降在红军鄂豫皖革命根据地被俘获后，跟随飞机转移到了新集，并与当时同为黄埔军校毕业的红一军副军长、鄂豫皖革命根据地军委负责人徐向前进行了一次长谈。一心投身革命、保家卫国的龙文光早就对当时的国民党政府彻底失望，在苏联留学期间，也对共产党和红军有一定认识。徐向前鼓励他参加红军，为人民做事。一番谈话后，龙文光认为只有共产党才能实现他的报国理想，并表示愿意参加红军。参加红军后，龙文光将自己的名字改为了龙赤光。从此，中国工农红军有了第一架飞机，中国工农红军有了第一个飞行员①。

（二）中国共产党的第一次航空尝试

1931年，鄂豫皖军委专门成立了航空局，局长由飞行员龙文光兼任，钱钧任政委。但因为没有飞机专用的汽油，“列宁号”只能被当作一个展览品，根本飞不起来。

1931年3月9日，红军在双桥战斗中俘虏了国民党军第三十四师师长岳维峻。岳维峻被俘后，表示愿意以物资交换。因此，除了军火、军服、

① 曾宪森：《红色记忆　政协文史资料（第6辑）》，政协新县委员会2010年版。

西药、银圆等物资，在其家人的周旋下，红军从武汉购得了3000多公斤汽油。从武汉购得汽油后，红四军司令部又在鄂豫皖根据地黄安与麻城交界的紫云区和皖西的金家寨，各修建了一处简易机场。这样，“列宁号”就重新具备了升空飞行的条件①。

1931年7月初，红四军政委陈昌浩要去鄂豫皖苏区东南部的英山洗马畈一带，即红四军主力部队所在地，执行一项重要任务。这时的鄂豫皖苏区被敌人分割成东西两部，两区联络非常困难。为了争取时间，陈昌浩决定先乘“列宁号”飞到皖西金家寨，再转赴英山。但由于遍地泥泞，飞机如降落，就会陷进泥潭。于是，机身调转返航，虽然“列宁号”的首次飞行无奈返航，但是这也意味着红军的第一架战机终于试飞成功。

1931年8月9日傍晚，“列宁号”又从新集机场起飞，远征华中国民党的心脏——汉口，进行侦察飞行。这次只到了汉口附近，整个武汉三镇的国民党陷入慌乱。在某些重要目标区域，国民党开始实行灯光管制。1931年11月7日，红四方面军挥师南下，攻打黄安城（今红安县）。城里守敌有一万多人，防御工事坚固，还配属一个炮兵营。红四方面军不仅没有炮兵，部队也不懂爆破，于是采用围点打援战术。黄安被围困月余，敌人援兵几次都被打退，但城门还是没能攻开。最后，红四方面军决定用红军当时唯一的飞机进行轰炸。徐向前元帅在回忆录《历史的回顾》中写道：“第四方面军总部决定，12月22日夜间攻城……那天白天，陈昌浩坐上飞机……飞机到达黄安上空后转了几圈，敌人以为是给他们空投物资来了，纷纷跑出准备抢东西。万万没想到，来的却是红军的飞机。撒了些传

① 董绍富：《横空出世——中国工农红军第一架飞机“列宁号”始末》，载《红色记忆　政协文史资料（第6辑）》，政协新县委员会2010年版，第690页。

单，还丢了两颗大炸弹，搞得敌军慌乱不堪。”① 中国工农红军完成了国内革命战争史上的第一次空袭。黄安守敌外援不济，突围不得，又遭“列宁号”轰炸，军心更加动摇。赵冠英只好率部弃城逃跑。红四方面军乘胜追击，全歼逃敌，生俘敌师长赵冠英以下5000余人，缴枪数千余支，黄安城解放。

“列宁号”的行动惊动了国民党高层。蒋介石悬赏10万大洋，抓捕龙文光。“列宁号”一战成名，鄂豫皖根据地也准备继续培养和发展飞行人才，然而此时，蒋介石调集30万军队向鄂豫皖根据地发动了第四次“围剿”。随着作战日益频繁，环境日趋恶劣，徐向前代表红军总部忍痛下令：就地埋藏“列宁号”飞机。不久，红军主力部队被迫撤出根据地，“列宁号”被埋藏在大别山一条偏僻的山沟里。就在“列宁号”被掩埋后不久，龙文光化装潜行回到汉口，不幸被国民党特务发现抓获。国民党政府以“带机投匪罪”判龙文光死刑②。临刑前，龙文光挥毫写下一首“绝命诗”：“千秋风雨世间飘，死生一事付鸿毛。吾为自由空中飞，不算英雄亦自豪。”③ 1933年8月9日，龙文光牺牲于武昌威尔台④。同年底，龙文光被中共党组织追认为革命烈士。虽然红军的第一架飞机被深埋地下，然而共产党人所梦想的航空事业却没有停下脚步。在延安，有一颗更早种下的航空“种子”正在悄悄地生根发芽。

三、抗日战争期间共产党人的航空实践

1937年爆发了卢沟桥事变，日本帝国主义悍然向中国发动了全面侵略

① 徐向前：《历史的回顾》，人民出版社2016年版。

② 雪飞：《蒋介石悬赏10万大洋抓捕的飞行员》，载《文史博览》2012年第5期。

③ 刘波：《胜利密码：解放军战力之谜》，广东人民出版社2019年版。

④ 余岸竹：《龙文光与“列宁号”》，载《团结日报》2001年6月16日第3版。

战争。在中华民族处于生死存亡的危急关头，在苏联学习的常乾坤、王弼在完成了茹科夫斯基航空学院的学业后，提出回国参加抗战的要求。任弼时回复他们："抗日战争可能是长期的，中间也许会有曲折，你们要继续抓紧学习，安心等待。"他们向任弼时表示："既然目前不能回国，只能边学习，边等待，倘若时机许可，请告诉我们，我们随时准备着。"1938 年 3 月，任弼时正式通知他们："共产国际已同意你们回国，何时动身尚未确定，你们准备吧。"①

（一）延安航空学校的创立

1940 年 11 月，常乾坤、王弼回到了革命圣地延安。11 月下旬，他们联名向中共中央呈报了建设中国人民空军的计划。说明了按当时的客观条件，虽然没有立即成立航校的可能，但航空干部训练的周期长，所需知识门类多，理论性很强，必须早作准备，否则一旦形势发展需要就来不及了。因而他们建议先暂时成立一所小型学校，集中 50 名干部，学习航空理论、航空知识，以备革命形势发生大的变化之后，作为建立空军的骨干使用。中共中央及毛泽东主席看过建议之后，给予了高度的重视，指出："热心发展航空事业意见是好的，但要有决心和耐心。"② 中共中央的信任和毛泽东主席的嘱托，给了常乾坤、王弼很大的鼓舞和激励。

1941 年 1 月，经中共中央批准，在陕北安塞成立了第十八集团军工程学校（对内称"军委航空学校"），工程学校就建在延安的土窑洞里，而建机场的地址选在了一条平坦开阔的山沟里。同年 3 月 6 日，王弼被任命为校长，常乾坤被任命为教务主任。为了培养中国共产党自己的航空骨干，

① 中共中央党史研究室：《中共党史资料第五十辑》，中共中央党校出版社 1994 年版，第 71 页。

② 中共中央党史研究室：《中共党史资料第五十辑》，中共中央党校出版社 1994 年版，第 74 页。

他们详细地制定教学计划，认真讨论备课方案，编写各种教材，制作多种飞机模型。到 1941 年 3 月，军委航空学校的学员已经达到了六七十名，他们中有刘玉堤、吴元任、马杰三、龙定燎、林征等。4 月 1 日正式开始上课，内容有数学、物理学知识和俄文。在有了一定的文化知识之后，再开始学习航空理论①。当时，苏联政府答应援助中国共产党建立航空事业，于是大家热火朝天地开始学习俄文，研究航空理论。然而就在这个时候，国际国内形势却风云突变，1941 年 6 月 22 日，希特勒下达“巴巴罗萨”作战令，向苏联发动闪电袭击，苏联已经无力兑现援助中国共产党发展航空事业的承诺。与此同时，日军也变本加厉地在中国的土地上清剿扫荡。1941 年 10 月，中共中央将八路军的第一所航校第十八集团军工程学校与抗大三分校合并，编为军事学院，朱德总司令兼任院长，叶剑英为副院长，郭化若为教育长。军事学院至 1942 年 11 月结束，历时一年，仅训练了一期学员②。

（二）中国共产党人在新疆航空队

中国共产党在延安创办航空学校的探索虽然失败了，但是远在两千多公里外的新疆却有一颗航空的种子正在生根发芽。1936 年 10 月，红四方面军一支两万多人的部队奉中央命令西渡黄河，他们此行的目的是要打通延安到新疆的通道，以求取得苏联的援助。但是，这支军队在进入河西走廊之后，就因寡不敌众而惨遭覆灭，只有四百多人走到了新疆。在这里，幸存的四百多名西路军将士，见到了前来迎接的中共驻疆代表陈云和滕代远③。

当时的新疆督办是军阀盛世才，延安曾与盛世才有过一段合作④。这

① 中共中央党史研究室：《中共党史资料第五十辑》，中共中央党校出版社 1994 年版，第 74 页。

② 李志民：《革命熔炉》，中共党史资料出版社 1986 年版，第 170～171 页。

③ 袁彬：《“新疆航空队”飞出的将军》，新华网，2012 年 1 月 16 日。

④ 董少东：《飞鹰展翅——东北老航校风云往事》，载《北京日报》2018 年 8 月 7 日。

一时期，陈云、陈潭秋、毛泽东的弟弟毛泽民等一大批中共领导干部都受邀到新疆工作。盛世才组建了一支航空队，中央党组织希望通过这支航空队培养飞行员。当然，盛世才提出的条件是中共帮他向苏联要飞机、要经费，飞行员培训出来后，先要在他的航空队服役。这中间还有一个小插曲：盛世才虽然同意将西路军将士接进迪化（今乌鲁木齐）安置，但不愿意他们暴露红军的身份，要求他们换装。一开始，战士们接受不了，拒不换装。陈云告诉战士们，军队的本质不在于穿什么服装，换服装是为了更好地保存和发展红军，大家的思想才转过弯来。他们将红军的旧军服洗净收好，换上盛世才军队的衣服，整编为西路军总支队，对外统一称“新兵营”①（见图1－2）。

图1－2　西路军“新兵营”旧址

资料来源：中国军网。

① 袁彬：《“新疆航空队”飞出的将军》，新华网，2012年1月16日。

根据国内外形势的变化，中共中央决定把西路军总支队办成多兵种的军事技术学校。“新兵营”的战士们开始进行技术兵种的训练，有学习汽车驾驶的，学装甲车的，学炮兵的，学无线电的，还有学军医、兽医和去苏联学习情报的。后来，中共中央决心培养一批自己的航空人才，打造自己的空军，选拔飞行员。陈云从总支队选拔了25个人，然后又从延安抗大、摩托学校选调了19人，加入了新疆航空队。此时，前文提到的正在苏联学习的常乾坤和王弼接到了党组织的调令，启程回国。他们先是到达了新疆迪化（今乌鲁木齐）。这里既是他们回国的途经地，也是党组织最初安排的目的地。党组织派常乾坤和王弼到迪化，想安排他们在新疆航空队担任教官，培养党的第一批飞行员，但盛世才却将他们拒之门外。常乾坤和王弼在迪化的中共代表处盘桓了两年，只能在休息时间给中共“委培”的学员们补补课，却一直没能进入航空队的学校。1940年，他们两人终于奉调回到了延安①。

1941年苏德战争爆发，苏联无暇顾及盛世才。而蒋介石却拉拢盛世才，双方很快达成一系列协议。1942年，盛世才公开反共反苏，将新疆航空队中的中共学员全部囚禁在驻地，后投入监狱，并秘密杀害了中共驻疆负责人陈潭秋、毛泽民、林基路。在狱中党组织和航空队党支部领导下，中共学员面对敌人的迫害，坚贞不屈，顽强斗争，提出了“百子一条心，集体回延安”和“拒绝个人出狱，永不脱党叛变”的响亮口号②。身陷囹圄的四年里，大家从没有停止过学习和斗争。党中央数次营救未果，直到1945年，重庆谈判期间，周恩来找到了刚上任主持新疆军政的张治中，三次电陈

---

① 张雅平：《新兵营：我军最早的多兵种军事学校》，载《新疆日报》2016年6月27日。

② 吕黎平：《星光照西陲——忆我党第一支航空队的前前后后》，战士出版社1983年版，第134页。

蒋介石，终于在1946年6月10日释放了新疆航空队里被关押的中共学员①。

四、解放战争时期的东北老航校

在众人的翘首企盼下，发展共产党人自己的航空事业的机会终于来了。1945年8月，苏联红军进入东北，日本宣布无条件投降。日军曾把东北建造成侵华战争后方的航空训练基地，仓皇溃退后，日军遗弃了大批航空设施和器材，机场不少于160座，中共中央领导人意识到，这是创建空军的大好时机。一天清晨，常乾坤接到命令，让他去见时任中央政治局委员、书记处书记任弼时，见面后，任弼时直截了当地说道："中央要你们马上赶到东北去，设法创办一个航空学校，为将来人民空军建设培养一批种子，这是非常重要的任务。"常乾坤答："我们早就盼望这一天，请党中央放心，我们坚决完成这个重要任务。"②

（一）"破铜烂铁"建航校

创办航空学校，人才是第一位的，但当时中共懂航空的人才不仅数量很少，而且分散在各地，干着各式各样与航空专业不对口的工作。为了把这些人才会集起来，常乾坤、王弼到处奔走。将过去派往苏联、派到国民党空军学习航空的人员以及在中共中央党校、自然科学院、俄文学校等单位中熟悉航空业务的干部，如刘风、王琏、吴恺、魏坚、徐昌裕、张开帙、熊焰、顾光旭等30多人，通过中央组织部集中起来。1945年10月，常乾坤带领着这30多人怀着无比兴奋的心情，告别了革命圣地延安，连夜

① 刘波：《胜利密码：解放军战力之谜》，广东人民出版社2019年版，第206页。

② 郭晓晔：《英雄万岁：东北航校暨人民空军创建史诗》，解放军文艺出版社2006年版，第32页。

赶赴东北吉林通化①。在这样一片荒地上，他们要白手起家建立起中共航空梦想的摇篮，其困难程度可想而知。

建立航校时遇到的第一个困难就是没有足够的飞机和航材。中国空军的首任司令员刘亚楼曾说："贺龙元帅是靠两把菜刀闹革命，我们是靠破铜烂铁创建空军。"② 用"破铜烂铁"形容东北老航校最初的飞机和设备，甚至都不算夸张。从 1945 年 10 月，王弼带着第一批筹建航校的同志到达东北开始，到 1946 年 5 月，半年多的时间里，陆续到达的航校创业者们最主要的工作就是"捡洋落"。他们从深山老林挖掘出被日寇掩埋的航材；从荒芜的机场搜集起一桶桶航油；对待残破不全的飞机，仍当宝贝一样用马车拉回去。正值东北严冬，大家不顾天寒地冻，顶风冒雪，奔向东北各地寻找可以回收利用的飞机零部件③。

起初，大家以为侵华日军在东北建了大量机场，应该能找到很多飞机，但事实完全不是这样。完好的日军飞机，基本都被苏联红军作为缴获搜罗走了，那些无法起飞的飞机，多数又被当地百姓搜捡了一遍。在老电影《红鹰展翅》中就有这样一个片段生动演绎了当时的情况：当时老航校的训练机缺少轮子，飞行大队队长刘凯发现老乡们用的马车轮子是飞机轮胎，追出好几里地终于做通了老乡的工作，愿意把轮子进行交换。当时像这样把飞机轮胎变成了马车轱辘，飞行表变成了家里的时钟，甚至连很多飞机的蒙皮都被扒走的情况非常常见。此外，东北被日军侵占 14 年，当地百姓把这些年的仇恨也发泄到这些被遗弃的飞机上，他们愤怒地把日本人遗留下来的飞机"大卸八块"，没有留下一架完整的飞机。

---

① 中共中央党史研究室：《中共党史资料第五十辑》，中共中央党校出版社 1994 年版。

② 郭晓晔：《英雄万岁：东北航校暨人民空军创建史诗》，解放军文艺出版社 2006 年版，第 67 页。

③ 董少东：《飞鹰展翅——东北老航校风云往事》，载《北京日报》2018 年 8 月 7 日。

从东北各地搜集来的破旧飞机，除了几架“九九”高级教练机损坏程度较小，简单修复一下可以使用外，其余的全都无法使用。有的没有起落架，有的没有螺旋桨，有的“五脏六腑”全被掏光。面对这些破烂不堪的飞机和简陋的维修设施，工程机务人员没有退缩，夜以继日地充当着飞机的“医生”。在维修工作中，他们就地取材，采用种种办法，千方百计搞好维修。修理飞机蒙皮没有铝板，就用白铁皮代替；没有亚麻布，就用白布代替；缺少飞机零部件，就东拼西凑，把几架同型号飞机上的器材集中使用；缺少飞机机轮和螺旋桨，就采取轮换的办法，几架飞机合用；飞机加油，没有加油车，就用小铁桶一桶桶地灌；机轮充气，没有冷气瓶，就用自行车气筒，由许多人轮流打气；东北气温低，起飞前发动机需要加温，没有加温炉，就烧劈柴加温；每天飞行前要起动发动机，没有起动车，他们就用手摇摇把起动……①从 1945 年 10 月至 1946 年 5 月，航校的创业者们冒着大风大雪，甚至炮火硝烟，不分昼夜地四处寻找飞机零部件，他们的足迹踏遍了东北的 30 多个城镇、50 多个机场，用找回来的零部件拼出了 120 多架飞机。靠搜集敌方的飞机和航材起家，在世界空军史上绝无仅有。东北老航校的创业者们，就用这样的“家底”，一点点地垒起了中国共产党航空事业的基石②。

（二）日本教员和中国学生

建立航校遇到的第二个困难是教员队伍建设问题。既然要办航校，教员队伍建设当然是首要的重大问题，但是当时够资格的教员很少，如何解决这个问题呢？武修权与林弥一郎的故事给出了答案。

---

① 董少东：《飞鹰展翅——东北老航校风云往事》，载《北京日报》2018 年 8 月 7 日。

② 纪录片《大揭秘：东北老航校（上集）》，2019 年 10 月，第 18 期。

☞ 专栏 1－2：武修权与林弥一郎①

1945 年 10 月，东北民主联军曾克林部在辽宁凤凰城受降了一支 300 多人的日军部队，这是关东军的一支教练飞行大队，领头的人名叫林弥一郎。林弥一郎是原日本关东军第二航空军团第四教练飞行队的队长。1945 年 8 月 15 日，日本天皇宣布无条件投降的时候，林弥一郎正驻扎在沈阳的奉集堡机场，因为不想向苏联投降，于是林弥一郎带着 300 余名部下往南走，试图从朝鲜返回日本，走了十多天之后，他们在一个叫上汤的地方被包围了，追在身后的是苏联红军，挡在前面的是东北民主联军，是战是降，林弥一郎犹豫了。在林弥一郎犹豫之时，东北民主联军曾克林部派出代表主动来找他，民主联军代表告诉林弥一郎，如果他们主动缴械投降，东北民主联军就会把他们当作朋友，以礼相待。听到这里，林弥一郎再次犹豫了，他见识过日军对待战俘的残暴，他深知自己在中国犯下的罪行太过深重，然而，东北民主联军却为他提供了一个特别的缴械方式：让林弥一郎跟他的部下在一个十字路口自觉放下武器，随身佩戴的手枪和武士标志的大刀都可以不上缴。这种缴械方式无疑对这些日军来说太宽容了，也让这些日军战俘深感惊讶，许多战俘都主动交出了所有武器。当时东北局书记彭真提出，希望林弥一郎和他的部队留下来，帮助中国共产党建立航空事业，林弥一郎没有马上同意，而是转身向东北民主联军参谋长伍修权提出了一个让人有些震惊的要求。

对此，当时的参谋长伍修权同志有一段生动的回忆：“谈话中林弥一郎不时地盯着我腰间挂着的布朗宁小手枪。谈话快结束时，他突然提出：‘伍将军，您能否把您带的小手枪送给我作个纪念。’我是非常喜爱这支枪

---

① 吕雪萱：《八路军收编日本林弥一郎航空队始末》，载《云南档案》2019 年第 1 期，第 42～45 页。

的，它随我走过了举世闻名的二万五千里长征，经历过无数的血与火的洗礼，是件很有意义的革命纪念物。在一般人看来，叫我把这个心爱物送给刚刚放下武器的敌人，似乎不大可能。当时我想林弥一郎在这种场合不会轻易这样讲话，一定在试探我们的诚意如何。我想用人不疑、疑人不用，既然我们真心要用他们协助办航校，就要充分信任他们。我当即站起身来，解下小手枪，还有七发子弹在枪中，交到林弥一郎手中。我的这一举动使林弥一郎和日本其他军官，十分感动，表示愿意按照我们的意图，为建设中国空军效力。”伍修权的这一举动，让林弥一郎大受感动，他在后来的回忆录中写道：“我被这突然的场面惊呆了，接过手枪，不知所措。仅仅在四五天前我们刚刚交出自己的手枪，而且我们还没有出任何力，也没有肯定地答应下来，他就把自己心爱的、贵重的、有纪念意义的手枪慷慨地赠送给一个尚没有建立信赖关系的人，作为日本人是做不出这种事的。这件事突出地反映了中国领导人有气魄、有度量，而且有感染力和人情味”。可以说，林弥一郎接过的不只是一把手枪，而是信任和坦荡，最终，除了少数几个没有技术的日本人要求回国以外，几乎所有人都愿意留下来，帮助中国共产党建立航校。1945 年 11 月中旬，以林弥一郎的部队为基础的东北民主联军航空队在吉林通化成立。教员资源稀缺的问题也终于算是圆满解决了。后来在老航校的建设中，林弥一郎的航空队作为一支技术力量做出了不小的贡献。他们这些人在 1953 年后陆续回国，很多人致力于中日和平友好活动。林弥一郎（在老航校工作期间改为中国名字林保毅）直到 1958 年 8 月才回到日本。

除了教员队伍建设的问题，其实摆在航校创建者面前的另一个突出问题是学员资源短缺。恰在这时，抗大山东一分校的 1000 多名学生来到了通化。这简直是航校学员最合适的“苗圃”。他们年轻、政治觉悟高、有文化基础。东北老航校计划招生120人，本以为从这些学生中“十里挑一”是很容易的，但结果却不像设想的那样顺利，在一番并不专业的脑体检测之后，1000多人里只有105个勉强合格。空军原副司令员林虎、空军一级战斗英雄张积慧等就出自这批学员。很多学生没能通过体检是因为他们的身体条件不合格，如沙眼、皮肤病、疟疾、营养不良等。1946年秋天，被盛世才关押了数年的新疆航空队队员归来了，他们从西到东跨越祖国疆土，万里迢迢来到了东北老航校。[①] 就这样，慢慢地，一批又一批从全国各地涌向东北战场的青年学生、优秀战士也来了。东北老航校的教员和学员不断充实、壮大。但就是在如此艰难的条件下，也诞生了很多优秀的飞行员。比如：刘玉堤和王海，这两位在抗美援朝中威震长空的英雄，就是在东北老航校学习的优秀学员。

☞ 专栏1－3：红鹰展翅

（1）英雄的王海大队。

王海，原名王永昌，1926年1月19日出生，山东乳山人。1944年5月参加革命，1945年9月入党。起初，他参加了胶东抗日青年中队，后在山东省临沂人民革命大学学习。1946年6月参军，由于文化程度较高，得到组织的重点培养，赴东北入东北民主联军航空学校（俗称“东北老航校”）机械班学习飞机维护。1948年4月，他正式成为飞行学员，经过2年多的培训，成为一名合格的战斗机飞行员。后来因其在抗美援朝战争中战绩突出，1952年1月，志愿军总部给他记特等功，同年12月26日记一等功，并授予“中国人民志愿军空军一级战斗英雄”荣誉称号。其所在大队荣立集体一等功，被誉为“英雄的王海大队”。后王海任志愿军空军航

① 董少东：《飞鹰展翅——东北老航校风云往事》，载《北京日报》2018年8月7日。

空兵团副团长、团长①。

（2）传奇英雄飞行员刘玉堤。

刘玉堤，1923 年 9 月 17 日出生，河北沧县人。15 岁从军，为学习飞行曾徒步 2000 多公里从延安走到东北老航校。在抗美援朝战争中，28 岁的刘玉堤担任志愿军空军飞行中队长、大队长，当时他飞喷气式飞机仅 10 来个小时，就敢与美军飞行员空中拼刺刀，先后击落美军战机 6 架，击伤 3 架，荣立特等功一次，被志愿军总部评为“中国人民志愿军一级战斗英雄”称号②。

1946 年 1 月，中共中央将航空队、学员队整编为东北民主联军航空总队，下辖教导队、民航队、机务队、修理厂等机构，全队 500 多人。总队集中在通化开展教学和训练。东北老航校逐渐步入正轨。经过近半年的筹备，1946 年 3 月 1 日，在吉林通化二中操场上，600 多名官兵队列严整。上午 10 时，东北军政大学校长何长工用浓重的湖南口音喊道：“我宣布，东北民主联军航空学校正式成立！”这就是中国共产党创建的第一所航空学校，即“东北老航校”③。

（三）啃下教学硬骨头

解决了教员队伍建设和学员招募的问题，东北老航校还面临实际教学中学员理论基础差、没有航空汽油、没有初级教练机等难题。当时的飞行学员们平均学历只有高小水平，对他们来说，要想做到完全理解和掌握深

① 《英雄王海大队》编委会：《英雄王海大队》，蓝天出版社 2014 年版。

② 杨世运：《云海中国虎王牌飞行员刘玉堤传》，重庆出版社 1999 年版。

③ 危立平等：《70 年延续一个梦：从东北老航校历史看人民空军发展历程》，新华网，2016 年 9 月 4 日。

奥的飞行理论，难度是非常大的。学员们靠着“生啃”飞行理论，教员们加强实物教学，攻克了教学的第一个难关。

为了解决航空汽油短缺的问题，东北老航校的机械师们反复试验，把酒精纯度提到95%以上，灌进飞机油箱，最终成功地让飞机获得了动力源。

按照飞行训练的常规要求，学员们要遵循初级、中级、高级教练机的顺序进行飞行训练，但是在东北老航校建校初期，只有4架破旧的初级教练机和一些日制九九高级教练机。为了让学员们尽快飞上蓝天，航校领导提出一个大胆的想法，就是越过初级和中级教练机，直接驾驶九九高级教练机。正是有了这种勇气，直飞高级教练机取得了成功。①

☞ 专栏1－4：诞生在东北老航校里的“打油诗”②

“长夜风雪吼欲狂，衣单被薄镀银光；‘冰窖’里边论蓝天，当个‘团长’入梦乡。”这首航校学员写的打油诗里所说的“团长”，是说团紧了身子取暖。生动地反映了航校的艰苦生活条件，同时也体现了航校人的革命乐观主义精神。因为战事原因，东北老航校数次搬迁，越搬越隐秘、越偏僻，也就越艰苦。航校搬到东安后，校部设在一个日军的破兵营里，窗子上没有一块完整的玻璃，为了挡风御寒，只好用木板将窗户封严，然后再糊一层旧报纸。即使这样，房里还是有许多冰霜，因此说是住在“冰窖”里并不过分。冬季的牡丹江和东安一带，气温常常在零下40℃左右。警卫战士站完岗回来，浑身冰雪，眉须皆白。飞行员待遇高，有空勤灶。东北老航校的飞行学员们每周只有一顿米饭，平时只能是粗粮，这待遇也是有实飞经历之后才有。后来经“东总”特批，每人每天能发两个鸡蛋，就算是“飞行补助”了。然而所有这些困难，都没有束缚住飞行学员们的“翅

①② 董少东：《飞鹰展翅——东北老航校风云往事》，载《北京日报》2018年8月7日。

膀”：没有飞行服，就穿军衣飞行；没有飞行帽，就自己动手用帆布做成简易帽；没有风镜，就用普通玻璃磨制成风镜；没有降落伞坐垫，就用布袋子装上稻草代替；没有航行图，就用白纸画；没有航空时钟，就用手表、闹钟代替，有的同志在飞行时为了掌握时间，在胸前挂着一个闹钟。就是在这样一穷二白的条件下，东北老航校培养出一大批飞行员和航空技术人员。

（四）东北老航校精神永放光芒

在党和国家“狠冲猛闯，攻下文化碉堡；勤学苦练，突破理论难关”的号召下，经过教员与学员的共同努力，老航校取得了明显的成果。1949年以后，航校训练规模日益扩大。先后有飞行教员班、3 期飞行班和 4 期机械班学员毕业，还创办了领航、场站、通信、气象、仪表等班，在校学员达 320 余人。1949 年 5 月，航校定名为中国人民解放军航空学校。东北老航校从 1946 年 3 月建立，到 1949 年 12 月停止办公，在短短的 3 年零 9 个月的时间里，东北老航校共培养出 126 名飞行员、24 名领航员以及 410 名航空工程、通信、气象等各类航空技术人才。这些宝贵的飞行技术人员构成了新中国空军和民用航空事业的首批中坚力量，如军委民航局第二民用航空学校（中国民航大学的前身）的首任校长方槐就出自东北老航校，其在培养中国民用航空人才方面发挥了非常关键的作用①。可以说，东北老航校是当之无愧的新中国人民航空事业的摇篮。

而航校人在艰苦的革命年代孕育形成的以“团结奋斗、艰苦创业、勇于献身、开拓新路”为核心的东北老航校精神②依然激励着今天的中国共

① 孙佳军：《东北老航校：人民军队的第一所航空学校》，中国军网，2016 年 5 月 31 日。

② 空军党的创新理论研究中心：《努力把东北老航校精神发扬光大》，中国军网，2020 年 9 月 7 日。

产党人保持发扬艰苦创业的拼搏精神，赓续培养勇于献身的血性基因，砥砺激发开拓新路的智慧勇气，为实现新时代的民航强国梦不懈奋斗。

第二节　中国共产党感召与“两航起义”*

一、著名的“两航起义”

1949年11月9日，国民党的中国航空公司和中央航空公司（以下简称“两航”）的12架飞机从香港启德机场结队北飞，经过5个多小时的飞行，其中一架中央航空公司的“空中行宫”号飞机，于12时15分在北京西郊机场着陆。当两家航空公司的总经理刘敬宜和陈卓林作为起义代表走下飞机时，受到了外交部副部长李克农、中国人民解放军空军司令员刘亚楼的欢迎。与此同时，其余11架飞机也平安飞抵天津。他们在天津机场受到了人民政府和群众代表的热烈欢迎。这就是震惊中外的“两航起义”。

☞ 专栏1－5：一套棉服的故事

1949年11月9日当晚，天津市市长黄敬在起士林饭店宴请全体“两航起义”人员，并在交际大楼（今解放南路273号）举行了欢迎晚会。11

* 在中国共产党的领导下，“两航起义”的绝大部分工作完成于新中国成立之前，所以本书将“两航起义”归于新中国成立之前。

月15日，他们应邀乘火车赴京，受到周恩来总理的宴请和接见。当时北飞人员大部分穿的都是飞行衣或西装，而年龄最小的机械员甘嘉霖由于是临时决定参加起义，身上只穿了一件衬衣，什么衣服也没有带。到达天津时，天气已经相当寒冷，因此天津市的同志便送了一套棉干部服给他穿。周总理在得知这一情况后，便对工作人员说："可以每个人都送一套嘛！"于是在周总理接见后，在天津就有人专门给起义人员量体裁衣，不久，每个人都免费领到了一套灰色的棉干部服。

"两航起义"人员到达天津后，先是住在市政府交际处的招待所，后来又搬到泰莱饭店（今解放北路158号）。到1949年12月2日迁入位于镇南道（今睦南道）186号的航空招待所。在天津期间，当时管理民航事务的军委民航局对他们进行了妥善安排。除了听取一些人员对新中国民航开航和复员筹备工作的建议外，有关部门还安排他们进行政治、业务学习和文件阅读。在组织上，专门成立了一个"两航同仁学习生活委员会"，下设学术、文体、生活、出版等若干小组，以推进日常的学习、生活事宜。并按照实际需要，经常组织起义人员举行学术讨论会、辩论会、检讨会、游艺晚会、小组漫谈会等。在业余时间还开展了唱歌、扭秧歌、打排球、滑冰等文体活动。此外，又发行了"两航快报"，用来报道留在香港员工的动态和其他一切有关"两航"的消息。一位起义人员后来回忆说，当时的生活使我们从以往个人主义的生活方式，完全变成了集体主义的生活方式。12月16日，又有4位机械师和部分北飞起义人员的家属抵达天津。此后，飞机的维护工作也得到了加强。1950年1月初，在民航局的领导下，他们开始积极筹备新中国的开航事宜①。

---

① 王勇等：《中国民航史教程》，中国民航出版社2019年版。

二、"两航起义"的策动过程

"两航起义"是震惊中外的爱国壮举，受到了毛泽东主席、周恩来总理的高度赞誉。毛泽东主席将它称为"一个有重大意义的爱国举动"①。而"两航起义"成功的根本原因在于中国共产党的正确领导。"两航起义"是在党中央的英明决策、在周恩来同志的关怀下成功的，是基于对国内外形势的正确估计，基于党的威望和影响深入人心，是"两航"上中下层员工觉悟程度的提高。

（一）南下香港

早在1949年5月，中国人民解放军解放上海时，华东航空接管委员会主任蒋天然发现了刘敬宜的一封信："公司留存上海之飞机及各种设备，均应妥善保管，并清点造册，将来移交给新政权"，他同时还留下了不少美元、黄金、银圆。中央航空公司（以下简称"央航"）同样在解放前想留一部分资产在上海，并告诉留守人员点交给人民政府。鉴于此情况，经陈毅、粟裕以中共华东局的名义向中央递交了《争取两航公司的工作报告》。周恩来对此非常重视，批准了华东局的报告，他决定：中央由李克农负责，具体事务由罗青长联络，全力策动"两航起义"。周恩来十分重视"两航起义"，常常晚间检查工作情况，并及时作出指示。他要求上海军管会推荐合适人选前往香港领导这项工作。上海军管会推荐了吕明以及当时尚留在大陆的央航副总经理查夷平。周恩来亲自向吕明、查夷平布置任务：要发动"两航"员工全面起义，停止单机起义的策反工作；先

① 《DC－3与"两航起义"》，人民网，2019年12月12日。

把“两航”基地拖在香港，拒迁台湾；新中国需要强大的民航事业，争取人是最重要的；新中国的民航定会超过“两航”的规模。而后，吕明、查夷平二人经天津塘沽乘船到香港①。

到达香港后，他们同香港地下党、情报组以及工会等配合，展开了卓有成效的工作。在中航公司，中共地下党员胡理昌、何祖锐、姚敏等人组成的党小组一直在香港地下党领导下展开活动。中共地下党员何凤元利用其中国航空公司（以下简称“中航”）香港办事处处长的身份，积极接触中航中上层人士。1949 年 6 月，港英当局借口军事需要，下令征用中航基地修理厂房。何凤元趁机安排时任香港地下党负责人的乔冠华会见中航总经理刘敬宜，动员起义。当时，国民党虽然逃至台湾，但仍盘踞在两广、西南部分地区，蒋介石连续在重庆、成都召开紧急军事会议，企图利用西南地区负隅顽抗、支撑残局，空中运输成为其支撑战局的生命线。为此，蒋介石下令，中航搬往台湾，央航搬往昆明！他多次派交通部长端木杰和中航董事吴忠信等到香港督战，威逼利诱，催促“两航”尽快搬迁。围绕“两航”，国共双方调兵遣将，展开了激烈争夺，而争夺的重点就是“两航”的两位总经理：刘敬宜和陈卓林。吕明等认为，相比较而言，做刘敬宜的工作难度较大。他虽然对国民党的腐败深恶痛绝，但是对共产党则缺乏了解与信任。一开始他选择的是所谓第三条道路：既不倒向大陆，也不迁去台湾，而是利用美方董事向国民党政府施压，先将中航公司转移到香港，与泛美航空公司合作，凭借香港基地开辟南洋航线，以摆脱国内航线大幅缩减的状况，图谋发展。央航总经理陈卓林与中国共产党接触较早，做工作的条件要有利得多。②

---

①② 张寿春等：《周恩来与创建新中国》，中央文献出版社 2013 年版。

（二）开展工作①

1949 年 8 月下旬，起义工作核心小组成立，成员有吕明、查夷平、朱汉明、何凤元、陆元斌、陈耀寰六人。核心小组决定：立即停止单机起义的策动工作；多头并进，在重点做好刘敬宜、陈卓林两位总经理工作的同时，做好中层即课股长的工作，特别要通过成立工会，做好基层职工的工作。吕明、查夷平、何凤元等分头行动，对刘敬宜、陈卓林宣传中国共产党政策，展示新中国民航发展事业的美好前景。

经过卓有成效的工作，截至 1949 年 9 月底，中航各主要部门和空勤人员中都有了中国共产党的骨干。10 月初，何凤元、陆元斌召集中航各部门掌握实权的课长一级负责人及能够在所在部门起到关键作用的骨干开会，正式提出起义目标。这批骨干爱国、事业心强、具有专业技术特长、办事认真踏实、与基层关系密切，对上可影响总经理，对下可团结基层群众，形成了一支重要力量。央航则是自上而下和自下而上相结合，推动中层，形成合力，控制全局。至 10 月上旬，机务部门已经发展 20 余名基层负责人，中层 12 个课长中有 8 个参加了起义准备工作，基层 21 个股长中有 15 名成为骨干。

1949 年 10 月 1 日，中华人民共和国宣告成立。10 月 14 日，与香港近在咫尺的广州解放，“两航”群众欢欣鼓舞。核心小组因势利导，于 10 月 13 日和 18 日，分别召开“两航”工会干部联席会议和技术会议以及技术行动会议，分析形势，明确任务，将起义分为政治动员、行动准备、搬迁问题、复员工作四个阶段，起义准备工作加速进行。这时，经过吕明等多

① 本部分内容均参考《中国航空公司欧亚中央航空公司史料汇编》，民航总局史志编辑部 1997 年版。

次做工作，央航总经理陈卓林终于消除了顾虑，不仅亲自找央航上、中层人员面谈，向吕明等保证可以调动二十至三十架飞机起义，而且他还亲自上门，做刘敬宜的工作。其实，刘敬宜对中国共产党在中航的活动早就采取了默认的态度，但是却不肯正面表态。

1949 年 10 月底，根据“两航起义”工作的进展和整体战局需要，中央军委副主席、政务院总理周恩来最后一次召开关于“两航起义”的会议，传达中共中央书记处的决定：批准“两航起义”。这时，国民党察觉到中国共产党在“两航”的活动，加紧了对“两航”的控制。蒋介石为迫使央航迁往昆明，拨大洋 20 万为搬迁费；为促使中航迁台，蒋介石先后派交通部长兼中航董事长端木杰、中航董事吴忠信、财政部长徐谌等赶到香港，催促搬迁；10 月 21 日，蒋介石电令刘敬宜于 26 日到台，亲自催促中航迁台之事。了解到这些情况后，吕明等认为，此时的刘敬宜对走第三条道路还抱有幻想，而且对中航中下层的思想倾向缺乏了解。因此，要锲而不舍，趁热打铁，坦陈利害，打破他的幻想；同时要发动中航群众尤其是中航的中层干部，一起做刘敬宜的工作，让刘敬宜了解中航广大群众的真实愿望和强烈要求。于是，何凤元、华祝等中航中层干部对刘敬宜直言：“请刘总经理来领导起义是众望所归，我等同仁愿在刘总经理领导下主动做好各方面准备工作，一切不用刘总经理操劳。”但刘敬宜仍然既不同意，又不阻挠，始终不肯明确表态，只是提醒此事不能让美国人知道。与此同时，为了稳住台湾国民党当局，何凤元根据起义工作核心小组的决定，策动会计课长等人编造了一个扩大至 200 万美元的迁台经费预算，以及迁台须建好厂房、宿舍等先决条件，经刘敬宜审阅后上报至国民党政府。庞大的财政预算对于风雨飘摇中的台湾国民党当局而言，是一个根本不可能实现的目标。

（三）成功起义

1949 年 11 月 5 日，吕明、查夷平成立起义指挥部，拟订起义宣言，确定起义日期，制定起义方案，并在启德机场附近设立了联络点。11 月 7 日，中航中层主要部门负责人、业务骨干、飞行员等 42 人在《香港中国航空公司全体员工起义宣言》上郑重签名，表达举事的坚强决心。当日晚，何凤元、吴景岩带着这份 42 人签名的起义宣言找到刘敬宜，再次进行说服工作，恳切希望刘敬宜立即宣布起义，这是一次近乎摊牌的行动。何凤元等人直言不讳："如果总经理不肯来领导，我们将被迫采取单独行动。"至此，刘敬宜终于下定决心，率众起义①。

1949 年 11 月 8 日晚，起义前夜，骨干们怀着激动的心情举行了最后一次秘密会议，对第二天的北飞行动进行了最后的仔细研究和缜密部署，特别研究了对万一出现的国民党空军战斗机的拦截方法。起义领队机长陈达礼要求，所有人员务必于 9 日晨 5 时到机场，6 时开始起飞，其中 11 架飞机由陈达礼领队飞往天津，另一架主机由央航潘国定驾驶直飞北京。在此之前，机务部门选定适合长途飞行的飞机，并对所选定飞机的发动机及重要部件进行调换及维护，确保处于最佳状态，并根据消耗量准备 3 个月所需的器材、零备件，全部打包运上飞机；航务部门精心制定了两套排班表，一套按飞行班期排好正班和加班飞行，预报飞往海口、重庆、桂林、昆明、台北等地；另一套则按北飞计划安排。11 月 8 日晚上，以各种理由逐个通知美籍及中国的非北飞人员，告之次日的该班飞行取消，不要去机场。等飞机起飞后，按原航班预报进行佯装联络；通信方面准备了北飞起义飞机通信联络的程序和方法，并为北飞飞机安装了供各机之间通话

---

① 张寿春等：《周恩来与创建新中国》，中央文献出版社 2013 年版。

联络专用的甚高频。核心小组设立了收信电台，接收北京发来的电报，并专责守听北飞机群的动态；此外，由于气象条件直接影响北飞飞机的飞行安全和起义的成功，核心小组设专人收听北京单向发送的当日天气实况；财务部门积聚现金，以备起义急需；总务部门则控制交通工具，保证北飞行动所需车辆；为确保起义顺利，何凤元预先将与国民党有来往的人员以各种借口调离机场，并派骨干负责值机工作。

1949 年 11 月 9 日晨 5 时，机组成员按计划进入香港启德机场，在地面人员的配合下，办理完各项手续，他们打着手电，找到自己的飞机，开始起飞前准备。香港启德机场的候机楼内，和往常一样人来人往。几乎很少有人注意到两位戴着墨镜、帽檐压得低低的旅客，随着人流通过海关通道，登上了一架号称“空中行宫”的 CV－240 型飞机。在正常的航班表上，这架飞机的目的地是台湾台北桃园机场。他们便是中航总经理刘敬宜、央航总经理陈卓林。陪同他们的有吕明、查夷平等人。清晨 6 时，12 架飞机几乎同时发动，从停机坪滑向跑道起飞区。此刻，在由港英当局管理的启德机场控制室里，摆放着这 12 架飞机的飞行预报：12 架飞机执行的是和往常一样的航班任务，分别飞往海口、台北、昆明、桂林、重庆、柳州等地，执行运送旅客任务，机票也已经售出。但是，他们不知道的是，购买了机票的旅客刚刚得到通知，飞机发生故障，航班取消了。这个计划设计、执行得天衣无缝，不但瞒过了中航的美籍人员，瞒过了机场当局，同样也瞒过了死死盯着“两航”动向的国民党。终于，在依次向塔台报告了虚拟的飞行计划后，得到了起飞许可。6 时 30 分左右，起义北飞的 12 架飞机相继升空，起飞后朝着预报航线的方向爬高，在脱离香港机场塔台的控制范围后，立即调整航向，向北飞去。按照预定计划，北飞的“空中行宫”号飞机由两位总经理带领、央航机长潘国定驾驶，共 13 人，飞往北京；另外 11 架飞机，包括 3 架 C－46、8 架 C－47，共 43

人，由中航陈达礼机长带队，飞往天津。飞过长沙约 10 分钟，机组人员听到了一个盼望已久的声音："这里是武汉人民广播电台""这里是武汉人民广播电台"，这个亲切的呼号，15 秒钟一次反复播放。这是家里人特地安排为"两航起义"飞机导航的。听到电台的呼号，机舱里一片欢呼。中午 12 时 15 分，"空中行宫"号飞机在北京西郊机场安全落地，刘亚楼、李克农、王秉璋、罗青长、钟赤兵等到机场迎接。午后 1 时左右，由领队陈达礼驾驶的 C－46 飞机经过 7 个多小时的连续飞行，在天津张贵庄机场安全降落。随后，其他起义飞机均先后安全落地，天津市市长黄敬等到机场迎接。至此，"两航起义"终于获得了圆满成功!①

（四）"一个有重大意义的爱国举动"

飞机组在飞机降落前就向香港"两航起义"指挥部发去电报。留在香港的核心小组成员知道飞机快要到北京后，从十二点钟左右就开始发动两航的起义职工签名。工会还在天台上组织了一个联欢宣传活动，给大家鼓气。在香港的"两航起义"员工非常高兴。1949 年 11 月 9 日，"两航"总经理刘敬宜、陈卓林发表了起义通电。通电称："中国、中央两航空公司经营交通事业向以服务社会人民为主，成立以来，经人民多年血汗培养与从业人员一致之努力，乃能粗有现在之规模，不幸国民党政权发动内战，两公司受其挟持，将营业、机航重心一度迁离上海，随其到处流徙，几濒绝境，而国民党政府最近一再逼迫两公司迁往台湾，两公司乃系国家之资财，从业人员之事业，自不能任其破坏灭绝；况值解放军事业已底定，建国大业正在开始，经慎重考虑结果，决定依照公司一向服务之方针，并顺应全体同仁一致之愿望，自即日起开始复员回国，所有人员器材亦将逐步

---

① 中国民用航空局思想政治工作办公室：《两航起义始末》，中国民航出版社 2009 年版。

运回国内，以便筹划恢复原有业务。并自即日起，宣布停止通航蒋管区域，与国民党政权断绝关系，归附中央人民政府，听候指示，不胜迫切，敬此电闻。”[①] 这份通电鲜明地反映出“两航起义”的主要原因：在半殖民地半封建的旧中国，在属于官僚资本的两家航空公司中，其经济命脉、技术业务大权始终被操纵在外国人手里，中方员工处处受到外国人的歧视和压迫，他们从事的是半殖民地的航空事业。随着中国共产党的领导赢得民心、赢得胜利，“两航”员工逐渐对国民党丧失了信心，看到了新中国的曙光，他们全力投入为人民服务的社会主义民航事业中。11 月12 日，中央人民政府主席毛泽东、政务院总理周恩来就起义成功发出贺电。毛主席的贺电指出：起义“是一个有重大意义的爱国举动”“希望你们团结一致为建设人民航空事业并为保卫留在香港的祖国财产而奋斗”。周总理在贺电中，任命刘敬宜、陈卓林担任新的“两航”总经理职务，希望“两航”员工今后在中央人民政府及刘、陈两位总经理的领导之下，团结一致，提高警惕，粉碎反对派的阴谋，负责保护一切资产，听候进一步的指示。所有员工生活统一由中央人民政府负责。尚望坚持爱国立场，努力进步，为建设新中国的人民航空事业而奋斗[②]。

12 架飞机北飞后，“两航”在港还有 71 架飞机及大批器材。国民党政府在港英当局的庇护下，妄图劫夺“两航”留港资产。根据党中央指示，中共地下党继续发挥工会作用，带领“两航”广大员工展开了轰轰烈烈的护产斗争运动。经过一番不屈不挠的斗争，1949 年 11 月至 1950 年 5 月，各种器材分批被运抵天津。其中无线电器材 2477 件，工厂设备等 5977 件，航空器材近 8000 件，C－46 发动机 20 台，C－47 发动机 7 台，航空汽油

①② 中国民用航空局思想政治工作办公室：《两航起义始末》，中国民航出版社 2009 年版。

3499 桶，柴油、润滑油各 50 桶①。

从上文可以看出，党中央在实施策动“两航起义”的组织领导工作时，采用了五个结合：一是个别策反与全盘起义相结合；二是争取上层与发动群众相结合；三是反对迁台与起义行动相结合；四是秘密工作与合法活动相结合；五是政治思想工作与技术业务相结合。这五个结合是在当时有利的政治形势下、是在“两航”的许多内在积极因素以及香港的特定环境等有利条件下、是一场运用统一战线策略思想指导革命实践的胜利。在整个过程中，没有党的领导和缜密组织，“两航起义”是不可能实现的。

三、“两航起义”的作用

首先，它是对国民党在政治上和军事上的沉重打击。在解放战争后期，“中航”和“央航”已经成为国民党政权的重要空中交通企业，并竭力想利用“两航”作为它的战争工具。南京、上海解放后，蒋介石到重庆、成都召开军事会议，妄图占据西南，负隅顽抗。由于国民党空运力量不足，只能依靠“两航”的运输力量，作为沟通西南各省和台湾的桥梁。因此，“两航”的向背对国民党的军事运输乃至战争形势的发展起着至关重要的作用。“两航起义”的成功切断了国民党对西南残余部队军需供应的空中运输线，促进了国民党驻滇军队的起义，有力地挫败了国民党妄图依托西南一隅顽抗反扑的图谋，加速了大西南地区的解放。

其次，“两航起义”在政治上和经济上产生了重大影响。在“两航起义”义举的推动下，国民党所属的海外其他 26 个单位也脱离国民党，回到人民手中。1949 年 12 月，港九资源委员会、中国石油公司、中央无线

---

① 中国民用航空局思想政治工作办公室：《两航起义始末》，中国民航出版社 2009 年版。

电公司起义。1950 年 1 月 15 日，香港招商局在汤传篪、陈开骏经理的领导下，全体员工及 13 艘轮船海员宣布起义，并于同年 7 月率 13 艘轮船胜利回归祖国。此外，中国银行、交通银行、中央信托分局、邮汇分局等相继起义，加速了蒋介石集团的分崩离析①。

最后，“两航起义”为创建新中国民航事业奠定了技术物质基础，包括以下四个方面：

第一，“两航”航空设备、器材抢运天津，成为新中国民航事业发展的物质基础。当 1949 年 11 月 9 日“两航起义”的 12 架飞机胜利飞抵北京和天津时，还有价值数千万美元的资产和停留在启德机场的 70 余架飞机仍在香港。根据周恩来指示，留在香港的起义员工进行了英勇的护产斗争，使大量器材、设备得以运回。这不仅挫败了国民党政府和港英当局的破坏活动，成功地保护了国家和人民财产，而且运回的器材成为新中国民航创建初期维修飞机的重要来源和组建飞机修理厂的基础②。

第二，“两航”业务骨干力量成为新中国民航事业的人才、技术基础。在起义前后，周恩来总理曾明确表示，建设新民航，人才是主要的。1949 年上半年，“两航”共拥有 C－46、C－47、DC－3、DC－4 和 CV－240 飞机共 99 架，地勤人员 6780 多人。新中国如果能够尽快复航，不仅可以增加自身的运输力量，而且还会增加国际上对中国的重视。因此，在中华人民共和国成立初期我国外汇相当紧张和缺乏的情况下，中央人民政府仍下决心拿出 400 万元外汇，进行安置和接运“两航”在香港人员和器材的工作。所以，在很短的时期内，先后又有一些飞行人员陆续回国。为了加强领导，中央政府组织“两航”全体飞行员集中在天津，积极训练，准备

---

①② 刘莉、王勇等：《中国民航发展简史》，中国民航出版社 2010 年版。

复航。①

（1）“八一开航”。尽管“两航”大批技术业务人员长期受到外国人的歧视与控制，但是通过自己的不懈努力，获得了比较扎实的航空技术业务知识。他们在 1950 年 8 月 1 日开通了新中国的第一条航线，也就是著名的“八一开航”。曾在第二次世界大战期间参加“驼峰航线”飞行的“两航起义”飞行员潘国定驾驶着毛泽东亲笔题写的“北京号”（原“空中行宫”号），首航天津—(北京)—武汉—广州成功。中华人民共和国成立初期，国民经济有待恢复，社会上对航空运输方面的需求不大。同时，民航自身的运输能力有限，飞机的维护修理、器材和油料供应来源匮乏。在这种形势下，还不具备大规模发展民航事业的条件。因此，从 1949 年底至 1950 年上半年，民航局主要先后组织天津、广州、重庆办事处和部分航站担负了北京、天津至重庆、昆明、兰州等地的专包机飞行任务。1950 年 3 月，民航局局长钟赤兵、副局长唐凯在给毛泽东主席和中共中央的报告中，建议以“小飞的原则”和“采用企业制”为民航的经营方针，逐步探索和积累兴办社会主义民航事业的经验，为今后的发展创造条件、打好基础。4 月 3 日，毛泽东主席批示：“所拟方针可用，具体实施办法，请与周总理、聂参谋长商酌办理，并与空司协商配合。”对此，周恩来总理做出指示：“因为刚建国，百废待兴，人民生活尚未提高，各种物质条件和技术条件很差，加之仍在战时状态，开辟航线不宜多。”1950 年 7 月 18 日，在经过开航前的充分准备之后，钟赤兵局长、唐凯副局长向军委副主席周恩来、代总参谋长聂荣臻、空军司令员刘亚楼等请示开航事宜，提出“拟于 8 月 1 日以 3 架飞机复航天津至重庆、天津至广州的直达线与重庆至成都、至昆明、至贵阳、至汉口的班机飞行”。在正式开航前，民航局设

① 刘莉、王勇等：《中国民航发展简史》，中国民航出版社 2010 年版。

立了机务科和航务科，逐步拟订了适合当时情况的民航组织、财务、营运、机务、航务等制度以及成本计算与运价各项标准。天津、上海、广州、重庆、武汉和柳州的各地办事处抓紧筹备航务、机务机构。为了做好开航的物质准备，全国各地民航机构都相继完成了航空器材的大清点，发现开航必备的维修工具依然奇缺。为此，民航局在“两航起义”员工中发起捐献私有工具的热潮，以解工具奇缺的燃眉之急。起义员工们都积极响应，把自备的可用工具无偿捐出。①

1950 年 8 月 1 日，天津经由武汉飞往重庆的 139 号首航班机载着 14 名旅客于 8 点 30 分首先从天津张贵庄机场起飞。当首航班机经停北京西郊机场时，军委民航局举行了“八一开航”的庆祝活动。民航局局长钟赤兵、副局长唐凯参加了庆祝会，中央军委也派代表到会祝贺。同日 10 点 30 分，CV－240 型“北京号”客机在白云机场上空盘旋一圈之后，飞向天津。中午，两架飞机在武昌南湖机场先后降落。15 点 10 分，两架飞机再次从汉口机场起飞，分别飞向天津和重庆。18 点 10 分，“北京号”在天津张贵庄机场安全降落。几乎在同一时刻，139 号首航班机也顺利飞抵重庆的白市驿机场。在这一天，《人民日报》《天津日报》还分别发表了《国内民用航空“八一”正式开航》的新闻报道和《飞行在自由祖国的天空》的署名文章。“八一开航”为新中国民航事业奠定了初步基础，是一个良好的开端。尽管当时航线不多，但新中国复航之快引起国内外瞩目。②

（2）其他工作。“八一开航”时，新中国的国民经济基础还非常薄弱，很难实现对民航在物质设备上的大规模投入。即使按照“小飞”的经营方针，如果没有维修力量，不仅无法保证飞行安全，也会在很大程度上影响航班的正常飞行。为此，军委民航局于 1951 年初成立了主要负责飞机发动

---

①② 刘莉、王勇等：《中国民航发展简史》，中国民航出版社 2010 年版。

机维护和修理的太原机械修理厂、主要负责飞机机身结构维护和修理的机械修理厂上海分厂，以及主要负责航空仪表维护和修理工作的天津电讯修配所，这些机构后来分别改称为民航第一、第二、第三修理厂。在设备不全、工具缺乏的情况下，广大员工响应党的号召，群策群力，排除困难，陆续修复了国民党政权遗留在大陆的17架飞机（C－46型14架、C－47型2架、PBY型水陆两用飞机1架），这些飞机分别被命名为“上海”号、“天津”号、“广州”号、“中国青年”号、“国庆”号等，加上“两航起义”回归的12架性能良好的飞机，它们组成了新中国民航建立初期的机队主体。

此外，1951年为支援中国人民解放军进军西藏，潘国定、张宝骅、张镒三个机组组成支藏中队，参加了人民空军支援西藏的空投任务。他们飞行50架次，250小时，空投物资12.2万公斤。1956年5月29日，潘国定等人驾驶CV－240型401号飞机，试航北京—成都—拉萨成功，标志着中国民航的飞行技术水平有了较大提高。同年4月，又先后开辟了中缅和中越国际航线，对发展中国同东南亚近邻国家的友好关系起到了积极作用。[①]

第三，“两航”专业人才成为科教兴业的重要力量。培养一支掌握和精通民航各类专业技术业务的人才队伍，是新中国民航事业发展的必要前提之一。1950～1951年，中国民航先后在重庆、天津、上海、北京成立了4所学校。在重庆成立了主要负责训练民航通信、气象、财务、场务等业务人员的军委民航局第一民用航空学校。该校设有150人的政治工作队，负责培养民航政治工作人员。在天津成立了主要负责训练民航机务人员的军委民航局第二民用航空学校。在上海成立了主要负责训练民航飞行人员

① 刘莉、王勇等：《中国民航发展简史》，中国民航出版社2010年版。

的军委民航局第三民用航空学校。还在北京成立了俄文专修班，负责培养俄文干部，后改为民航俄文专修学校。此外，主要由“两航起义”归来人员担任教员，民航局于 1950 年 6 月在石家庄开办了民航干部培训班，负责培训从部队调来的干部，教授他们空中管制、机务、通信导航和财务会计等方面的业务技术知识。该培训班后来因朝鲜战争的爆发而结束，共培训了航站站长 24 名，空中交通管制人员 14 名。1951 年，上述 4 所学校有学生 300 名，1952 年增加到 1600 名，教职工 300 多名。一些“两航起义”的专业人员担负起了新中国民航的教育训练工作。在以后的几十年中，许多同志长期从事科研和教育工作，提高了民航的科学技术水平，为民航培养了一批又一批的空地勤业务技术人才。[①]

第四，对实行政企分开进行了有益探索。1950 ~ 1951 年，原“两航”（中国航空公司、中央航空公司）并入民航局，相应进行了改组。根据政务院、中央军委《关于整编民用航空的决定》，1952 年 7 月 17 日，中国人民航空公司在天津成立（以下简称“人航”），周恩来总理亲自题写了公司名称。公司设经理部，总管全公司的业务计划、生产调度、机场维修、资金使用、会计核算、人员调配等工作。下设 5 处 1 室，即人事处、事务处、机航处、业务处、财务处和秘书室。经停的航站设营业处（所）和飞机维修组，分别处理运输业务和飞机的维护以及器材供应。它们在行政和业务上都直接受公司经理部领导。场站、航行调度、通信、气象、油料供应等部门则归属于民航局，实行政企分开的管理体制。7 月下旬，民航局原天津训练大队和机务工作队、各地航站的机务工作队（组），归属中国人民航空公司机航部门管理。原北京、天津、上海、汉口、重庆、昆明、广州等地的民航营业机构归属中国人民航空公司的营业处。同年 8 月 5 日，中

① 刘莉、王勇等：《中国民航发展简史》，中国民航出版社 2010 年版。

央军委任命方槐为人航经理，李平为副经理。这是新中国创立的第一个国营航空运输企业。公司的经理部设在天津镇南道（今睦南道）40号。同年11月15日，军委空军司令部批准人航暂编为513人，1952年底实有在编人员527人。按照中央军委民航局1952年7月17日通知，原民航局“所办之航空运输、包机、护林飞行、农业航空等民航业务，自8月1日起由中国人民航空公司接办”①。1952年7～12月，民航局陆续拨给人航各型飞机28架。1953年第一季度，民航局及空军又调拨给人航飞机6架。由原“两航”和从空军调入的部分飞行人员83名，组建了新中国民航第一个飞行队，下辖运输飞行中队和农林飞行中队。在航空器材方面，民航局先后将重庆、汉口、昆明器材分库和广州内运的约30吨器材以及总价值约7亿元人民币（旧币）的航空器材拨归人航。经过清点，共有24332件，可以维持飞机飞行1.55万小时。1952年8月1日，人航使用DC－3型飞机，开辟北京—汉口—重庆航线。8月23日，使用DC－3型飞机，开辟重庆—汉口—上海航线；使用C－46型飞机，开辟昆明—南宁—广州航线；使用爱罗－45型飞机，开办广州—湛江不定期的飞行业务。1953年5月，使用C－47型飞机，开辟北京—西安—重庆航线；使用DC－3型飞机，开辟北京—太原—西安—重庆航线。上述航线开辟后，连同原有的重庆至昆明、西昌、成都3条航线，人航国内航线达到9条，通航里程8556公里。从1952年8～12月，完成航空运输总周转量81.6万吨公里；1953年1月至6月，又完成97.6万吨公里。同时，人航还承担了政府各部门的专包机任务。1953年6月9日，军委民航局局长朱辉照发布命令：“为减少组织层次，统一业务管理，提高工作效率，以适应民航事业的发展，兹奉军委空军批示，着即将中国人民航空公司与局合并，自6月9日起执行。”中国

① 林千、邓有池：《中国民航大博览：公元前2000年－1999年》，京华出版社2000年版。

人民航空公司的业务工作全部结束，但公司对外名称不变，飞机仍用“中国人民航空公司”标志。直到 1954 年取消公司对外称呼时，才将民航飞机标志改漆为民航局的局徽。人航的撤销主要是由于当时民航规模尚小，加之学习苏联的计划经济体制，这种政企分开的体制未能坚持下去。虽然中国人民航空公司仅经营了 11 个月，但是在开辟航线、拓宽航空运输、发展通用航空业务、改进经营管理以及健全组织机构和制定规章制度方面，取得了显著成绩并积累了一定经验。它是新中国民航成立后实行政企分开、走企业化道路的一次有益尝试。①

---

① 刘莉、王勇等：《中国民航发展简史》，中国民航出版社 2010 年版。

第二章

新中国民航的艰难奠基*（1949～1978年）

* 如无特别标注，本章数据观点均综合参考李军主编的《中国民航年谱》，中国民航出版社2013年版；王勇等编著的《中国民航史教程》，中国民航出版社2019年版。

1949年10月1日，中华人民共和国成立。新中国民航事业开始了艰难的奠基过程，在结合国内外政治经济环境的基础上，从军委民航局成立到20世纪50年代的改革，从50年代末60年代初的调整到60年代中期初步实现了飞出去，新中国民航就是这样从无到有，蹒跚起步。

1949年3月5~13日，党的七届二中全会在西柏坡召开。3月8日，毛泽东、朱德、刘少奇、周恩来、任弼时等中央领导集体听取了东北民主联军航空学校（又称“东北老航校”）负责同志常乾坤、王弼的专题汇报。这次汇报为党中央制定战略决策和部署提供了准确的信息支持和可靠的基础保障，毛泽东主席在听取东北航校负责人的工作汇报时，表示要准备建立空军和民航。

1949年9月29日，中国人民政治协商会议第一届全体会议选举了中央人民政府委员会，宣告了中华人民共和国的成立，通过了具有临时宪法作用的《中国人民政治协商会议共同纲领》①，该《纲领》提出，要“有计划、有步骤地建造各种交通工具和创办民用航空”②。

第一节 中国民航艰苦创业

一、军委民航局的成立

1949年11月2日，中共中央政治局会议作出“在人民革命军事委员

① 石文龙：《60年来我国解决“台湾问题”的法治实践与经验启示》，载《上海市社会主义学院学报》2009年第6期，第47~50页。

② 岳从欣：《中国共产党关于“四个现代化”提法之历史考察》，载《思想理论教育导刊》2010年第5期，第50~53页。

会下设民用航空局，受军委司令部之领导”的决定，任命钟赤兵为民用航空局局长。与此同时，对于民用航空的建设，作出了民用航空由国家经营，但允许私人的飞机器材投资作为股份的规定。

1949年底，中央军委下发委任状，正式任命钟赤兵为军委民航局局长、唐凯为副局长。1950年10月，民航局党委成立，由钟赤兵、唐凯、沈毅、任泊生、王乃天、方槐、葛燕璋、陈瑞光、李平、李勃、陈居江11人组成，钟赤兵、唐凯、任泊生、王乃天、沈毅5人为常委，钟赤兵为书记、唐凯为副书记兼秘书长。加上后增补的周彬、沈图、王功贵3人，民航局成立初期的党委会由以上14人组成。1951年3月，总政治部发布命令：“为加强军委民航局的党政工作，决定成立军委民航局政治部，由唐凯兼任政治部主任。”

军委民航局成立后，积极组建民航行政管理机构，设置了顾问室、办公厅、人事处、机航处、业务处、场站处、材料处、会计室等部门。1951年10月，为进一步完善民航局的组织机构，政务院批准对其进行调整。在原有机构基础上，增设公安处、计划处、供应处、编译室、民航报社；原场站处改为场务处、会计室改为财务处。此外，民航局的直属单位还包括民航空港建设委员会、中国民用建筑公司、材料总库、民航医院等。

鉴于干部缺乏的状况，军委民航局成立后先从各野战军、各大军区调用军级干部4名，师级干部15名，团级以下干部221名，后从各军政干校及华北人民革命大学调来青年学生143名，并从“两航起义”员工中安排了一批业务技术人员到民航局机关、各民航办事处、各航修厂和航校工作，这些同志构成了民航初创时期的人员基础。

除了组织建设外，军委民航局成立后的一段时间，主要有两个任务，一方面组织领导“两航起义”后在香港的护产战斗和大批员工安置工作，另一方面于1950年5月组建了天津、上海、广州、汉口、重庆五个民航办事处，后分别改名为华北民航办事处、华东民航办事处、华南民航办事处、中南民航办事处、西南民航办事处。1951 年 10 月，民航局发布命令："为了适应工作需要，原各地民航办事处改为中国人民革命军事委员会民航分局，原华东民航办事处改为华东民航分局，原西南民航办事处改为西南民航分局，原中南民航办事处改为华南民航分局，并成立华中民航分局，自即日起按新的组织名称实行。"同年 11 月，周恩来总理书面通知中央财政经济委员会主任李富春："兹规定军委民航局在行动上由空军司令部指挥，在业务上归中财委领导，并请你主管。"①

1954 年 11 月 10 日，军委民航局更名为"中国民用航空局"，直属国务院领导，具体工作由国务院第六办公室掌管②。同年 12 月 21 日，启用"中国民用航空局"圆形印章。

二、中苏民用航空股份公司的组建

在中华人民共和国成立后的第三天，中苏两国建交。中苏两国已合作成立过金属、石油、造船、民航四家股份制企业。1950～1954 年创办的中苏民用航空股份公司（以下简称"中苏航空公司"）是一家民用航空运输企业。其成立不仅便利了中国与苏联、东欧等国家的友好往来，沟通了北京与东北、西北地区的航空联系，而且为新中国民航事业初步建立了一套经营管理制度，配备了比较完善的技术设备，培养了导航、空管、维修等一批专业技术人员，"对协助新中国民航事业的建设作出了一定贡献"。③

① 王立新：《试论新中国民航事业的发展历程》，载《当代中国研究所第三届国史学术年会论文集》2003 年 9 月。

② 刘庆胜：《民航专业图书编写与出版的五项注意要点》，载《民航学报》2018 年第 2 期。

③ 李华：《当代中国的民航事业》，中国社会科学出版社 1989 年版，第 46 页。

1949年12月16日至1950年2月17日，毛泽东应邀到苏联访问。此间，两国领导人举行了一系列高级会谈并签订了一批合作协定。然而，两国要顺利地落实这些协定，就必须有联系、沟通的渠道。除地面和海上交通外，飞架空中的桥梁——民用航空则更为重要。[①] 经过一系列洽谈、磋商，1950年2月14日，中苏两国正式在莫斯科签订了《中苏友好同盟互助条约》，条约为两国开展包括民用航空运输在内的双边经济合作提供了法律根据[②]。

1950年3月，中苏两国政府签订了《关于创办中苏民用航空股份公司的协定》。同年7月1日，中苏民用航空股份公司正式成立，股本定额为4200万卢布，中苏双方各占50%，经营期限为10年。

中苏航空公司实行企业管理，管理机构为股东大会、管理委员会、经理部。股东大会为公司最高管理机构，由公司管理委员会召集，至少每年召开一次会议。管理委员会由中苏双方股东各推荐3名委员组成，委员和主任的任期均为2年，每隔2年双方轮流接替所任职务。公司全部业务的经营管理由管理委员会任命的正副总经理负责。第一届管理委员会主任为中方的钟赤兵，副主任为苏方的阿甫塞依维奇，总经理为苏方的谢德略列维奇，副总经理为中方的沈图。第二届管理委员会主任为苏方的达雷尼切夫，副主任为中方的朱辉照（1954年由王凤梧继任），总经理为中方的沈图，副总经理为苏方的包尔菲洛夫[③]。为了有效进行领导和开展日常工作，

---

① 李华：《1950～1954年中苏民航公司的成立、业绩及其影响因素》，载《当代中国史研究》2019年第26期，第50页。

② 《中国与苏联关系文献汇编（1949年10月～1951年12月）》编委会：《中国与苏联关系文献汇编（1949年10月～1951年12月）》，世界知识出版社2009年版，第124～127页。

③ 民航总局国际合作司：《建国五十五年中国民航关系的发展》，载《中国民用航空》2004年第10期，第38～40页。

经理部设在北京，下设北京、沈阳（自1953年2月1日起，沈阳管理处撤销，业务并入北京管理处）和迪化（今乌鲁木齐）三个航线管理处，航线经停各地设立航站，负责授权范围内的经营管理。

中苏航空公司从成立之日起开辟了北京—沈阳—哈尔滨—齐齐哈尔—海拉尔—赤塔、北京—太原—西安—兰州—酒泉—哈密—乌鲁木齐—伊犁—阿拉木图和北京—乌兰巴托—伊尔库茨克三条国际航线，新中国民航的国际航线就此开通①。1952年，中苏民航公司和苏联民航总局签订联运合同，依合同协定，从1953年开始，所载由北京前往伊尔库茨克的旅客不仅可以前往莫斯科，而且可以联运到所有东欧国家；从1954年上半年起，北京—伊尔库茨克航线的旅客可通过搭载苏联民航飞机联运到南北美洲和欧洲其他城市。可以说，在中华人民共和国成立初期交通运输还不发达的情况下，通过中苏民航公司开通北京到东北和西北边远地区的航线，不仅节省了时间，而且加强了中央和地方的联系。而开通北京—乌兰巴托—伊尔库茨克航线，则有利于加强中国同世界各国的政治、经济和文化交流。

截至1954年，中苏民航公司共有飞机16架（8架苏制里-2客机，8架苏制里-2货机），三条国际航线总长度8179公里，全年共飞行1.66万小时，完成运输总周转量539.74万吨公里，旅客运输量2.43万人，邮件、货物运输量2390.5吨。根据规定，中苏航空公司有效期限为10年，但在1954年9月，苏联政府却主动作出了把中苏民航公司的苏联股份移交给中国政府的决定，并进行了资产清算，公司业务于1954年12月31日终止。

中苏民航公司虽然只经营了4年半的时间，但它是中国民航开拓国际

---

① 韩晓玲：《如何在旅游大氛围中提高中国民航竞争力的思考》，载《中国商贸》2013年第24期，第117~120页。

航线的开始，同时公司也培养了一批技术干部和骨干业务人员。据统计，从1950年7月1日公司正式运营起至1954年12月31日苏方向中方转让股权止，中苏民航公司员工总数为896人，其中苏方236人，中方660人，在4年多的时间里共培养副驾驶10名，副站长10名，训练航空机械员、无线电技术员、报务员等各类技术人员300多名，航线飞行总里程由8798公里增加到12984公里，公司飞机共飞行了57342生产小时，纯盈余79658.1百万元（旧币），未发生飞行事故，基本形成了布局合理的航线网络。1955年1月1日，中国民航局顺利接管了中苏民航公司全部业务。①

三、“八一开航”

新中国成立后，对民用航空事业的发展壮大有着新的更高期盼。中国幅员辽阔、地大物博，在辽阔的祖国大地，想要在几个小时之内使旅客、邮件、货物等在城市间流动，在当时的社会条件下，只能依靠发展空运。空运能够大大缩短运输时间，加强中央与地方的政治和经济联系，为促进国民经济的恢复起到重要作用。

然而在新中国成立初期，国家面临诸多困难，国民经济和长年战争留下的创伤还需要时间来恢复，此时，社会上对航空运输方面的需求不大，民航自身的运输能力也有限，还并不具备大规模发展民航事业的条件。比如当时新中国有限的运输机主要担负的是医治战争创伤和恢复工农业生产建设的一些紧急航空运输任务。所以，新中国民航开辟国内航线的规划要根据国家恢复国民经济工作的需要来制定，只能局部、有限度地通航。

---

① 李华：《1950～1954年中苏民航公司的成立、业绩及其影响因素》，载《当代中国史研究》2019年第26期。

1950 年 3 月中旬，军委民航局第一任局长钟赤兵在一次会议上指出：1950 年是民航事业的准备年。3 月 31 日，他和副局长唐凯向毛泽东主席呈报了民航工作报告，报告汇报了近期民航工作情况、1950 年的工作安排及民航经营方针的建议。

1950 年 4 月 3 日，毛主席对报告作出重要批示："所拟方针可用，具体实施办法，请与周总理、聂参谋长商酌办理，并与空司协商配合。"同月，周总理作出指示："因为刚建国，百废待兴，人民生活尚未提高，各种物质条件和技术条件很差，加之仍在战时状态，开辟航线不宜多。"①

遵照中央领导指示，军委民航局开始着手制定恢复国内航线航班的计划，并做了大量研究论证工作。1950 年 6 月，军委民航局设立了机务科和航务科，逐步拟订了适合当时实际的民航组织、财务、营运、机务、航务等工作计划，并起草制定了相关制度。

1949 年底至 1950 年上半年，军委民航局先后组建了天津、广州、重庆办事处和部分航站，担负了北京、天津至重庆、昆明、兰州等地的专包机飞行任务。随着全国民航各地方组织机构基本健全，军委民航系统在组织机构、技术力量和物资准备上，逐步具备了开辟航线的基本条件，正式在固定航线上经营定期国内航班业务指日可待。

1950 年 7 月 18 日，在经过开航前的充分准备后，局长钟赤兵、副局长唐凯向军委副主席周恩来、代总参谋长聂荣臻、空军司令员刘亚楼等提出三机复航和飞行班次的请示，包括以下四条：

第一，拟于 1950 年 8 月 1 日以 3 架飞机复航天津至重庆、天津至广州的直达线与重庆至成都、至昆明、至贵阳、至汉口的班机飞行。

第二，具体的配备是：2 架飞机以天津为基地飞广州、重庆，1 架飞机

① 荣宁：《周恩来与新中国的航空运输业》，载《廊坊师范学院报》2007 年第 1 期。

以重庆为基地飞成都、重庆、贵阳、汉口。

第三，各地班机飞行（专机飞行在外）暂定每星期1次，每月飞行时长规定156~200小时，然后视情况增加。

第四，参加复航的飞机少与飞行小时少是因为现存的飞机都已使用过度。

1950年7月20日，聂荣臻代总参谋长根据对广州当时安全形势的预判，对军委民航局三机复航和飞行班次的请示作出批示："广州是否安全，有遭空袭的顾虑，须查明后再办，其他两线同意复航。"

对于军委民航局的三机复航计划，周恩来总理也高度重视并作出明确批示。1950年7月21日，中央人民政府政务院秘书厅批复军委民航局："所拟自八月一日起以三架飞机复航的计划，奉总理批示'同意'。批准民航局'自8月1日正式开航'的计划，首先开辟天津经汉口到广州和天津经汉口到重庆两条航线①。"为贯彻军委领导的批示精神，军委民航局随后安排了天津至广州的试航，确保开航万无一失。

复航计划获批后，为周密安排复航事宜，军委民航局制定了《复航计划草案》，对复航做了更为详尽的安排，包括使用飞机计划、航路分配安排、航线班次分配、每月飞行时间预计、机场使用情况、机航管理要求意见、参加复航飞机调换办法、飞行人员调度安排等。

按照复航计划，各项准备工作有条不紊地开展起来。按照中央指示批示精神，军委民航局进行了细致的筹备，围绕复航，主要推进了三项有代表性的工作。

首先，"两航"人员具有过硬的专业技术，为便于"两航"人员参加"八一"复航业务，1950年7月22日，钟赤兵局长、唐凯副局长向军委副

---

① 王渝生：《共和国科技奠基——中华科技六十年（一）1949-1955年》，载《科学中国人》2010年第1期，第20~27页。

主席周恩来提出“在天津、汉口、广州、重庆、上海设立民航代办处”的请示。次日，周总理在请示上批示“同意”。就此，为支持复航的民航代办处成立了。民航代办处的成立为复航计划的落实和保障提供了必要的技术和人员支持。

其次，受当时条件所限，开航飞机的选择是重中之重。因此，根据飞机适航情况，军委民航局确定了“八一开航”首航的2架飞机，一架是1949年11月9日“两航起义”北飞主机“空中行宫”号，即CV－240型XT－610号飞机，担任“八一开航”领队机，执飞天津—汉口—广州航线；另一架是“两航起义”北飞的C－47型XT－139号飞机，执飞天津—汉口—重庆航线。

最后，开航意义重大，开航飞机的命名受到高度关注。1950年7月25日，钟赤兵局长书面请示军委副主席周恩来：“央航员工提议将‘空中行宫’号命名为‘北京’号或‘人民’号，以此表示两航飞机首次飞回人民首都或投入人民怀抱。”周恩来在原文上批复“同意命名为北京号”。这就是著名的“北京”号飞机的由来。

“北京”号飞机命名后，军委民航局抓紧筹备了“北京”号命名典礼。1950年7月25日，正式向军委副主席周恩来呈报了邀请中央军委派员参加“北京”号命名典礼的请示，并获得批准。

1950年7月29日下午3点，军委民航局在北京西郊机场举行了隆重的“北京”号飞机命名典礼。中央军委代表李涛出席典礼并讲话。这是对“北京”号飞机曾肩负的历史使命和即将承担的重要任务的宣告，具有重要意义。命名典礼后，“北京”号飞机即调机天津张贵庄机场。当时，鉴于“北京”号飞行时速为380公里，而各机场尚不具备夜航条件，一天之内难以完成天津—汉口—广州的往返飞行，军委民航局决定，开航分两天执行往返航班。[1]

1950 年 7 月 31 日上午，“北京”号飞机由军委民航局总飞行师潘国定驾驶，搭乘 20 余名旅客，从天津张贵庄机场起飞，经停汉口南湖机场，于 17 时 30 分飞抵广州白云机场，飞机在广州过夜，为第二天的正式开航作好准备。

8 月 1 日 10 时 30 分，“北京”号飞机从广州白云机场起飞，自南向北执飞广州—汉口—天津航线。航班机组成员为：机长潘国定，副驾驶员张兴中，随机报务员顾厚模、卞模然，随机机械员谢国盛，随机服务员陆素莲、丁伟。7 名乘客在广州登机。“北京”号环绕白云机场上空飞行一周，向欢送者致意。之后，便升入 8500 米的高空，向北飞行。

8 月 1 日 8 时 30 分，也就是“北京”号从广州起飞前两小时，C－47 型 XT－139 号飞机从天津张贵庄机场起飞，开辟天津—汉口—重庆航线。首航航班机组成员为：机长秦永棠，副驾驶员梁太山、蔡克诚，随机报务员霍莹晨。飞机在汉口经停时载客 5 名、载货 200 公斤。当这架首航班机经停北京西郊机场时，军委民航局举行了简短的“八一开航”庆祝活动。

中午时分，“北京”号、139 号两架飞机先后降落汉口南湖机场，庆祝活动在南湖机场举行了 2 个多小时[2]。

8 月 1 日 15 时 10 分，庆祝活动结束后，两架飞机从汉口南湖机场起飞，几乎同时在 18 时 10 分，“北京”号向北飞抵天津，139 号向西南飞抵重庆。至此，新中国民航两条国内航线正式开通，史称“八一开航”。[3]

同日，《人民日报》《天津日报》还分别发表了《国内民用航空“八

---

① 钟义辉：《“八一开航”　新中国民航起步的重要标志》，载《大飞机》2017 年第 7 期，第 71 页。

② 钟义辉：《“八一开航”　新中国民航起步的重要标志》，载《大飞机》2017 年第 7 期。

③ 郭振华：《天津与新中国民航》，载《档案时空》2008 年第 5 期，第 6～8 页。

一”正式开航》的新闻报道和《飞行在自由祖国的天空》的署名文章。[①]

据记载，“八一开航”时的国内运价为：重庆至天津450万元（旧币价格，1955年新中国币制改革后，折合为450元，下同）、重庆至汉口240万元、重庆至成都101万元、重庆至昆明216万元。

执行1个多月后，军委民航局向中央军委领导请示调整运价，原因是“有铁道与公路交通便利地区，客货过于稀少，为使一些对空运的利用更多而降低的”。调整后的运价降为：重庆至汉口156万元、重庆至成都73万元、重庆至昆明210万元。

新中国的国民经济基础还非常薄弱，很难实现对民航在物质设备上的大规模投入。即使按照“小飞”的经营方针，如果没有维修力量，不仅无法保证飞行安全，也会在很大程度上影响航班的正常飞行。为此，军委民航局于1951年初成立了主要负责飞机发动机维护和修理的太原机械修理厂、主要负责飞机机身结构维护和修理的机械修理厂上海分厂，以及主要负责航空仪表维护和修理工作的天津电讯修配所，这些机构后来分别改称为民航第一、第二、第三修理厂。在设备不全、工具缺乏的情况下，广大员工群策群力，排除困难，陆续修复了国民党政权遗留在大陆的17架飞机（包括C－46型14架、C－47型2架、PBY型水陆两用飞机1架），这些飞机被命名为“上海”号、“天津”号、“广州”号、“中国青年”号、“国庆”号等，加上“两航起义”回归的12架性能良好的飞机，它们组成了新中国民航建立初期的机队主体[②]。

“八一开航”后，为尽快改变西南各省交通闭塞状况，由重庆通往昆

---

① 钟义辉：《“八一开航” 新中国民航起步的重要标志》，载《大飞机》2017年第7期。

② 刘振敏：《新中国成立70周年·航空维修篇从零到千亿的跨越——中国航空维修产业70年发展回顾》，载《大飞机》2019年第9期，第28～32页。

明、贵阳、成都等地的航线相继开通。经民航局批准，重庆至西昌航线于1951 年 11 月25 日正式通航。开航后不久，为增加客货运输、便于西昌与成都之间的往来，将重庆—西昌—重庆航线，改为重庆—成都—西昌—重庆航线。1951 年 7 月上旬，遵照聂荣臻代总参谋长的命令，民航局调派 3 架 C－46 型飞机，由总飞行师潘国定率领机长张镒、张家骅等一批民航空地勤人员，同空军一起执行为进藏部队空投的飞行任务。1951 年 8 月 15 日至 1952 年 7 月 20 日，共飞行 50 架次、250 多小时，空投物资 12.2 万公斤。到 1951 年底，中国民航国内航线的通航里程达 4365 公里，完成运输总周转量 349 万吨公里，运送旅客 2.39 万人，载运货物和邮件 21670 吨。①

“八一开航”后，军委民航局设计了由地球、中国地图、军旗、齿轮及两翼组成的局徽图案。遵照周总理指示，民航局局徽经修改后正式启用。鉴于这个局徽图案制作比较复杂，1956 年，民航局领导指示局商务处重新设计。后经评定，最终选中了由卢世芳设计的局徽图案。其含义是：红五星与国旗上的五星含义相同，代表中国，两翼分别代表民用航空和通用航空。此局徽一直沿用至今（见图 2－1）。

图 2－1　中国民用航空局局徽图样

资料来源：中国民航网。

① 民航总局规划科技司：《中国民航事业回顾与展望》，2003 年 10 月 19 日。

“八一开航”标志着新中国民航正式启航，在中国民航史上具有里程碑意义，也开启了今后民航事业的进一步开展。

四、国际航线的开辟

新中国民航创业初期，在国际航线的开辟上贯彻“积极准备，稳步发展，有计划、有步骤地开辟通往友邻国家航线”的指导思想。

1955 年 6 月，中缅谈判通航。11 月，双方签订《中华人民共和国政府和缅甸联邦政府航空运输协定》。中国民航于 1956 年 4 月用伊尔－14 飞机开航昆明—曼德勒—仰光航线。

1956 年 4 月，中越签订《中华人民共和国政府和越南民主共和国政府民用航空运输协定》，中国民航使用伊尔－14 飞机开航广州—南宁—河内航线（1957 年 1 月 1 日改为南宁—河内）。

1954 年 12 月，中国政府与蒙古国政府签署协定，飞往苏联的中国飞机自 1955 年 1 月 1 日起，有权飞越蒙古国，并可以在蒙古国的民航机场起降。

1958 年 1 月，中蒙签订《中华人民共和国政府与蒙古人民共和国政府航空交通协定》，5 月和 11 月，中蒙民航用伊尔－14 飞机分别开航北京—乌兰巴托和乌兰巴托—北京航线。

虽然在这一时期中国民航开辟的国际航线非常有限，但已经迈出了与周边国家航空往来的步伐。

五、技术人才培养

创业初期的民航从业人员大多是从部队选拔来的。毛泽东主席、周恩来总理作出指示：空军、民航发展需要人，从部队里点名就好了，点到谁算谁。空军司令员刘亚楼也指示民航，从部队选人要注意选身体好、有一定文化程度的。从 1949 年 11 月民航局成立至 1950 年 7 月，先后从各野战军、各大军区调来一大批干部。其中，从陆军调来军级以上领导干部 4 名，师级 15 名，团级以下干部 221 名。另外，从各军政干校、华北人民革命大学调来青年学生 143 名。当时民航技术业务骨干的另一个重要来源是“两航起义”归来的大批技术和业务人员。在新中国成立初期我国外汇相当紧张和缺乏的情况下，中央人民政府坚持拿出 400 万元外汇，进行接收“两航”在香港人员和器材的工作。到 1950 年底，“两航”复员到广州、上海、天津的员工共 1725 人。为了加强领导，中央政府组织“两航”全体技术业务人员集中在天津，积极训练，参与新中国民航的建设工作。

鉴于新中国民航技术人才匮乏、技术水平不高，周恩来总理于 1951 年 3 月 5 日听取民航局局长钟赤兵关于民航有关问题的汇报，批准：一是改组原中国、中央航空公司，并由民航局为两航人员开办学校。二是建立民航政治工作制度。

1951 年 9 月，军委民航局先后成立了 4 所民航学校。民航局在重庆成立了主要负责训练民航通信、气象、财务、场务等业务人员的军委民航局第一民用航空学校。该校设有 150 人的政治工作队，负责培养民航政治工作人员，由陈居江任校长。民航局在天津成立了主要负责训练民航机务人员的军委民航局第二民用航空学校，方槐任校长。民航局在上海成立了主要负责训练民航飞行人员的军委民航局第三民用航空学校，王乃天任校长。民航局还在北京成立了俄文专修班，负责培养俄文干部。此外，主要由“两航起义”归来人员担任教员，民航局于 1950 年 6 月在石家庄开办了民航干部培训班，负责培训从部队调来的干部，教授他们空中管制、机务、通信导航和财务会计等方面的业务技术知识。该培训班后来因朝鲜战争的爆发而结束，共培训了航站站长 24 名，空中交通管制人员 14 名。

六、民航整编

1952 年 5 月 7 日，政务院、中央军委作出《关于整编民用航空的决定》（以下简称《决定》），称“为了统一航空事业的管理，有效地整理民用航空机构与合理地使用人力、物力，并使民用航空成为空军的后备力量”，特规定：

（1）原军委民航局改归空军建制。民航局的行政领导、党政工作、供应关系，技术业务等均直属空军司令部，但其名义仍用中央人民政府人民革命军事委员会民航局，以便对外联系。

（2）将民航行政管理机构和业务经营机构分开，改设民用航空局和人民航空公司。民航局应精简机构，人民航空公司为独立的企业单位。

（3）民航局所辖的太原修理航厂、天津电讯修配厂、上海修理厂拨交重工业部航空工业局，民航的大修任务，由该局统筹。

（4）原民航局所管辖的俄文专修学校、第三航校拨归重工业部航空工业局，第一、第二航校拨交空军司令部。

（5）原民航局所辖的机场及其设备、人员统一属于空军。①

结合当时社会历史条件及民航发展情况，《决定》主要提出了三个方面的内容：

第一，原军委民航局改为空军建制，民航局的行政领导、党政工作、供应关系、技术业务等均直属空军司令部，民航局所管辖的机场及其设备、人员等均统一归属空军，所属第一航校、第二航校拨交空军司令部，

① 荣宁：《周恩来与新中国的航空运输业》，载《廊坊师范学院学报》2007 年第 1 期。

民航局的各地机构及编余人员、资产、房屋、飞机等，改组后由空军司令部拟订处理办法，交军委审查、批准实施。但对外联系上仍使用中央人民政府人民革命军事委员会民用航空局。

第二，改变现行民航组织结构，将民用航空的行政管理和业务经营机构分开，改设民用航空局和民用航空公司[①]。民航局应精简机构，成为民用航空事业的领导机关，负责管理和指导航线、技术标准、安全制度、器材规格、技术人员检定等技术工作；民用航空公司则为经营业务的机构，实行企业化和经济核算，在业务和财务上为独立的企业单位。[②] 民用航空公司所需的飞机、器材、油料、房屋、仓库等物资设备和各类人员，由民航局按公司的编制、业务需要和必需的后备力量拨给。

第三，民航局所管辖的太原机械修理厂、天津电讯修配厂、上海机身修理厂和俄文专修学校、第三航校，其人员、设备、资产等原封不动地拨交重工业部航空工业局，以增强航空工业的基础，而民航的大修任务由航空工业局统筹。

同年 7 ~ 11 月，民航局根据《决定》精神进行整编。11 月 5 日，空军司令部批准民航局机关机构设置和人员编制，设政治部、办公室、人事处、计划研究室、机航处、场站处、电信处、财务处，编制 297 人。这次整编，将原各民航管理分局撤销，设立各大军区民航管理处以及 7 个航空站。整编前，民航系统有职工 7870 人，整编精简了 5626 人，保留了 2244 人，加上人民航空公司的 513 人以及中苏民航公司的 533 人，整编后人员为 3290 人。[③]

---

① 范恒菲：《中国民用航空运输业行政立法规制若干问题研究》，南京航空航天大学学位论文，2013 年。

② 荣宁：《周恩来与新中国的航空运输业》，载《廊坊师范学院学报》2007 年第 1 期。

③ 李军：《中国民航年谱》，中国民航出版社 2013 年版。

在运力和设备方面，在整编前民航共有各类飞机 66 架，整编后 34 架移交空军。原民航局所属的 3 个工厂、4 个学校、大量的生产单位和 202 部车辆、140 栋房屋，都分别移交给空军和重工业部，资产总值约 5804 万元。①

1952 年 8 月，中央军委决定，调整民航局领导班子，任命方槐、李平临时负责民航局工作。10 月 28 日，中央军委任命朱辉照为军委民航局局长、党委书记，成为民航局第二任局长。《决定》第二条明确提出要设立中国人民航空公司，这是民航企业化的一次尝试。

同年 7 月 17 日，中国人民航空公司在天津成立。原拟名为“中国人民民用航空公司”，后经方槐建议，周恩来总理批准，更名为“中国人民航空公司”，周恩来总理亲自题写了公司名称。公司设经理部，总管全公司的业务计划、生产调度、机场维修、资金使用、会计核算、人员调配等工作。下设 5 处 1 室，即人事处、事务处、机航处、业务处、财务处和秘书室。② 经停的航站设营业处（所）和飞机维修组，分别处理运输业务和飞机的维护以及器材供应，它们在行政和业务上都直接受公司经理部领导。而场站、航行调度、通信、气象、油料供应等部门则归属于民航局。因此，中国人民航空公司是根据《关于整编民用航空的决定》中有关政企分开原则成立的第一个国营民用航空运输企业。

同年 7 月下旬，民航局原天津训练大队和机务工作队以及各地航站的机务工作队（组）归属中国人民航空公司机航部门管理。原北京、天津、上海、汉口、重庆、昆明、广州等地的民航营业机构归属中国人民航空公司的营业处。公司实施自主经营，自负盈亏。8 月 5 日，中央军委任命方槐为中国人民航空公司经理，李平为副经理。公司的经理部设在天津镇南道

①② 郭振华：《天津与新中国民航》，载《档案时空》2008 年第 5 期，第 6～8 页。

（今睦南道）40 号。同年 11 月15 日，军委空军司令部批准人航暂编为513 人，1952 年底实有在编人员 527 人。

按照中央军委民航局 1952 年 7 月 17 日下发的通知，原民航局“所办之航空运输、包机、护林飞行、农业航空等民航业务，自 8 月 1 日起由中国人民航空公司接办”。1952 年 7 ~ 12 月，民航局陆续拨给人航各型飞机 28 架。1953 年第一季度，民航局及空军又调拨给人航飞机 6 架。至此，人航拥有 DC－3、C－46、爱罗－45、C－47 等各型飞机 34 架。在航空器材方面，民航局先后将重庆、汉口、昆明器材分库和广州内运的约 30 吨器材以及总价值约 7 亿元人民币（旧币）的航空器材拨归人航，可以维持飞机飞行 1.55 万小时。1952 年 8 月到 1953 年 5 月，人航使用 DC－3 型飞机先后开辟北京—汉口—重庆、重庆—汉口—上海、北京—太原—西安—重庆航线；使用 C－46 型飞机开辟昆明—南宁—广州航线；使用爱罗－45 型飞机开办广州—湛江不定期的飞行业务。上述航线连同原有的重庆至昆明、西昌、成都 3 条航线，使人航国内航线达到 9 条，通航里程 8556 公里。1952 年 8 ~ 12 月，完成航空运输总周转量 81.6 万吨公里；1953 年 1 ~ 6 月，又完成 97.6 万吨公里。

1953 年 6 月 9 日，军委民航局局长朱辉照发布命令：“为减少组织层次，统一业务管理，提高效率，以适应民航事业的发展，兹奉军委空军批示，着即将中国人民航空公司与局合并，自即日起执行”。中国人民航空公司的业务工作全部结束，但公司对外名称不变，飞机仍使用“中国人民航空公司”标志。直到 1954 年取消公司对外称呼时，民航飞机才改漆民航局的局徽。

中国人民航空公司虽然仅经营了 11 个月，但也取得了不容忽视的成绩。

一方面，航线的开辟促进了经济的发展，带来了收益。在原有航线的基础上增加了广州—昆明、广州—湛江航线，并将重庆—武汉航线分别延伸到了首都北京和全国最大的工业城市上海。同时，提高飞机的利用率，增加了航线班次，严格核算劳动生产率指标。在当时客源不是很充足的情况下，调整了运价，使客运价格降低了3.3%～24.6%，货运价格降低了32.2%，将各航班的平均载运率提升到69.1%。由于实行了经济核算，重视对经济效益的分析，并通过各种手段提高了公司的经营管理水平，为国家创造利润达39.8万元。

另一方面，拓展了自身业务。人航在执行客货运输航班的同时，承担了政府各部门的专、包机任务，并在服务农林等通用航空领域作出了很大贡献。在不到1年的时间里，公司曾调派1架C－47型飞机和5架爱罗－45型飞机从广东湛江出发，把橡胶树种空运空投到雷州半岛和合浦地区；曾应江苏徐州地区行政专署的要求成立灭蝗飞行队，喷洒“六六六”粉剂；曾组建农林飞行队，在大兴安岭中南部、小兴安岭及牡丹江等林区开展护林任务。此外，公司还承担了一些地方森林测量和摄影的飞行任务。

总之，中国人民航空公司的经营发展是新中国民航成立后实行政企分开、走企业化道路的一次有益尝试。

七、民航在“一五”时期的发展

从1953年开始，国家开始实施国民经济和社会发展第一个五年计划。根据中央精神，民航局在1952年开始着手编制中国民航的第一个五年计划。同年11月，民航局常委会讨论了民航的一五计划纲要，明确提出，为了更好地完成中央把快速发展交通运输作为国家“一五”计划重要内容的目标要求，要加强“民航技术人员的培养、民航基本建设、民航飞行业务三项任务”，以达到“在五年之内不但完成现有国家对民航的要求，而且更主要的是为五年后国家大规模建设及经济繁荣所要求民航的飞行业务准备条件积累经验”；“要争取满足国家生产、商品交流和政治、文化日益发展对民航运输的要求，并满足国防需要；在经济上，要争取少赔、不赔而逐渐达到稍有盈余”。

1953 年 7 月 18 日，军委民航局向空军报送了《五年计划纲要基本内容》，翌年 4 月 29 日，正式向中共中央办公厅报送了《1953 ~ 1957 年民用航空计划纲要（草案）》。1954 年 1 月 27 日，民航局正式下达这一《纲要》。《纲要》提出：民航第一个五年计划的经营方针和基本任务为：在党的过渡时期总路线的指导下，以原有航线的运输业务为主，在行有余力时再适当地、逐步地增加新航线，以保证首都与西南、西北地区间，以及新建工业基地间的航空交通。同时以可能的飞行量来为中央各专业部门对专业飞行的需要服务，争取满足国家生产、商品流通和政治文化日益发展对航空运输的需要，并满足国际需要。

1954 年 11 月 10 日，国务院发出通知：经中华人民共和国全国人民代表大会常务委员会批准，“中央人民政府革命军事委员会民用航空局”更名为“中国民用航空局”，直属国务院领导，具体工作由国务院第六办公室掌管。

按照“一五”计划要求，中国民航局大力推进全国航线网建设。到 1957 年底，先后开辟国内航线 23 条，通往 36 个城市，通航里程 2. 2 万公里，初步建立起以首都北京为中心的，连接东北、华北、华东、中南、西南和西北地区各主要城市的航线网。当年航空运输总周转量达到 1534 万吨公里，比 1952 年增长了 2. 5 倍。运送旅客 6. 85 万人，运载货物和邮件 7976 吨，其中邮件的运输量和周转量均超额完成了年度的生产计划。

1956 年 5 月，中国民航决定试航难度非常高的拉萨航线。潘国定等人驾驶 CV－240 型 401 号飞机（又称“北京号”）在玉树机场降落，试航北京—成都—拉萨成功。这一航线的试航成功，打开了“空中禁区”，标志着新中国民航飞行技术水平达到了一个新的高度，为日后正式开航作好了准备。

随着航线的增加，必然要加快对原有机场的改造和新建机场。新中国成立伊始，百废待兴，残留下的机场十分陈旧、残破，只有龙华机场和白云机场情况相对较好。这一时期投资的重点是天津的张贵庄机场和武汉的南湖机场。由于北京西郊机场属于空军，民航在此发展受限，因此张贵庄机场承担了以民航飞行和训练基地为主的用途。而南湖机场受益于处于飞行十字架航线的交汇点，即上海—重庆、北京—广州的航线中心，所以改造南湖机场价值重大。1951 年 8 月 1 日，南湖机场作为武汉的首个民用机场开始起降飞机，是当时湖北省最大的民用航空港①。1953 年，经中央人民政府批准，民航局对武汉南湖机场进行了改造。铺设长 1300 米、宽 50 米、厚 0.18 米的混凝土跑道，修建了长 150 米、宽 60 米的主客机新站坪和长 70 米、宽 30 米的停机坪，还包括联络滑行道、航站楼、机头库、宿舍以及机场排水、供水、供电等多个项目。由于这在当时是一个非常大的机场建设工程，民航领域几乎全部的土建技术力量被集中在这里，经过近一年的拼搏努力，1954 年工程全面完成。

1953～1961 年，民航局副局长陈瑞光负责民航的基础性工作，根据 1984 年的采访记录，陈瑞光副局长回忆说，1953 年国家开始第一个五年计划，国家拨给民航的资金有限，对于如何使用有限的资金曾经有过争论，一种观点认为应把投资重点放在购买一批苏式飞机和器材以扩充飞行能力，在首都北京修建一个新机场作为民航的新基地。另一种意见是把较多

---

① 李莉：《武汉天河机场航站楼管理问题研究》，华中师范大学学位论文，2016 年。

的机场普遍改善一下，全面铺开，多飞航线同时建造一座航空大楼。通过广泛征求意见，普遍赞同前一种观点。随后，民航“一五计划”投资建设的另一重点工程目标就转向了北京。

1954年12月，国务院批准在北京的东北部兴建新的民航机场。1955年，机场的全面建设展开。包括铺设长2500米、宽80米的水泥混凝土跑道1条和相应的滑行道、停机坪；购置全套助航和通信设备；建设1座候机楼及其他工作、生活用房，总计8.6万平方米；建设飞机修理基地，飞机供油等基础设施。1957年11月，一期工程完成，总体试运转成功。与此同时，经国务院批准，它被命名为“中国民用航空局首都机场”，简称“首都机场”。该机场于1958年3月开始正式运营，其规模和先进程度在当时的整个东南亚地区名列前茅。

首都机场无论从设计、规模到技术装备在当时都跨入世界先进机场的行列，从技术装备方面看，在航行指挥上，过去只有远、近和中波塔台。首都机场的建设技术先进，全部遥控，采用苏联的系统和雷达设备。在场道设备上，新修的水泥混凝土跑道能接受当时世界上各型飞机，只是未及后来的EP04雏机型。1959年苏联最高领导人赫鲁晓夫来北京时，乘坐的图114型飞机安全地降落在首都机场。在机场建设的技术方面，建设首都机场的工程师们的技术和水平得到较大提升，航行指挥、机务维修、油料供应等方面的工作人员，其业务水平也得到了很大提高。从这一方面看，“一五”期间首都机场的建设为以后民航事业的发展奠定了基础。

除了机场建设，民航局还实施了对飞机等主要技术装备的首次更新。先后从苏联购买了各型飞机68架，其中里二型和伊尔－14飞机各32架，伊尔－12飞机4架，替代了原有美制的DC－3型、C－46型和C－47型飞机。到1957年底，中国民航已有各型飞机118架，比1953年增长了近2.5倍。

就在“一五”计划胜利完成、即将结束时，1957年8月，民航局向国务院提交了《中缅通航一周年的总结报告》，10月5日，周恩来总理在认真审阅完这个报告后，在报告上作出了重要批示：“保证安全第一，改善服务工作，争取飞行正常。”这三句话既是对民航工作的科学总结，又高度概括了民航工作的基本内容，准确把握了民航工作应当遵循的客观规律。这不仅反映了新中国民航刚起步不久第一代中央领导集体对民航发展的期望，而且为新中国民航指明了前进方向和工作原则。自此，周恩来总理的这一批示被确立为民航的工作方针，历久弥新。

八、被动调整

1958年2月27日，中国民航局开始归交通部管理，更名为交通部民用航空总局。同年6月17日，中共中央批准交通部党组《关于体制下放意见的报告》。按照这个报告的内容，民航开始实行双重领导，同时部分业务下放给地方。

针对当时中央集中过多的现象，适当扩大地方和企业的管理权限，一定程度上调动了地方的积极性。许多省、自治区、直辖市开始自行投资修建机场，购买当时国产的运五型飞机，开辟了一些地方航线，并关注农业航空的发展。但这些航线大都是仓促开航，没有能够考虑到飞行安全、客货运量不足、油料供应困难等问题。因此，没过多长时间，一些航线就不得不停航了。到1962年底，地方航线减少到26条，通航里程也缩减到4800公里。

在“大跃进”时期，航空运输成为当时工农业生产中“抢时间”“夺高产”的应急运输方式。民航将主要运力都投入保证“钢铁元帅升帐”的紧急运输和“以粮为纲”的支援农业任务中去，根本无法获取经济效益。这些问题在后来的国民经济调整时期有所改善，航空运输逐渐走向正常发展轨道。

第二节　中国民航飞出国门*

一、回到正轨

在1961年1月召开的党的第八届九中全会上，针对“大跃进”时期所造成的国民经济比例严重失调的问题，提出对国民经济实行“调整、巩固、充实、提高”的方针。从此，中国的国民经济进入了调整时期。民航系统也开始贯彻执行中共中央提出的八字方针。1961年1月，中共中央明确提出，下放权力不适当的须一律收回，中央各部直属企业的管理权统一收归各部管理。于是，各省、自治区、直辖市的民航管理机构和所购买的飞机又陆续移交给民航局统一领导和管理。1962年4月15日，民航局建制由“交通部民用航空总局”改为国务院直属的“中国民用航空总局”。

1961~1962年，除了对部分国内干线进行调整外，中国民用航空总局主要是收缩地方航线。到1962年底，原来已经开辟的65条地方航线缩减为26条。到1965年底，国内航线增加到46条，通航里程为3.5万公里，

---

* 如无特别标注，本节内容均参考林明华：《天泉：周恩来与中国民航》，中国民航出版社2007年版。

比1957年增长58%，运输总周转量达到4662万吨公里，比1957年增加两倍多。值得一提的是，这个时期国内航线布局重点已经从东南沿海及腹地转向西南和西北等边远地区①。通往成都和昆明的6条国内干线的开辟，对加强“三线”地区（当时服务战备需要的中西部地区）建设起到了积极作用。1965年，北京至成都的客运和货运量分别比1957年增长了18%和16%。1965年3月1日，北京—成都—拉萨航线正式开航，这是中国民航对支持西藏经济文化建设和加强民族团结做出的贡献。

1960~1963年，全民航还开展了增产节约和清产核资工作，加强了内部核算和群众核算，实行国内干线收入按所完成的吨公里进行分成的办法。1963年，张西三副局长亲自到基层单位抓经济核算工作，获得了很好的效果。1965年，中共民航局委员会提出力争减少计划亏损500万元的奋斗目标。除要求争取超额完成生产任务外，主要是提高航班载运率、劳动生产率，节约航空油料，降低小修理费用和减少各项非生产性开支。经过民航上下的共同努力，取得显著成效。同时，为提高运输能力，1959年中国民航购进了苏联生产的伊尔-18型飞机，标志着中国民航由使用活塞式螺旋桨飞机过渡到使用涡轮螺旋桨飞机。1963年，中国民航又购进英国生产的“子爵号”飞机，从而结束了长期以来只使用苏制飞机的状况，并为了解资本主义国家民航技术的进步打开了窗口。经过3年多的努力，到1964年底，中国民航事业随着全国工农业生产建设情况的逐步好转，又重新走上了正常的发展轨道②。

20世纪60年代的中国处于相对复杂、恶劣的国际环境中，中苏关系、中美关系、中印关系的变化迫使我们在困境中突围，避免封锁。因此，以

---

① 邝志勇：《以艰苦朴素著称的邝任农将军》，载《党史文苑》2010年第7期，第20~24页。

② 民航总局规划科技司：《中国民航事业回顾与展望》，2007年9月14日。

民用航空为代表的国际运输成为解决这一问题的关键，中国尽早开辟新的国际航线以改变航空交通被封锁的被动局面尤为迫切。在这一阶段，“一定要飞出去”是民航人的共同使命。

二、中巴通航

巴基斯坦位于南亚次大陆西北部，与我国新疆维吾尔自治区接壤，由于20世纪50~60年代的世界政治环境变化，巴基斯坦外事秘书德拉维在1962年与中国驻巴代办会谈时，以“个人设想”的名义主动试探提出中巴“开辟卡拉奇—达卡—北京—东京航线”。面对这一提议，1962年12月18日，中国外交部、中国人民解放军总参谋部、民航总局三方联名向国务院报告，建议立即向巴基斯坦提出通航谈判。报告还建议：“我方对巴方所提航线的要求（卡拉奇—达卡—北京—东京），不拟同意他们飞往北京，拟先提供他们广州。如巴方坚持，拟改提供上海。我方拟通航卡拉奇。”①

1963年3月初，巴基斯坦外交部部长布托赴华签订中巴边界协定。3月2日，周恩来接见了布托。会谈中，周恩来表示，中巴可通航。布托同意中巴通航，提议开辟巴基斯坦—北京—东京航线，但周恩来认为此航线太绕道，可开辟东巴基斯坦—马来西亚—仰光—昆明航线。根据周恩来与布托谈话的精神，中国外交部、中国民航总局和中国驻巴使馆经过共同研究，3月底向国务院上报了《关于中巴谈判通航的请示》。该“请示”中充分肯定了巴基斯坦对我国在地理位置上的重要意义，阐述了中巴通航的政治意义，并对通航的具体安排、航线设计、相关问题等提出了具体建

① 张安、刘伟：《20世纪60年代中巴通航问题解决始末》，载《南亚研究》2013年第2期，第93~111页。

议。这次谈话后，1963 年，中巴双方就通航问题开展了积极的筹备工作，展现出高度的热情，投入了大量的精力。双方在 1963 年 4 月 ~ 8 月，围绕通航事宜进行多次沟通，解决了航线、双方管理体系差异、通航时间等方面的重要问题①。

1963 年 8 月 29 日，中巴签订《中华人民共和国政府和巴基斯坦政府航空运输协定》，通航问题圆满解决。中国民用航空总局副局长沈图代表中华人民共和国政府签署了协定。协定规定，中方航线为：由中国的一点经过或不经过第三国至巴基斯坦的达卡或拉合尔和卡拉奇再至第三国。巴方航线为：由巴基斯坦的一点经过或不经过第三国至中国的广州和上海再至第三国。②

为了适应喷气式大型飞机的起降技术要求，中央确定扩建上海虹桥机场和广州白云机场。民航局在有关地方政府、工程部门以及中国人民解放军的大力支持下，迅速开展了这项工作。1963 年 11 月，上海虹桥机场开始扩建。该工程包括修建长 3200 米、宽 57.6 米、厚 0.38 米的混凝土跑道 1 条、主滑行道 1 条和停机坪。站坪上设有 4 组机位管线加油设施，以及夜航灯光系统、飞机场地排水系统、导航台、通信设施和航管调度楼、塔台、机场宾馆、招待所、宿舍用房等配套设施。1964 年 4 月 20 日，虹桥机场试运转，经试飞认定工程进度和质量达标。4 月 26 日，巴基斯坦国际航空公司用波音 720B 型飞机试飞虹桥机场成功。与此同时，广州白云机场也在施工。此工程包括修建长 3380 米、宽 60 米、厚 0.36 米至 0.6 米的混凝土跑道和滑行道各 1 条。此外，还扩建了停机坪、飞行区场地排水设施、夜航灯光远近归航台及盲降设施等。白云机场也在 1964 年 4

①② 张安、刘伟：《20 世纪 60 年代中巴通航问题解决始末》，载《南亚研究》2013 年第 2 期，第 93 ~ 111 页。

月交付使用①。

两个机场建设速度之快，成效之显著，在中国民航机场建设史上是罕见的。1964 年 4 月 29 日，中巴正式通航，从而打开了西部大门，使我国的民航飞机可以经巴基斯坦直接飞抵欧洲和非洲。航线为达卡—上海—广州—达卡。巴基斯坦首航代表团 108 人访问中国，其中包括 8 个国家的新闻记者，他们受到中国共产党和国家领导人的接见。当时外电曾评论说，这是航空史上“外交航空”的开始。②

中巴通航问题的解决，是国际航空史上“外交航空”的一次盛举。它开创了新中国国际通航史上诸多第一。它是“中国历次对外通航谈判中引起反应最多影响最大的一次”，成为当时国际复杂斗争的一个环节。此外，中巴通航协定是“中国同一个和西方结成防务联盟的国家签订的第一个协定”。巴基斯坦国际航空公司是新中国成立后非社会主义国家率先开航中国的第一家航空公司，也是新中国成立后上海第一次开放国际通航。因此，这一问题的解决无疑具有重大的历史意义。具体而言，中巴通航促进了我国航空运输事业的发展。以机场建设为例，当时为了适应喷气式大型飞机的起降技术要求以及客货运需要，对机场建设投入甚多，这一方面满足了中巴通航的客观需求，另一方面也对我国民航日后与其他国家通航，以及满足民航事业自身发展需求有着促进作用。周恩来就曾说过：“如果不是因为通航，中国上海和广州的机场在五年内也不会扩建。”与此同时，中巴通航也是中国民航真正飞出去的关键一步。1964 年 12 月，周恩来总理在第三届人大一次会议的政府工作报告中庄严宣布：“调整国民经济的任务已基本完成，工农业生产已经全面高涨，整个国民经济已经全面好

① 温天蓉：《广州市南沙岛城市空间形态研究》，华南理工大学学位论文，2010 年。

② 张安、刘伟：《20 世纪 60 年代中巴通航问题解决始末》，载《南亚研究》2013 年第 2 期。

转，并且将要进入一个新的发展时期”。为了迎接新形势的到来，他责成民航总局、外交部、总参谋部研究提出了关于开辟国际航线的战略规划。民航总局根据周恩来总理的指示，有计划、有步骤地逐步开辟国际航线。在中巴通航后，中国政府积极主动与柬埔寨、印度尼西亚等国政府签订航空协定，同意这些国家指定的航空公司开辟通达上海和广州的国际航线，为打开通航局面提供了条件。

其次，巴基斯坦以其对我国重要的地理位置，为我国今后向中东、欧洲和非洲发展国际航线开辟了道路，解决了之前一直以来需要依赖苏联去到欧洲的被动局面，也大大缩短了中国与欧洲非洲的距离，且航线更加安全。这条道路的开辟不仅扩大了我国在世界范围内的影响力，也宣告了我国成功突破了帝国主义的经济封锁，具有重要战略意义。①

最后，中巴通航促进了中巴关系的进一步深化和发展，中巴两国本着互谅互让、平等互利、友好协商的原则，圆满地解决了通航问题，这本身就体现了中巴两国和平共处、睦邻友好的决心和诚心。在中巴通航问题解决的过程中，双方紧密合作，共同努力，结下了深厚的友谊。此后，中巴两国关系更加亲密，中巴“好邻居、好朋友、好兄弟、好伙伴”的友谊都经受住了时间和实践的考验。因此，中巴通航，不仅是在交通领域，更是在政治领域的重要事件。正如中巴正式通航当日巴基斯坦《战斗报》发表的社论所说，巴基斯坦和中国之间开辟新的航线“是真正具有深远的政治和经济影响的新的里程碑”“这条航线的通航将使两国关系更加紧密，将有利于中巴两国的互相合作”。②

---

①② 张安、刘伟：《20世纪60年代中巴通航问题解决始末》，载《南亚研究》2013年第2期。

三、远航非洲

周恩来总理对中国民航开辟远程国际航线高度重视。作为新中国外交的主要创始人和奠基者，周总理经常率团出访。但新中国成立初期，中国民航尚无可承担国家领导人出国任务的专机，只得租用外国的飞机。这样的方式不仅在飞行安全方面存在隐患，同时也有损国家形象和民族自尊心。

1965 年 3 月 23 日，周恩来总理率中国党政代表团前往罗马尼亚布加勒斯特参加罗马尼亚工人党第一书记乔治乌—德治的葬礼时，周总理一行租用的是巴基斯坦的飞机，周总理在乘坐巴基斯坦国际航空公司专机赴罗马尼亚访问途中，看到巴基斯坦飞机机翼上带有“PIA”（巴基斯坦国际航空公司）的标志，决心要乘坐中国民航的飞机远航非洲。他对随机出访的中国民航总局指挥部参谋长王建功说：“中国民航要飞出去，只有飞出去，才能打开局面。”他盼望早日乘坐中国民航飞机出访世界各国，说：“我要和你们一起去实践。”

回国以后，王建功把周恩来总理的意见给邝任农作了汇报，民航总局党委经过研究，决定由中国民航飞机载着周总理出访非洲。并决定要派出双套飞行人员参与这项任务，以方便轮换，适应长途飞行的要求。①

当时我国拥有的最先进飞机，是苏式伊尔－18 型飞机，此次非洲之行任务就落在它的身上。但即使是这种飞机，仍是既飞不高也飞不远。伊尔－18 型飞机适宜在寒带地区飞行，从来没有过在热带地区长距离飞行的记录。而且，当时国际上购买伊尔－18 型飞机的国家并不多，在首航非洲的全程

① 徐柏龄：《专机机长回忆：周恩来总理带领中国民航飞向世界》，载《党的文献》2018 年第 3 期。

飞行中，零部件一旦损坏在别国无法更换。更为严重的是，由于当时我国在国际民航组织的席位尚未恢复，得不到国际民航组织在国际航行方面的支持，经停和飞越国家的相关航行资料非常缺乏，有关国家和组织也不肯向中国提供和出售资料。同时，中国民航不能纳入国际民航组织的航空固定业务通信网。这就意味着所有的一切飞行难题都必须自己想办法去一一克服。然而，当这些顾虑被反映到周恩来那里时，一向温和的总理却异常坚决，他反复鼓励机组成员："我要带着你们去远航，你们放心地飞吧。只有飞出去，才能打开局面。我还希望有一天咱们能一起飞到北极去，飞到更多的地方去!"周恩来总理敢于率领中国民航远航，这种不畏艰险的决心和坚定必胜的信念，成为当时的民航人铭刻一生的记忆。①

于是，民航的机务工程师们集思广益攻克难关，对发动机进行了改装，在不到两个月的时间内，解决了热带地区的启动问题。

为了做到万无一失，确保周总理的安全，1965 年 5 月 28 日，开始了试航非洲坦桑尼亚，民航人驾驶着伊尔－18 型专机，熟悉飞行航路，了解天气情况，沟通与地面通信联系，记录起飞和降落机场跑道延长线上的地形地貌等资料，对飞行信息进行了实地调研，并最终顺利到达卡拉奇等候周总理到来。②

1965 年 6 月 3 日，中国民航迈开洲际飞行的第一步。登上专机的周恩来说："这是新中国成立后中国民航飞的最远的一次，我们一定要飞出去，我跟你们一起来实践。"虽然事先已经做了竭尽全力的充足准备，但此次非洲之行仍然成为中国民航遭遇困难和险情最多的一次航程。当天 19 时，天已近黄昏，专机到达伊拉克首都巴格达上空。巴格达机场打开了灯光，

---

①② 徐柏龄：《专机机长回忆：周恩来总理带领中国民航飞向世界》，载《党的文献》2018 年第 3 期。

专机也打开灯光准备降落。就在飞机对准跑道放下起落架时，巴格达机场不知何故突然停电，顿时一片黑暗。领队机长张瑞蔼和另外两位机长刘崇福、徐柏龄向周恩来总理汇报了情况。三个人最后果断地决定：降落。因为此时如果飞往他国备降，油量和气象资料的不足会带来更大的危险。于是在张瑞霭的指挥下，机长刘崇福和徐柏龄靠平时的经验和过硬的技术，稳稳地将飞机降落在跑道上。由于日程紧迫，专机当晚离开巴格达飞往开罗。第二天凌晨，又从开罗起飞，向苏丹首都喀土穆进发。在苏丹喀土穆机场降落时，机组遭遇了热带风暴。飞机在威力很大的风暴裹挟下，颠簸得异常强烈。在机组齐心协力的密切配合下，飞机终于安全降落在喀土穆机场。1965 年 6 月 4 日 16 时，日夜兼程的伊尔 18 专机飞抵坦桑尼亚首都达累斯萨拉姆，受到该国领导人和当地人民最热烈的欢迎。在周恩来总理对坦桑尼亚进行了 4 天的友好访问后，专机准备按原路返回祖国。然而就在此时，苏丹国内发生政变，全国戒严，机场关闭，专机经苏丹回国的航线被切断了。紧急关头，周总理协调各方关系，在坦桑尼亚总统的帮助下，借道还没有同我国建交的埃塞俄比亚回国。由于是临时借道，机组手头根本没有飞行资料，对地处高原的首都亚的斯亚贝巴机场也不熟悉，飞行难度可想而知。更让人始料未及的是，正当专机即将抵达机场，一场不期而至的雷雨也正向着亚的斯亚贝巴机场逼近。此时机组再次沉着应对，果断处置，毫不犹豫地抢在雷雨到达跑道前降落。接下来的归程一帆风顺①。

远航非洲在经历了苏丹喀土穆机场的赤道锋面和风切变考验、苏丹政变航路不通考验、埃塞俄比亚陌生高原机场坚决降落考验等一些化险为夷的事件后，最终途经 12 个国家和地区，在 8 个国际机场起降，共飞行 80

① 武健华：《我随周总理首次访问坦桑尼亚》，载《党史博览》2006 年第 7 期，第 38 ~ 40 页。

小时 15 分钟，累计航程 44631 公里，成功返航，成为当时中国民航所承担的飞行时间最长、飞行距离最远的一次专机任务。

周恩来总理回到北京首都机场时，高兴地对民航局的领导同志说："你们组织得很好，任务完成得很好。民航局第一次飞非洲，路是人走出来的，你们这一次不是走得很好嘛！"①

四、接待尼克松访华

1971 年"九一三"事件后，国内外形势发生了急剧变化。为了适应形势发展的需要，1971～1976 年，中国民航在周恩来总理的亲切关怀下，将工作重点放在开辟远程国际航线上，这也推动了其他各项工作的开展。

中国民航于 1971 年购置了苏制伊尔－62 型客机 5 架，1972 年购置英制三叉戟型客机 10 架。1973 年 8 月，购置美制波音 707 型客机 10 架，这是中国民航首次使用喷气式四发动机的新型客机。到 1976 年底，中国民航拥有大、中、小型运输机共 117 架。其中包括苏制的伊尔－12 型、伊尔－14 型、伊尔－18 型、伊尔－62 型和安－24 型飞机，英制的子爵号和三叉戟型飞机，美制的波音 707 型飞机。新型飞机的购置为开辟更多国内干线、拓展远程国际航线、实现周恩来总理提出的"飞出去"战略目标创造了条件。

1971 年 10 月 25 日，联合国通过了恢复中华人民共和国在联合国一切合法权益的决议。11 月 19 日，国际民航组织第 74 届理事会第 16 次会议通过

---

① 徐柏龄：《专机机长回忆：周恩来总理带领中国民航飞向世界》，载《党的文献》2018 年第 3 期。

决议，承认中华人民共和国为中国在国际民航组织中的唯一合法代表①。

恢复中国在联合国的合法席位，是历史必然，也是正义所在。新华社的《中国重返联合国的重大意义》一文中说道："联大第2758号决议的通过绝非偶然，这是世界进步的需要，也是历史的必然。1949年中华人民共和国成立之后，在联合国的合法席位被非法剥夺了22年。然而，这22年又是世界发生深刻变化的22年。战后，民族解放运动风起云涌，形成了一股强大的历史潮流。在这股大潮的推动下，一大批亚非国家取得了独立加入了联合国。没有这批国家的加入，中国恢复在联合国的合法席位是难以想象的。他们把恢复中国在联合国合法席位视为自己的事。他们敢于仗义执言，不畏强权，表现出一种浩然正气，这股正气就是世界走向进步的反映。"

值得关注的是此时的中美关系，中华人民共和国成立后，美国政府经过了短时间的"眺望"，对新中国开始了长达20多年的"不承认"政策。20世纪60年代后期，随着中国综合国力的日益增强，中国所奉行的独立自主的和平外交政策在国际事务中发挥的作用越来越重要，世界上许多国家对美国孤立中国的行径越来越不满，甚至西欧国家也认为这是一种愚蠢的做法，因此，中美两国政府面对发生巨大变化的国际形势，都重新调整了外交政策，包括两国间的相互政策，为了打开中美关系的大门，开始试探和接触。

由于美国陷入越战泥潭不能自拔，再加上经济的不景气，以及美国需要在与苏联的抗衡中减轻压力和负担，而中国作为制衡力量，无论与苏联还是美国的任何一方和解，都会使中美苏这个世界性的三角发生倾斜，这使美国考虑重新看待和新中国关系的问题，过去对中国的强硬态度逐步

---

① 郑園君：《论我国民用航空器适航管理行政许可制度》，南京航空航天大学学位论文，2012年。

缓和。

1967 年 10 月，准备竞选美国总统的理查德·尼克松在著名的杂志《外交》上发表《越战之后的亚洲》一文，文中写道："从长远来看，我们简直经不起永远让中国留在国际大家庭之外，来助长她的狂热，增进她的仇恨，威胁她的邻国。在这个小小的星球上，容不得使十亿最有才华的人民生活在愤怒的孤立状态之中。"他还说："我相信历史会表明，如果在美国和中华人民共和国关系正常化方面不迈出这样一步，在同苏联的实力对比上，我们现在一定会处于面临危及生存的不利情况。"①

1969 年 2 月 1 日，尼克松就任总统一周后，交给时任国家安全事务助理的基辛格一份备忘录，其中写道，他想同中国发展关系。在中美双方完全隔绝的情况下，为了同中国取得联系，美国尝试了包括罗马尼亚、法国在内的多个秘密渠道，最后通过巴基斯坦取得了成功。②

1971 年 4 月，在日本参加第 31 届世界乒乓球锦标赛的美国乒乓球队向中国乒乓球队表示希望访华。4 月 6 日，中国乒乓球协会邀请美国乒乓球队访华。4 月 14 日，周恩来总理在北京会见了美国乒乓球代表团全体成员。周恩来说："你们这次应邀来访，打开了两国人民友好往来的大门。我们相信中美两国人民的友好往来将会得到两国人民大多数的赞成和支持。"③

1971 年 4 月 21 日，中国政府就美方提出双方举行高层对话的建议给

---

① 刘海泉：《毛泽东时代的中国周边安全战略评析》，载《湖南师范大学社会科学学报》2014 年第 43 期。

② 陈小丽：《美国官员记忆中的美中关系正常化趣闻》，载《党史纵览》2012 年第 5 期，第 32 ~ 36 页。

③ 张宏喜：《"乒乓外交"的背后　中美关系突破中的小球与大球》，载《世界博览》2016 年第 17 期，第 90 ~ 92 页。

美国政府一个答复：“要从根本上恢复中美关系，必须从中国的台湾和台湾海峡地区撤走美国一切武装力量。而解决这一关键问题，只有通过两国高级负责人直接商谈才能找到办法。因此，中国政府重申，愿意公开接待美国特使如基辛格博士，或美国国务卿甚至美国总统本人来北京直接商谈。”①

尼克松接到中国政府的邀请后极为高兴。同年4月29日，尼克松口头表示接受邀请。5月17日，尼克松邀请巴基斯坦驻美大使正式答复说：“为解决两国之间的分歧问题，并由于对两国关系的重视，他准备在北京同中华人民共和国诸位领导人进行直接交谈，双方可以自由提出各自主要关心的问题，并建议由基辛格赴华与中国高级官员举行一次秘密的预备会议。”5月29日，周恩来通过叶海亚·汗转告尼克松：“毛泽东表示，他欢迎尼克松访华。周恩来欢迎基辛格博士来华进行一次秘密的预备会谈，为尼克松访华做准备工作并进行必要的安排。”② 6月2日，尼克松收到周恩来的答复后欢欣鼓舞，基辛格向尼克松祝贺说：“这是第二次世界大战结束以来美国总统收到的最重要的信件。”③

1971年7月9日至11日，基辛格秘密访华，中美双方讨论了国际形势及中美关系问题，并就尼克松访华一事达成协议。基辛格北京之行结束后，中美双方同时（北京时间7月16日11时，美国东部夏季时间7月15日晚10时）发表震惊世界的“会谈公告”。公告说：“周恩来总理和尼克松总统的国家安全事务助理基辛格博士，于1971年7月9日至11日在北京进行了会谈。获悉，尼克松总统曾表示希望访问中华人民共和国，周恩

---

① 李红垒：《中美关系解冻——三条渠道探析》，曲阜师范大学学位论文，2008年。

② 朱秀玲：《尼克松政府的越南战争和策略》，西北师范大学学位论文，2008年。

③ 陈俊杰：《尼克松时期的中美关系》，上海师范大学学位论文，2010年。

来总理代表中华人民共和国政府邀请尼克松总统于1972年5月以前的适当时间访问中国。尼克松总统愉快地接受了这一邀请。中美两国领导人的会晤，是为了谋求两国关系的正常化，并就双方关心的问题交换意见。”中美会谈公告为尼克松访华和中美两国关系正常化打开了大门，给中美两国乃至世界人民带来了福音。[①] 中国民航也为这次会谈作出了自己的贡献。

☞ 专栏2-1：尼克松访华与中国民航

1972年1月，美国总统尼克松的国家安全事务副助理亚历山大·黑格一行18人来华，为尼克松总统访华做技术准备[②]。黑格再三强调，为了总统的安全，到达北京后去杭州、上海访问时必须乘坐他们的总统专机（又称“空军一号”），美国总统出国访问时从来没有乘坐过外国的飞机。周恩来总理对这个要求没有同意，他说：“中国有句俗话，客随主便。尼克松总统既然访问中国，应该乘坐中国人驾驶的专机。你们说美国总统过去没有乘坐过外国飞机，这次到中国来坐一坐，体会一下也很好嘛！我们飞行员的技术也不错，你们尽管放心。如果你们觉得不放心，我陪总统先生一起乘坐。[③]”美方最终接受了我方的要求。为此，周恩来决定将伊尔18专机供尼克松使用，要求民航绝对保证飞行安全。他还亲自听取民航在飞行计划、调度指挥、气象、通信导航、机场安保等方面的汇报，亲自检查落实尼克松总统拟乘坐专机的试航飞行，并指示民航机组要同美国总统专机机组商谈飞行的具体事项，以确保万无一失。当时的杭州笕桥机场也因此进行了紧急扩建。扩建工程从1971年11月8日开始至1972年2月9日全

---

① 胡祥鸿：《周恩来用词的敏感》，载《阅读与写作》2011年第5期，第23页。

② 刘栋：《乒乓外交与中美关系解冻》，载《兰台世界》2010年第7期，第46~47页。

③ 杭迅：《伊留中民机家族的中国缘》，载《大飞机》2017年第1期，第72~74页。

部竣工交付民航使用，仅用了80多天。新建了候机楼和附属设施及停车场，在原跑道上加覆盖层并延长至3200米，改建了相应的滑行道、停机坪，使各类大型飞机可以顺利起降。

1972年2月18日，美国总统尼克松启程来华访问。尼克松在离开白宫前发表讲话说："这将是一次谋求和平的旅行。当然我们并不幻想中华人民共和国同美利坚合众国之间20年的敌对情绪将会由于我们将到那里进行一周会谈而完全消除……但是我们必须做的事情是寻求某种办法使我们能够有分歧而不致成为战争中的敌人。"①

1972年2月21日上午9时，美国总统尼克松乘坐的"空军一号"飞机抵达上海。稍事休息、用餐后尼克松于上午11时30分飞抵北京首都机场。尼克松与周恩来总理的手握在一起，结束了20多年的隔绝状态，标志着一个时代的结束，另一个时代的开始。

尼克松一行对中国进行为期七天的历史性访问，尼克松总统会见了毛泽东主席，并同周恩来总理进行了会谈。双方就国际形势和中美关系交换了意见②。访华期间，周恩来还陪同尼克松乘坐中国民航专机先后访问了杭州和上海。

在中国专机飞行过程中，美国"空军一号"全程始终保持2000公尺高度差，在100公里范围内如影随形地跟进。中国专机一路飞行起落矫健而平稳，准时到达杭州和上海。尼克松非常满意，对周恩来说："你们的驾驶员飞得很好，服务也很好"。周恩来回答，这是我们自己培养的飞行员，我很信任他们。

---

① 龙乃禾：《1972：尼克松访华的台前幕后》，载《党史博采》2002年第2期，第12～16页。

② 宗金北：《尼克松政府对华政策战略调整的原因》，山东师范大学学位论文，2010年。

尼克松中国之行和中美会谈成果浓缩在《中美联合公报》中。该公报是中美关系的一个里程碑，标志着中断20多年的中美交往的初步恢复，并为中美关系的正常化和进一步发展奠定了原则基础。中国民航在这一中美关系史上的重大事件中，执行和保障了中美专机飞行69架次，这是我国民航执行和保障外国领导人来华访问专机任务中机种和数量最多、要求最复杂、时间最长的一次，为中美领导人会谈提供了有利条件。

五、参与国际事务获得突破

中美关系改善后，与我国建交的国家不断增加，我们也利用这一契机去尽快建立中国民航的国际通道。1972～1974年，我国政府先后与阿尔巴尼亚、罗马尼亚、南斯拉夫、埃塞俄比亚、土耳其、伊朗、意大利、挪威、丹麦、希腊、瑞典、加拿大、瑞士、日本、扎伊尔等国政府谈判并签订通航协定，为开辟远程国际航线进行了必要的组织准备。与此同时，民航内部在人员培训、加强通信导航和空中管制、改善机场条件和服务设施等方面，也都进行了大量的准备工作。特别是在北京首都机场安装了两台飞行模拟机，对于提高飞行人员的训练质量、降低训练成本起到了积极作用。民航第一飞行总队培养了几十名能够胜任远程国际航线飞行的飞行员，确保了在“文化大革命”之后国际航班连续5年的安全飞行。1972年以后，民航局还在天津张贵庄机场组建了教导队，各地区管理局也成立了教导队，分别承担了全民航和各地区管理局专业技术人员新机型改装、设备更新和新增民航职工上岗前的训练工作，为民航人才培训作出了贡献。

在各项准备工作基本就绪后，中国民航终于在1974年初步实现了“飞出去”的战略目标。1974年是中国民航历史上极为重要的一年，在这一年，相继开通了莫斯科、东京、巴黎等国际航线，拉开了与西方世界互动的序幕。

1974年2月15日，中国外交部部长姬鹏飞通知国际民航组织秘书长阿沙德·柯台特，中国政府决定承认1944年的《国际民用航空公约》（简称《芝加哥公约》），加入有关修正议定书，并决定自当日起恢复在国际民航组织中的活动①。3月30日，中国民航两架波音707客机从北京出发，向东、西两个方向分别环绕地球一周，同时试航美国纽约成功。这次试航是周恩来为邓小平参加联合国大会而亲自组织的。他说："邓小平同志代表中华人民共和国出席联合国特别会议，我们要为他圆满完成任务打通道路，到时候万一其中一条航线出了问题，还可以用另一条。"随后中国民航接连开辟北京—莫斯科、北京—上海—大阪—东京、北京—卡拉奇—巴黎、北京—德黑兰—布加勒斯特—地拉那4条国际航线。这4条国际航线的开辟使中国民航的国际航线里程增加到37062公里，比1973年增长了7.4倍，结束了20多年来国际航线通航里程一直徘徊在4000公里左右的局面，并初步改变了主要依靠外国航空公司提供国际空中交通的局面。

同年9月，由中国民航总局副局长沈图率领的中国代表团出席了国际民航组织在加拿大蒙特利尔举行的第21届大会，中国当选为该组织理事国。沈图在大会发言中指出："国际民航组织在制订工作计划时，要考虑各个项目对大多数国家即第三世界国家的实际意义和需要，然后依此来安排我们的工作。这样才能真正有利于国际民航的普遍发展，有利于改变目前的不合理局面，建立平等的、公平的、合理的国际民航新秩序。"会上，中国当选为该组织理事国，任期3年。11月23日，国务院批准何凤元为第一任常驻国际民航组织理事会代表，并在加拿大蒙特利尔设立了代表处。代表处设立以来，在贯彻我国外交方针，维护国家航空权益，团结第

① 张焱：《芝加哥公约体系和国际航空运输自由化》，华东政法学院学位论文，2005年。

三世界国家，反对大国控制，掌握国际民航动态，学习民航业务技术等方面取得了显著成绩。

到 1976 年底，中国民航的国际航线已经发展到 8 条，通航里程达到 40933 公里，占通航总里程的 41%；[①] 国际运输总周转量达到 3948 万吨公里，比 1970 年增长了 23 倍多，由占全部运输总周转量的 3% 上升到 21%；它所承载的旅客和货物、邮件，也比 1970 年分别增长了近 6 倍和 1.5 倍。应该说，当时中国民航的国际航空运输业务比例已得到明显提升，国际航空运输业务有了较大发展，初步实现了周恩来总理“一定要飞出去”的夙愿。

① 邝志勇：《以艰苦朴素著称的邝任农将军》，载《党史文苑》2010 年第 7 期。

第三章

改革开放促进快速发展
（1978～2012年）

经过近30年的艰难探索和曲折发展，中国民航事业取得了一系列建设成就，逐步拥有了独立的民航发展体系，对管理体制进行了调整，并初步实现了“飞出去”的战略目标，在真正意义上实现了中国民航的“自立”。然而，已有民航事业的发展水平仍然无法满足我国经济社会发展的客观要求，距离发达国家的民航发展水平仍存在较大差距。中国民航亟须加快发展速度，实现从“自立”到“自足”的重要转变。1978年党的十一届三中全会后，中国民航进入了改革开放的新时期，不仅实现了体制改革的突破，走上了企业化道路，并且对外开放的步伐也不断加快，使得中国民航不断发展壮大，真正走向了国家交通运输发展的前台，成为助推社会经济发展、服务社会生活的重要交通运输业。

第一节　民航改革开放

党的十一届三中全会作出了将工作重心转移到社会主义现代化建设轨道上的决定，随后制定了对内改革、对外开放的一系列政策，使我国在政治上和经济上都出现较好形势，工农业生产建设飞速发展，城乡经济呈现出一片欣欣向荣景象。同时随着国际交往逐渐增多，各行业对外经济技术交流与合作日益频繁，旅游业快速兴起。这些都为中国民航事业的发展提供了前所未有的优越条件。在全国政治上安定团结、经济上初步繁荣兴旺的形势下，中国民航事业加快前进的步伐，不仅实现了体制改革的突破，走上了企业化道路，取得了一系列改革成果，同时民航业对外开放的进程取得了长足进步，推动了新的国际关系的建立。

一、着力推进企业化改革

1978 年 12 月，党的十一届三中全会召开，改革开放的政策逐步实施。在这一背景下，为了实现民航业自身更好的发展，也为了在国内、国际竞争中处于有利位置，中国民航进行了大刀阔斧的改革。

在改革开放之前，中国民航基本都处在空军的领导或代管之下，使这一时期的民航基本采取的是以军队领导为主、政企合一的半军事经营管理模式。这种模式在新中国民航的初创阶段，在民航资源有限、规模小的条件下，能够有效地整合、配置有限的人、财、物力，促进民航的稳步发展。

随着中国民航业的迅速发展，行业规模不断扩大，民航业务量迅速增长，民航运营领域不断扩展，政企合一的经营管理模式的弊端也日益凸显。在这种高度集中的政企合一的管理体制下，民航局既是航空运输业的政府管理机构，又是垄断经营航空运输的全国性企业。其结果是，既难以充分发挥民航局作为政府主管部门的作用，又使得企业缺乏经营活力，严重束缚了民航业的进一步发展。由于体制的低效率和政府执行的低票价政策，民航长期处于亏损状态，靠国家给予政策性补贴。1953 ~ 1978 年，亏损和国家补贴的时间有 14 年。其中 1968 ~ 1974 年，加上政策性补贴后，仍连续 7 年亏损，亏损金额达 1.3 亿余元。① 政府对产业严格管制，不仅控制了票价、航线、航班等项目，还延伸到对旅客资格（需求）的管制。这种特殊管制使乘坐民航班机成为少数人的一种特权，民航业的需求也被压缩到极小，民航成为一种被边

---

① 王勇等：《中国民航史教程》，中国民航出版社 2019 年版，第 87 页。

缘化的交通运输方式。

1978 年 10 月，时任国务院副总理的邓小平与负责民航局、旅游局的同志谈话，明确指示："民航要用经济观点管理，要按企业来办；在中美两国关系正常化前可以采取民间方式建立航空联系。"① 1979 年 2 月，国务院副总理李先念在国务院召集会议，宣布民航与空军分开，完全由国务院直接领导。1980 年，邓小平进一步指出，"民航一定要走企业化的道路"②。李先念同志也指出，"民航一定要企业化，不能用军队的办法来管理民航"③。同年 3 月，国务院、中央军委发出《关于民航总局不再由空军代管的通知》，从 1980 年 3 月起，民航不再由空军代管，除航行管制仍按《中华人民共和国飞行基本原则》规定的"中国人民解放军统一领导全国的飞行管制"执行外，其他工作均向国务院请示报告。5 月 17 日，国务院、中央军委发布《关于民航管理体制若干问题的决定》，进一步明确了"民航总局是国家管理民航事业的行政机构，统一管理全国民航的机构、人员和业务，逐步实现企业化管理"④。

这是民航管理体制的一次重大变革，也是中国民航史上的一次重大转折，为民航走上企业化道路指明了方向。《人民日报》为此发表了题为《民航要走企业化道路》的社论，指出："三十年来，我国的民航事业在民航广大职工的共同努力下，已经初具规模。在飞机数量、载运能力、通航里程、机场建设以及专机飞行等方面，都比中华人民共和国成立初期有了很大的增长。但是，我国民航工作无论在经营方针、管理体制、技术设备以及服务质量等方面，都还存在着许多亟待解决的问题。"社论还着重指

---

① 王勇等：《中国民航史教程》，中国民航出版社 2019 年版。

②③ 邓力群、马洪、武衡：《当代中国民航事业》，中国社会科学出版社 1989 年版。

④ 中国民用航空局：《军民合一到政企分开 体制改革助推民航发展》，中国民用航空网，2018 年 12 月 4 日。

出："民航是国家的重要运输部门，是一个企业单位，既是企业，就应该按照办企业的方针来经营管理。民航要打开新的局面，必须走企业化道路。走企业化的道路，是加强我国民航建设、加强民航竞争能力，把民航企业搞好的一个重要步骤。"①

从 1980 年开始，中国民航在"民航一定要走企业化的道路"方针的指引下，开始了逐步深入的改革。首先是建立较为科学的管理体制，主要包括②：

第一，机构改革。通过 1980 年和 1982 年的两次机构改革，民航局机关改变了原来的军队建制，撤销了类似军队建制的指挥部、后勤部，组建了作为政府主管部门的各业务司局，为民航局实施行业行政管理职能奠定了组织基础。各地区管理局，省（区、市）局也撤销了类似的军队建制，加强了飞行安全、运输服务和经营管理等机构建设，为企业化经营提供了组织保障。

第二，建立经济核算制。将部分权力下放，从 1979 年开始以六大地区管理局为独立核算单位，全面考核各项经济指标，按运输吨公里分配收入。1980 年开始实行各省（区、市）局的二级核算和跨区航线联营。从 1981 年起，对各地区管理局实行利润包干。1982 年，在民航系统内全面推行经营责任制和岗位责任制，赋予各地区管理局更大的经营自主权。

第三，改革投资体制。积极拓宽产业发展的资金来源，鼓励在购机资金不足的情况下，多渠道筹集资金，并尝试通过租赁方式引进飞机，加快现有机队的换代升级，淘汰部分老旧机型。

---

① 《民航要走企业化道路》，载《人民日报》1980 年 8 月 4 日。

② 王勇等：《中国民航史教程》，中国民航出版社 2019 年版，第 88～89 页。

第四，进行企业改组。先后成立了工业航空服务公司、航空器材公司、宣传广告公司、开发服务公司、北京飞机维修基地、厦门航空有限公司、新疆航空公司，组建了广州直升机公司、上海直升机公司。还建立了新中国第一家合资企业——由北京民航管理局与香港中国航空食品有限公司合资经营的北京航空食品有限公司。

第五，改革用工制度。将从 1969 年起实行的全民航义务工役制改为全民航固定合同工制。同时，进行了工资制度改革，恢复各种奖励制度。

为进一步推进民航的体制机制改革，从根本上实现由政企合一转向政企分离，自 1984 年起，中国民航开始了第二阶段改革进程。民航局认真组织学习了党的十二届三中全会通过的中共中央《关于经济体制改革的决定》，并开展调查研究，着手准备新一轮的管理体制改革。同年 12 月，向国务院上报了《民航系统管理体制改革实施方案》，国务院于 1985 年 1 月批复同意。又经过多次研究讨论和修改补充，形成了《民航系统管理体制改革方案和实施步骤的报告》，国务院于 1987 年 1 月批准实行。①

这次改革是以民航管理部门、航空公司、机场分设各司其职为主要特征。改革后，民航局作为国务院主管民航事务的部门，不再直接经营航空企业，而是和各地区管理局一起，主要承担政府的规划、监督、协调、服务的职能（地区管理局承担民航局在各地区的相应职责）。如制定发展民航事业的方针、政策，颁发和修订民用航空法规、条例及规章制度，从审批、规划、价格、航线分配、技术安全等方面对全国民航企业实施行业管理；代表国家对外进行民用航空谈判和签约，参加国际民航组织活动，管

---

① 王勇等：《中国民航史教程》，中国民航出版社 2019 年版，第 88～89 页。

理民航对外经济技术交流与合作；颁发或吊销民用机场使用许可证、适航证、维修许可证等技术执照等。为此，1985 年 5 月 28 日，国务院颁发了《关于开办民用航空运输企业审批权限的暂行规定》；1986 年 1 月 8 日，国务院颁发了《关于通用航空管理的暂行规定》；同年 4 月 6 日，国务院又颁发了《民用机场管理暂行规定》；中国民航局和国家工商行政管理局发出了《关于开办民用航空运输企业审批程序的通知》；中国民航局还颁发了《关于民用航空运输企业及其使用机场的安全保卫规定》，制定了民用飞机管理、航空器适航管理规定，以及部分民用飞机适航标准等。还建立了法制机构，以加强航空立法工作。①

改革后，民航局设立了办公室和政策法规、计划、财务、人事劳动、科技教育、国际、企业管理、飞行标准安全监察、航行、航空器适航、机场管理和公安等司、局，撤销了政治部，设立了党委办公室。组建了民航局航务管理中心、医学卫生中心和航空结算中心等事业单位。1992 年，经国务院批准，仍保留民航省（区、市）局，由地区管理局领导和管理。1993 年，国务院将中国民用航空局改称中国民用航空总局，属国务院直属机构，机构规格由副部级调整为正部级。②

同时，1987 ~ 1992 年，陆续组建了 6 个国家骨干航空公司，并将原各地区管理局的民航事务管理职能与机场管理职能相分离，形成了地区管理局、航空公司、机场分设各司其职的特征。具体来说，1987 年 10 月 15 日，民航西南管理局、中国西南航空公司、成都双流机场宣布正式成立。1988 年 6 月 25 日，民航华东管理局、中国东方航空公司、上海虹桥国际机场宣布正式成立。1988 年 7 月 1 日，民航华北管理局、中国国际航空公司、北京首都国际机场试运行后宣布正式成立。1989 年

①② 王勇等：《中国民航史教程》，中国民航出版社 2019 年版，第 88 ~ 89 页。

12 月6 日，民航西北管理局、中国西北航空公司、西安西关机场试运行后正式成立。1990 年6 月16 日，又组建民航东北管理局、中国北方航空公司、沈阳桃仙机场。最后一个完成改革的是原民航广州管理局，1992 年正式成立民航中南管理局、中国南方航空公司、广州白云国际机场。此外，1985 年1 月1 日，民航新疆维吾尔自治区管理局更名为民航乌鲁木齐管理局，改由民航局直接领导。同时，成立了中国新疆航空公司。①

6 个国家骨干航空公司组建成立后，按照政企分开的原则，民航局决定将原管理局和省（区、市）局管理的飞行大队（中队）、机务大队（中队）划归各航空公司。1990 年4 月，中国航空油料公司正式成立，主要为国内外航空公司和民航其他企、事业单位提供航空油料和地面油料服务，并在全国各大城市设立分公司。1992 年5 月，该公司更名为中国航空油料总公司。此外，还先后成立了一批地方和股份制航空运输企业。早在1984 年，原民航广州管理局与福建省投资企业公司、厦门经济特区建设发展公司联合成立了厦门航空有限公司。之后，还成立了中国联合航空公司、上海航空公司、四川航空公司、武汉航空公司、中原航空公司、贵州省航空公司、山西省地方航空公司、海南省航空公司、中国联运航空服务公司（货运）、浙江航空公司、云南航空公司等企业。到1996 年底，全国共有运输航空公司26 家，其中民航局直属企业11 家，地方航空公司15 家（见表3－1）。

① 刘莉、王勇等：《中国民航发展简史》，中国民航出版社2010 年版。

表 3－1　　　　　　1996 年底中国民航运输企业基本情况

序号	公司名称	成立时间	序号	公司名称	成立时间
1	国际航空公司	1988 年 7 月	14	武汉航空公司	1986 年 4 月（1988 年）
2	东方航空公司	1988 年 6 月	15	深圳航空公司	（1993 年）
3	南方航空公司	1991 年 2 月	16	新华航空公司	1993 年 6 月
4	北方航空公司	1991 年 4 月	17	中原航空公司	（1991 年）
5	西南航空公司	1987 年 10 月	18	长安航空公司	（1993 年）
6	西北航空公司	1989 年 12 月	19	福建航空公司	1993 年 8 月
7	云南航空公司	1992 年 7 月	20	贵州航空公司	1989 年 2 月（1991 年）
8	新疆航空公司	1985 年 1 月	21	南京航空公司	1993 年 10 月（1994 年）
9	厦门航空公司	1984 年 3 月（1987 年）	22	山东航空公司	（1994 年）
10	上海航空公司	1985 年 12 月（1987 年）	23	浙江航空公司	1987 年 4 月（1996 年）
11	四川航空公司	1986 年 9 月（1988 年）	24	长城航空公司	1992 年 6 月
12	海南航空公司	1990 年 1 月（1993 年）	25	山西航空公司	1994 年（1997 年）
13	联合航空公司	1986 年 12 月（1987 年）	26	邮政航空公司	1994 年（1997 年）

注：括号内时间表示开始从事运输生产的年份。
资料来源：王勇等：《中国民航史教程》，中国民航出版社 2019 年版。

通过两个阶段的改革，中国民航逐步实现了“政企分开”目标。日趋合理的管理体制为发展提供了强有力的保障，在此背景下，中国民航在这一阶段取得了一系列发展成就。

（一）提升机型更新的速度

改革开放前，中国民航所使用的运输机群长期落后于先进国家民航。例如，1958 年就出厂投产的波音 -707 型大型喷气客机，中国民航到 1973 年才开始使用。在国际民航竞争日益剧烈的情况下，使用先进型号的飞机、加速机型更新，具有决定性意义。现代化的新型飞机大都具备良好的技术安全性能和经济性能，以及客舱设备舒适等优越性，能够向广大旅客提供安全可靠、票价低廉和服务周到的旅行条件，从而在国际航空运输市场的竞争中能立于不败之地。

1980 年，中国民航购买了波音 747SP 型宽体客机，意味着中国民航使用的运输飞机已部分达到了国际民航先进水平。1983 年又购买了波音 747 -200 型、波音 737 型和 MD -80 型客机，使中国民航使用的运输飞机同国际民航的先进水平的差距进一步缩小。1985 ~1987 年，又通过贷款、国际租赁和自筹资金相结合的形式，先后购买了波音 -767 型、波音 757 型、A310 型、图 -154 型、BAE -146 型、MD -82 型、肖特 -360 型、双水獭（DHC -6）型和国产运七型等飞机共 100 多架，使中国民航所使用的运输飞机达到了国际民航的先进水平。与此同时，淘汰了里二、伊尔 -14 型和子爵号等型号的运输飞机 40 多架，加快了机群更新的速度。至 1987 年，中国民航已拥有各型运输用飞机 402 架，其中起飞全重 60 吨以上的运输机 104 架。[①] 对新购置的飞机，改变了过去按实际飞行小时折旧的办法，采用经济、合理的按使用年限折旧法，以适应国际上技术更新周期短的需要，同时也加强了航空运输企业在飞机使用上的经济责任。

---

① 邓力群、马洪、武衡：《当代中国民航事业》，中国社会科学出版社 1989 年版。

此外，1980年，成立了中国航空器材公司，专门从事飞机、发动机和各种设备、器材的进出口业务。到1987年，我国已向国外购置飞机150余架，总价值约30亿美元。每年还订购了约1亿美元的设备和器材，且争取到的优惠条件总值已超过3亿美元。截至1992年底，全国民用飞机架数468架，全行业运输飞机总架数达到315架，其中直属企业278架，地方及其他部门所属航空公司37架。大中型运输飞机211架，小型运输飞机104架，通用航空飞机287架①。

（二）加快机场建设的进度

为了适应新购置的大量新型运输飞机和航空运输业务日益发展的需要，中国民航加快了机场建设的进度。改革开放以来，除北京首都机场新候机楼和一条可供起降大型客机的跑道已于1980年1月1日正式交付使用外，还新建、扩建和改建了30多个机场。截至1992年，全国共有98个民用机场，其中能够起降波音737及以上机型飞机的机场有56个②。

1. 经济特区的机场建设③

1980年国务院批准厦门市建立经济特区后，福建省立即着手利用旧高崎机场原址修建新机场。1983年10月22日开航。除国家投资的2214万元外，建设资金大部分是由福建省自筹的，并在对外经济贸易部统筹安排和中国民航局的协助下，由福建省向科威特国阿拉伯基金会取得了低息长期贷款600万第纳尔（约合2200万美元）。利用国外优惠贷款建设民航机场，这是在对外开放政策下出现的一个新事物。

1974年，中国民航在汕头市的空军外砂机场建站，因陋就简地先行开

---

①② 国家统计局：《中国统计年鉴1993》，中国统计出版社1993年版，第543页。

③ 邓力群、马洪、武衡：《当代中国民航事业》，中国社会科学出版社1989年版。

航。1984 年，国务院、中央军委批准改建外砂机场，将跑道从 2200 米加长到 2500 米，同时增建和改建若干必要的设施。1986 年 5 月正式开工，1986 年底复航。

1987 年 5 月国务院批准深圳宝安机场建设立项，1989 年 5 月深圳机场公司正式成立，机场建设工作正式开工，1991 年 10 月 12 日机场正式通航。一期工程结束后，宝安机场可起降 MD－82、B－737、三叉戟等客机。1992 年，深圳宝安机场跻身全国七大机场。

1992 年 2 月 23 日，国务院、中央军委批准将空军珠海三灶机场改建为民用机场。改建规模遵循一次规划、分期建设的原则，本期工程飞行区按起降 B757、MD－82 飞机的技术要求设计。1995 年，珠海三灶机场正式启用。

2. 开放口岸的机场建设①

各省省会和重要城市都希望与海外和口岸城市直接沟通，把机场建设视为一项重要任务。一些旅游区则把开辟空中通道作为招揽游客、归侨和创汇增益的必要条件。

（1）改建和扩建部分城市现用机场。

1985 年 7 月，国务院批准大连机场作为国际机场对外开放。同年 10 月，国家计委、总参谋部批准周水子机场按国际机场标准加以改建。将跑道加厚并延长到 3200 米。1985 年竣工后，于同年 3 月 15 日起接受大型民航飞机起降。

改革开放后，上海通航国家和地区日益增多，业务发展迅速，虹桥机场扩建工程开始，并于 1984 年完成了航站楼扩建，解决了国际航线业务增多的迫切需要。1991 年底上海虹桥机场候机楼完成第三次扩建。

---

① 邓力群、马洪、武衡：《当代中国民航事业》，中国社会科学出版社 1989 年版。

党的十一届三中全会以后，广州外宾、华侨和港澳同胞出入频繁，业务骤增。1980 年，广州白云机场开始增建了一些建筑和设施，更新了一些技术装备，用于发挥机场潜力，加大机场容量，改善服务条件，并决定在 1985 年新建一座面积为 2.7 万平方米的国际航线专用航站楼，把国际航线和国内航线进出旅客的流程分开。

1980 年 8 月，经国务院、中央军委批准，福建机场开始扩建工程。将跑道加厚并延长至 2400 米，增建平行滑行道和停机坪，改善导航设施，供三叉戟、波音 737 型飞机的昼夜起降。于同年 10 月开始浇筑道面混凝土，1982 年 2 月完成跑道修建及其附属工程，3 月 1 日恢复航班飞行。

（2）建设军民合用机场。

部分开放口岸城市便利，通过对军用机场稍加改造或修建少量房屋，建设了军民合用机场。从 1985 年 11 月起，青岛扩建的海军流亭机场转为军民合用。连云港市于 1984 年 7 月开始军民共用空军白塔埠机场，1985 年 3 月 26 日起通航。烟台市于 1986 年批准扩建军民合用海军莱山机场。秦皇岛市利用当地海军机场，使以安 -24 型飞机先行通航，并于 1987 年改用 Bae -146 型飞机飞行。

（3）新建北海、温州、南通民航机场。

北海、温州、南通 3 个城市没有现成的机场可利用，都需修建新机场才能开航。1984 年底国务院、中央军委批准同意修建北海机场。北海市为此向建设银行北海支行借款 1000 万元，分五年偿还，开创了地方政府向银行借款修建民航机场的先例。北海于 1987 年正式通航。1984 年 11 月，国务院、中央军委批准同意修建温州民航机场。1987 年机场正式开始动工，一期工程由市政府和民航总局共同投资 1.32 亿元，并于 1990 年 7 月 12 日正式通航。1985 年 6 月，国务院、中央军委批准同意在南通市修建民航二级机场。1990 年 10 月，南通兴东机场正式开工，并于 1993 年初开始通航。

（4）扩建海口军民合用机场，并筹建三亚民航机场。

海南岛已被批准建省并对外开放。岛上主要城市海口和三亚都迫切需要修建机场以发展航空运输事业。中国民航局按国务院关于开发海南，并实现海口、三亚同香港的空中通航的指示，已将原有海口机场跑道道面加厚并延长，建设航站区，改善必要的助航设备等。1986 年 2 月，航班飞机开始使用扩建后的海口机场。三亚市自 1984 年起利用海军机场通航广州、湛江。为了发展旅游事业，国务院、中央军委于 1987 年 12 月正式批准在三亚市凤凰村新建一个民航机场。1994 年 7 月凤凰机场正式通航。

3. 旅游胜地的机场兴建①

党的十一届三中全会以后，旅游事业蓬勃发展。为便利游客和节约时间，航空交通成为很重要的条件。因此，近年来旅游胜地正在不断地加快机场修建的进程。

为应对国内外游客的迅速增加，桂林对原有的奇峰岭机场进行了扩建，于 1981 年正式复航。1992 年 7 月经国家民航局批准，机场再次进行扩建，并正式更名为桂林国际机场。敦煌机场于 1982 年 4 月开工建设，8 月交付使用。1987 年黄山原有的小型机场停航扩建，并正式更名为黄山屯溪机场，于 1989 年复航投入使用。1991 年张家界大庸机场正式开工，1993 年建成开航。1990 年 4 月西双版纳机场正式通航。

值得注意的是，民航机场的建设热潮，不但在经济特区、开放口岸和旅游胜地纷纷兴起，在内地各省会以及各大、中城市，自 1984 年起，也相继提出了修建和扩建机场的要求。新建和扩建的大型机场有洛阳、重庆、西宁、长沙、沈阳、长春、南京、昆明、西安；扩建或改建的中型机场有成都、呼和浩特、包头、齐齐哈尔；新建或改建的小型机场有黑河、榆

---

① 邓力群、马洪、武衡：《当代中国民航事业》，中国社会科学出版社 1989 年版。

林、银川、佳木斯、丹东、赣州；还有在军用机场建立民航站的常州、石家庄等。其中大部分修建或扩建工程均已在“七五”期间（1986～1990年）完成。

（三）进一步扩展航线网络[①]

以党的十一届三中全会为起点，国家各项工作的重点转向社会主义现代化建设，国民经济进一步活跃起来，工农业生产建设全面展开。为了适应1978年以后的新形势，中国民航不仅进一步扩展了航线网，而且在航线布局上也发生了前所未有的显著变化。

1. 区域性辐射航线网进一步扩展

党的十一届三中全会以来，我国大力实行对外开放和对内搞活的政策后，各个地区之间的横向经济联系日益增多，大、中城市的作用加强了，并逐步形成了以区域性大城市为中心的经济体系。因此，促使中国民航以北京、上海、广州、成都、西安、沈阳6个大城市为中心的区域性辐射航线网路建设得到进一步的扩展，改变了三十多年来主要以北京为中心的单一航线网格局。这个时期各地区业已形成的辐射航线网路的主要情况如下：

首都北京是中国的政治、文化和科学技术中心，又是全国辐射航线的中心。这一阶段增辟了从北京通往南昌、福州、厦门、桂林、贵阳、重庆、西安、兰州、哈尔滨9条直达的国内干线，以及北京—秦皇岛—石家庄—南京—上海、北京—桂林—南宁、北京—武汉—昆明、北京—太原—延安、北京—通辽—海拉尔5条国内干线。到1987年底，从北京首都机场始发的国内航线有59条，北京同全国28个省、自治区、直辖市以及香港

---

① 本部分内容均参考邓力群、马洪、武衡：《当代中国民航事业》，中国社会科学出版社1989年版。

地区都有直达航线或由衔接航线相联结。

上海是中国最大的经济中心和对外贸易口岸，也是沿海14个对外开放城市之一。为了发展上海与各地的横向经济联系，促进上海各项建设事业的发展，这个时期增辟了以上海为航线起点，通往乌鲁木齐、成都、昆明、重庆、兰州、沈阳、长春、连云港8条直达的国内航线，以及上海—烟台—北京、上海—兰州—乌鲁木齐、上海—郑州—西安、上海—青岛—大连、上海—合肥—郑州5条国内干线。连同以前已开辟的航线，到1987年底，上海虹桥机场已有通往国内34个大、中城市的37条国内航线，构成了以上海为主的华东地区辐射航线网路。

广州是祖国的南大门，毗邻珠江口两侧的深圳和珠海两个经济特区，并同港澳地区举目相望，是中国实行对外开放的前沿城市。为了加强广州同内地各大、中城市的航空联系，“六五”计划期间（1981～1985年），先后增辟了以广州为起点，通往武汉、郑州、成都、昆明、贵阳、重庆、西安、沈阳、乌鲁木齐、长春、南京、杭州、合肥、南昌、福州、厦门、泉州17条直达的国内干线，以及广州—长沙—西安—广州、广州—贵阳—成都、广州—泉州—福州、广州—南京—上海—武汉、广州—北京—哈尔滨、广州—柳州—南宁、广州—常州—北京、广州—湛江—上海、广州—南宁—上海9条国内干线。连同以前已开辟的航线，到1987年底，广州白云机场已有通往国内37个大、中城市的51条航线，构成了以广州为主的华南地区辐射航线网路。

历史上被称为“蜀道难”的四川省，这个时期的航空交通也有了新发展。以成都为起点增辟的国内干线有：成都—长沙、成都—重庆—广州、成都—长沙—南京、成都—北京—沈阳—天津。连同以前已开辟的航线，到1987年底，成都双流机场已有与国内19个大、中城市相联结的30条航线，构成了以成都为主的西南地区辐射航线网路。

随着旅游热点的兴起，西北也逐渐成为航空基地。这个时期陆续增辟的以西安为起点的国内干线有：西安—上海、西安—广州、西安—长沙—广州、西安—兰州—乌鲁木齐、西安—银川、西安—沈阳、西安—常州—北京、西安—常州—广州。连同以前已开辟的航线，到1987年底，西安西关机场与国内26个城市之间已有36条国内航线，构成了以西安为中心的西北地区辐射航线网路。

东北地区的重工业城市沈阳，在这个时期增辟的国内干线有：沈阳—北京—南京—广州、沈阳—秦皇岛—北京、沈阳—丹东—大连—北京、沈阳—延吉—长春、沈阳—北京—西安、沈阳—北京—武汉—长沙、沈阳—朝阳—北京。连同以前已开辟的航线，到1987年底，沈阳东塔机场与国内20个城市有21条航线相联结，构成了以沈阳为主的东北地区辐射航线网路。

在新疆除开辟乌鲁木齐至北京、上海、兰州、广州的直达航线外，1987年6月又开辟了乌鲁木齐经库尔勒到且末的地方航线。至此，在地域辽阔的新疆境内共有11条地方航线，形成了一个以自治区首府乌鲁木齐为中心的、联结12个城市的地方航线网路。在这一时期，为了沟通各省之间的横向经济交流，还增辟了12条省际间的国内干线。

2. 不断开辟通往旅游城市的新航线

随着对外开放、对内搞活政策的实施，中国的旅游事业迅速地发展起来，到中国著名风景区和旅游胜地观光的外国游客、华侨和港澳同胞不断增多。旅游事业的发展必然影响着民航航线网的布局，不断开辟通往旅游城市的新航线，是这个时期航线布局的又一特点。到1987年，在全国重点旅游地区，已经通航的旅游城市有40个，其中北京、西安、上海、南京、杭州、广州、桂林、昆明8个旅游热点城市每天都有民航班机飞行。这些旅游航线把国外旅客从中国入境地和通航的旅游点之间连接起来，为旅游者在中国游览观光提供便利。

桂林的旅游事业在改革开放后得到了迅速发展。1987 年，全国各地通往桂林的航线共有 21 条，每周有 81 个班次，而且在旅游旺季还有大量的加班和包机飞行。当年桂林机场的旅客吞吐量达到 124 万多人次，比 1980 年增长了将近 11 倍。它的旅客吞吐量仅次于北京、广州、上海，居全国第四位。

党的十一届三中全会以后，杭州旅游业开始发展。1987 年从全国各地通往杭州的航班每周已增加到 51 个班次，使用的机型包括有 MD－80、A310、波音 757 等大型客机。1987 年从杭州始发的航空旅客就有 27.7 万多人次。

3. 沿海城市航线日益增多

为适应 4 个经济特区的建立和 14 个沿海城市的对外开放，中国民航的沿海航线也日益增多，使航线分布和航班安排都有了相应的变化。

为便利国内外客商往来于北京、上海、广州与厦门经济特区之间，1983 年 10 月厦门高崎机场启用后，在上述城市之间先后开辟了 4 条国内干线。为沟通珠海经济特区与广州的交通联系，还一度开辟了珠海—广州的直升机航线。

中共中央决定开放 14 个沿海城市以后，中国民航在当地政府配合下，迅速扩建了大连、青岛机场，并积极筹建了秦皇岛、烟台、连云港、宁波、温州、北海以及三亚等航站。1984～1987 年，分别开辟了从北京、上海和广州通往上述沿海城市以及南京—连云港和杭州—宁波等 16 条新航线。此外，为开发海南岛和南海油田，1984 年 11 月还恢复了广州—三亚航线。

4. 少数民族地区的航空交通继续得到改善

为了满足支援西藏建设的需要，民航不断改换飞往拉萨的机型和增加航班次数，民航班机已成为广大旅客往返于拉萨与内地之间的主要交通工具。自开航以来至1987年，仅从成都至拉萨就运送了藏族同胞、援藏人员、边防部队人员和旅游外宾等90多万人次，还运送了大量药品、精密仪器、农牧良种等货物和邮件，为建设繁荣的新西藏作出了贡献。发展边疆地区的航线，对于增进民族团结，繁荣民族地区经济，促进边疆与内地的政治、经济和文化交流以及巩固国防等，都有着积极作用。

总之，经过改革开放10余年的发展，中国民航国内航线布局逐步趋于合理，航线网路也不断扩展。到1992年底，国内航线已增加到492条，航线里程为51.5万公里；地区航线13条，航线里程为18446公里。全国除台湾地区以外，各省会、自治区首府和直辖市以及主要大城市与北京都有了直达航班或衔接航班连结，大都可以当天到达，初步构成了一个比较完整的国内航线网路。

（四）民航运力大幅提升

改革为民航发展注入了生机与活力，释放了民航生产力。到1986年，在保证航空运输安全监管和安全水平一直较为良好的前提下，航空运输总周转量、旅客运输量和货邮运输量分别比改革开放前增长了4.18倍、3.31倍和2.52倍①。

一方面，民航客运量快速上升。1978年以后，中国民航开辟了许多新的国内航线，增加了航班密度，并开辟了中英、中美等国际航线以及内地通往香港的地区航线，一批新型飞机，包括波音707、伊尔-62、三叉戟、波音747SP、波音737等加入航线飞行，为广大中外旅客提供了快速、安全和舒适的航空交通条件。由于机型的更新和航班密度的增加，航空旅客

---

① 国家统计局：《中国统计年鉴1993》，中国统计出版社1993年版。

运输量持续快速上升。1992 年国内航线客运量为 2394 万人，客运周转量达 294. 4 万客公里；地区航线客运量为 290 万人，客运周转量达 32. 2 万客公里；国际航线客运量为 202 万人，客运周转量达 79. 5 万客公里。[①]

在这个阶段，航空旅客的构成也有很大的变化。特别是 1978 年以后，随着对外开放进程的不断加快，港澳同胞、华侨和外国旅客的比重大幅增加。1981 年国内航线的港澳同胞、华侨和外国旅客约 93 万人，占同年国内航线客运量的 28%；1982 年为 100 万人，占 27%。[②] 随着人民生活水平的不断提高，在中国旅客中私人自费旅游、探亲的旅客也在不断增加。

当然，在这个时期我国民航的客运量和旅客周转量在国内交通运输业中所占比重仍然较小。1987 年，民航旅客运输总周转量仅占当年我国交通运输业旅客运输总周转量的 3. 4%。在国际民航组织中，我国民航完成的旅客运输周转量的排名也比较靠后。1983～1986 年分别列第 27 位、第 24 位、第 20 位和第 18 位，而国际航线的旅客周转量居第 25 位[③]。因此，还需要进一步加快民航发展的步伐。

另一方面，民航货运量迅猛增长。改革开放的春风给工农业生产带来了空前繁荣的景象，也给航空货运带来了前所未有的好形势。航空货运量从 1978 年开始持续上升，到 1987 年已达到 1978 年的 4. 5 倍。此外，中国民航从 1980 年起先后开辟从广州、上海、北京、杭州、天津、昆明等城市通往香港的 6 条地区航线，对促进航空货运的发展也起到了一定作用。1992 年国内航线货运量为 37. 0 万吨，货运周转量达 5. 0 万吨公里；地区航线货运量为 7. 2 万吨，货运周转量达 0. 9 万吨公里；国际航线货运量为

---

①② 刘莉、王勇等：《中国民航发展简史》，中国民航出版社 2010 年版。

③ 国家统计局：《中国统计年鉴 1993》，中国统计出版社 1993 年版，第 544 页。

1.34 万吨，货运周转量达 7.6 万吨公里①。

这一时期，航空货运不仅在数量上有相当的发展，而且随着国民经济形势的变化，在品种上也有相应的变化。在国内，随着人民生活水平的提高，家用电器如电视机、电冰箱、录音机、洗衣机等源源不断地从产地或所到达的机场运往全国各地。在国际上，过去进口货物仅限于少量、价值较高或精密易损的进口仪器、电子管、化工产品和紧急订货的设备部件等，出口货物主要是裘皮、珠宝、特种工艺品和货样等。而随着我国生产技术的更新，从国外引进的电子产品、计算机、电器、精密机械和成套设备部件以及在农牧业生产中的优良种畜等都日益增多。出口货物中除一些贵重物品外，丝绸、服装、纺织品以及鲜活产品等也成为常见的航空货源。

值得注意的是，在这一时期民航货运同国外或与国内其他运输方式相比，还是有很大差距的。根据国际民航组织的统计年报，1986 年中国民航货运完成的周转量名列第 20 位，其中国际航线的货运周转量名列第 25 位。② 如果与我国其他运输方式相比，航空货运量就更小了。尽管这一阶段改革收效显著，但刚刚经历改革后的中国民航货运业务发展还远不能适应社会主义现代化建设的需要和民航事业的发展。民航系统的改革是一项庞大复杂的工程，需要一个较长的量变的积累过程。1980 年开始的改革实现了民航产业市场化、企业化的破冰，但计划经济条件下政企合一的特征并未真正消除。中国民航局既是行业的行政管理机构，又是航空运输的直接经营者。

---

① 国家统计局：《中国统计年鉴 1993》，中国统计出版社 1993 年版，第 544 页。

② 刘莉、王勇等：《中国民航发展简史》，中国民航出版社 2010 年版。

二、积极对外开放，强化合作交流

要推动中国民航快速发展，不仅要对内大刀阔斧地进行体制改革，更需要加快对外开放的步伐。只有积极融入经济全球化，参与国际多边活动，加入国际公约，不断构建新通航关系，才能使中国民航真正发展壮大。同时，国际间的教育、经贸合作也有助于吸引国外资本、引进先进技术和管理经验，培养大量专业性民航人才，助推民航事业腾飞。

（一）国际多边活动的参与

在 1977 年 9 ~ 10 月召开的国际民航组织第 22 届大会上，中国民航局局长沈图明确肯定了第三世界国家要求迅速发展自己民航事业的正当合理性，强调第三世界国家应以自力更生为主，外援为辅，应加强区域间的合作与协调。他还指出，在国际民航界，国家不论大小，不论贫富、不论民航力量强弱，应该一律平等，不能由一两个超级大国垄断，在航线、运力、运输等各方面要做到真正的平等互利和公平合理，并实行有效的管理。在 1983 年 9 月召开的国际民航组织第 24 届大会上，中国代表团还就在尊重主权、平等互利、适当管理和友好合作的基础上逐步建立国际民航新秩序的问题作出了书面发言。

中国代表还参加了一些国际民航组织召开的技术业务会议，包括法律、航行、通信、气象、防止事故等会议，选择性地参加了一些国际民航组织下属机构、办事处召开的会议以及一些国际地区性民航组织会议。如中国民航总局局长沈图于 1978 年和 1982 年分别出席了第 14 届和第 18 届亚洲太平洋地区民航局长非正式会议。中国民航局还派代表列席了非洲民航委员会会议和欧洲民航会议。

1987 年 9 月，中国民航局与国际民航组织合作，首次在中国举办民用航空专业技术国际会议——“空中交通服务规划研讨会”。12 个国家的民航局代表、专家和一些国际组织代表出席了会议。1988 年 10 月，中国民航局在北京举办了“国际民航通信专家会议”，美国、英国、法国、联邦德国、中国等 8 个国家及国际航空运输协会的代表、顾问参加了会议。1990 年 4 月，中国民航局和国家计委共同主办了“未来民航通讯、导航和监视系统（FANS）技术研讨会”，国际民航组织、亚太地区办事处及专门委员会的官员和专家、中国有关部门的官员和专家参加了这次会议。1991 年 10 月，中国民航局在北京举办了“第 27 届亚太地区民航局长会议”，来自亚太地区 30 个国家和地区的代表及 4 个国际组织的观察员共 150 多人出席了会议。中国民航局局长蒋祝平当选为会议主席。会议主要围绕“空域的管理和利用”展开讨论，涉及航空运输、技术合作、航行安全等多个方面。国际民航组织理事会主席阿萨德·柯台特博士出席会议并讲话。这次会议在参加的国家、人数、提交大会文件等方面，与此前相比都是最多的。1992 年 11 月，中国民航局在北京主办“1992 新航行系统研讨会”，国内外 160 余名专家、学者参加了会议，国际民航组织未来航行系统（FANS）委员会主席到会讲话。紧接着中国民航协会又发起并在北京召开了民航经营管理国际研讨会，应邀出席的有美国、澳大利亚、泰国、新加坡、韩国的政府官员和民航经营管理人员以及我国国务院有关部委、民航局和地区管理局、航空公司、机场的代表。会议就民航管理政策、企业合资与合作等方面问题进行了大会发言及分组讨论，彼此交流了经验，加强了相互沟通。①

---

① 王勇等：《中国民航史教程》，中国民航出版社 2019 年版，第 94 ~ 95 页。

（二）加入了国际公约，便利国际航行

1978 年 11 月，中国加入《关于在航空器内的犯罪和某些其他行为的公约》（简称《东京公约》）。1980 年 9 月，加入 1970 年 12 月在海牙签订的《关于制止非法劫持航空器公约》（简称《海牙公约》）。同时，中国还加入了 1971 年 9 月在蒙特利尔签订的《关于制止危害民用航空安全的非法行为的公约》（简称《蒙特利尔公约》）。1998 年 9 ~ 10 月，国际民航组织举行关于《国际民航公约》中文正式文本的外交会议，通过了《关于国际民用航空公约（1944 年，芝加哥）六种语言正式文本的协议书》，规定中文为公约的正式文本。1999 年 5 月，国际民航组织在蒙特利尔召开航空法大会，制订审议和通过了新的《统一国际航空运输某些规则的公约》（简称《新华沙条约》）。经国务院批准和授权，由民航总局、外交部及香港特别行政区政府代表组成的中国政府代表团出席大会，并签署了大会的最后文件和公约。①

改革开放以来，中国还为便利国际航行作出了积极努力。1983 年 6 月 2 日，中日双方在北京达成协议，决定从当年 8 月 4 日起，开辟由上海直接通往日本福江的新航路。这一航路比原来绕经韩国大丘飞行情报区的中日航路缩短了 275 公里，可节省 21 分钟飞行时间。同时，开放昆明—广州—香港航路为国际航路，使飞行于中亚、西亚、欧洲与东亚地区之间的国际航线缩短了航程，此举受到国际上的普遍赞扬。②

（三）不断建构新的通航关系

发展国际航线是中国对外交往中的一个不可缺少的重要环节，它为外

①② 王勇等：《中国民航史教程》，中国民航出版社 2019 年版，第 95 页。

交事务、对外贸易和文化交流以及发展旅游事业等提供了快速的交通运输条件。通过双边协定的签订，中国民航不断开辟与世界其他国家之间的新航线，以更加积极的姿态融入世界民航，并在努力争取和保持在世界民航中的一席之地。

中华人民共和国成立初期，在中国民航还不具备自办国际航线的情况下，由中苏民航公司于 1950 年 7 月 1 日正式开辟了长达 5100 多公里的 3 条国际航线，在当时不仅沟通了中苏两国，而且通过北京至伊尔库茨克航线，可衔接苏联民航经营的航线到达莫斯科以及其他东欧国家，还可通过航空联运到达西欧和北美各国。经过 30 年的曲折发展，到 1978 年，中国民航已有通往苏联、缅甸、朝鲜、越南、柬埔寨、日本、巴基斯坦、法国、伊朗、罗马尼亚、埃塞俄比亚、南斯拉夫、瑞士 13 个国家的 12 条国际航线，通航里程总长为 55342 公里。与此同时，苏联、朝鲜、巴基斯坦、法国、埃塞俄比亚、日本、罗马尼亚、瑞士 8 个国家的民航班机也先后通航到中国。①

进入 20 世纪 90 年代，中国先后与英国、肯尼亚、印度尼西亚、新加坡、文莱达鲁萨兰国、古巴、保加利亚、乌克兰、匈牙利、以色列、哈萨克斯坦、新西兰、马尔代夫、马绍尔、乌兹别克斯坦、巴西、韩国、白俄罗斯、津巴布韦、荷兰、智利、黎巴嫩、马耳他、马达加斯加、斐济、巴林、摩洛哥、南非、爱沙尼亚、拉脱维亚、卡塔尔等国签署航空运输双边协定。与越南、朝鲜、美国等国重签航空运输协定。②

在与所有国家的通航关系中，中美通航关系的建立最具有代表性。1978 年 10 月，邓小平与负责民航局、旅游局的同志谈话，指示在中美两

---

① 邓力群、马洪、武衡：《当代中国民航事业》，中国社会科学出版社 1989 年版，第 113 页。

② 王勇等：《中国民航史教程》，中国民航出版社 2019 年版，第 96 ~ 98 页。

国关系正常化前可以采取民间方式建立航空联系。当月，美国泛美航空公司董事长苏威尔访华，提出中美间包机飞行和以广州白云机场为泛美航空公司飞香港航班备降机场等建议，得到邓小平的赞同。1979 年 2 月 1 日，邓小平副总理访美，在中美发表的新闻公报中明确提及双方同意签订贸易、航空、海运协定。5 月，美国商业部长克雷普斯会见中国民航局局长沈图，表示将优先考虑中美通航，双方还就美台航线的处理办法交换了意见。8 月，沈图局长访美，与泛美航空公司签订了包机协议。他还会见了美国助理国务卿霍尔布鲁克，双方就终止“美台航空协定”达成了协议。9 月，美国在台协会给台湾地区的相关部门发出通知，决定终止 1946 年的双方协定。在与台湾地方当局进行了为期两个月的协商后，11 月，该协会与台湾地方当局草签了一项管理美台航班的非官方安排（1980 年 3 月 5 日正式签字）。11 月 30 日，中方通知美方，可以进行中美通航谈判。12 月，泛美航空公司和中国民航在旧金山与上海之间各开展了 3 次包机飞行。[①]

1980 年 4 月，中美民航第一轮政府级谈判在北京举行。当时，中美两国的航空运输政策有很大差别，美国主张“天空开放，自由竞争”，中国则主张“尊重主权，平等互利”。最后，经过半年左右的三轮谈判，在双方都能接受的条件下达成协议。在中美民航第一轮谈判中，美国“天空开放，自由竞争”的通航主张本质上是希望凭借自身民航业的强大实力快速占据中国民用航空市场份额，以实现获得高额垄断利润的目的。显然美国预期的目标与我们振兴中国民航的发展目标相违背，将高度发达的美国民航与正在改革转型起步时期的中国民航同样放在中国市场上自由竞争，必然会严重限制中国民航事业的发展。因此，中国提出了“尊重主权，平等互利”的中美通航主张，这对于市场开放初期保护民族产业具有重要意

① 王勇等：《中国民航史教程》，中国民航出版社 2019 年版，第 96～98 页。

义，也为今天中国民航的发展打下了坚实基础。

民航事业发展事关国计民生，是国家振兴、民族复兴的重要支柱产业，推动民航事业发展必须要保障中华民族的根本利益所在，坚持“和平统一、一国两制”基本方略。承认一个中国原则是中美间进行通航合作的必要前提。中美通航协商期间，双方就终止“美台航空协定”进行了一系列磋商，并最终达成协定。1980 年 9 月 17 日，中美两国政府间《民用航空运输协定》在华盛顿正式签订。此后，1981 年 1 月，中国民航开航美国，美国的泛美航空公司开航中国。另外，美国西北航空公司和联合航空公司也分别于 1984 年 5 月、1985 年 3 月开航中国。

除中美通航的重要航线以外，这一时期开辟的国际航线主要还包括：①

1978 年 3 月，中国民航开辟北京—卡拉奇—亚的斯亚贝巴国际航线。

1978 年 5 月 4 日，中国民航开辟了北京—德黑兰—贝尔格莱德—苏黎世国际航线。

1979 年，开辟了北京—德黑兰—布加勒斯特—法兰克福国际航线。

1979 年 8 月，菲律宾航空公司开辟马尼拉—广州—北京航线（1985 年 4 月改为马尼拉—厦门—北京）。同年 9 月，中国开航北京—广州—马尼拉，成为连接中国和东盟的第一条航线。

1980 年 11 月，英国开航伦敦（希思罗机场）—巴林—香港—北京—香港—孟买—伦敦；中国开航北京—卡拉奇—法兰克福—伦敦（盖特威克机场）。

1981 年 4 月，泰国开航曼谷—广州（1982 年 11 月 14 日停飞），1983 年 3 月，开航曼谷—北京；1980 年 8 月，中国开航广州—曼谷，1983 年改飞北京—广州—曼谷。

---

① 王勇等：《中国民航史教程》，中国民航出版社 2019 年版，第 98 ~ 99 页。

1984 年 9 月，澳大利亚开航墨尔本—悉尼—北京；中国开航北京—广州—悉尼。这是中国民航开辟通往大洋洲的第一条国际航线。

1985 年 5 月，新加坡航空公司首航新加坡—上海—北京。6 月，中国民航开辟北京—广州—新加坡航线。

1986 年 6 月，中国民航开辟北京—沙迦—罗马—法兰克福航线。10 月，中日两国航空当局达成协议，从 1987 年 4 月开始，全日空航空公司开辟东京—北京国际航线；中国民航开辟北京—福冈、上海—福冈、北京—大连—东京航线。

1987 年 4 月，中国民航开辟北京—乌鲁木齐—沙迦—伊斯坦布尔航线。5 月，开辟北京—莫斯科—柏林航线。9 月，开辟北京—上海—温哥华航线。

1988 年 3 月，中国民航开辟北京—上海—沙迦—巴黎航线。8 月，中国国际航空公司开辟北京—莫斯科—斯德哥尔摩航线。7 月和 9 月，中国民航分别恢复乌鲁木齐—阿拉木图航线和开辟哈尔滨—哈巴洛夫斯基（伯力）航线。

1991 年 1 ~ 8 月，因中东战争爆发，应国际民航组织亚太地区办事处要求，中国开通了香港—广州—北京—二连浩特—蒙古（至苏联、欧洲方向）应急航路。6 月，中国国际航空公司开辟北京—厦门—雅加达航线。10 月，开辟北京—迪拜—开罗航线，这是我国第二条通往非洲的国际航线。

1992 年 3 ~ 10 月，中国开辟和恢复通往蒙古国、越南、奥地利、西班牙、吉尔吉斯斯坦、日本、科威特、老挝 8 条国际航线。6 月，中国国际航空公司开辟北京—卡拉奇—维也纳航线。10 月，东南亚经我国（香港经桂林、成都、乌鲁木齐至阿拉木图）、俄罗斯至欧洲的欧亚航路开通。同时，中国国际航空公司恢复北京—卡拉奇—科威特国际航线。

改革开放以来，中国民航事业逐步发展壮大起来。从航线布局来说，国内航线从寡到众，航线网路有了较大的扩充，航班密度也相应增加了；国际航线的发展虽然起步较晚，但也已开始进入国际空运市场。截至 1992 年底，我国共拥有国际航线 58 条，航线总里程 30.3 万公里①。尽管如此，航线发展的规模和水平对于国土辽阔、人口众多的中国来说，仍是很不相称的；同世界上航空运输发达的国家相比，还有很大差距。在国家实行对外开放、对内搞活经济的新形势下，中国民航的运输业务还有较大发展空间。

（四）国际交流合作的加强

1979 年 12 月，中国民航利用联合国开发计划署 30 万美元的援款，开展“北京首都机场新建候机楼客机坪现代化”项目。国际民航组织派来专家介绍国外有关机场整体规划、修建、管理、民航业务统计和预测等情况。中国民航先后派出 10 名修建、设计系统工程技术人员赴美国、法国、瑞士、联邦德国、加拿大 5 国考察了 10 个机场，为北京首都机场引进了测距仪、书写电话等设备。1982 年 11 月，又利用该组织援款 240 万美元，开展“加强并使民航训练设施现代化”和“加强并使航空气象服务现代化及培训气象人员”等项目。前一个项目的部分资金用于在中国民航学院（今中国民航大学）筹建训练中心，后一个项目则改善了广州白云机场的气象服务设施。

1980～1985 年，中国利用国际民航组织提供的助学金，选送 100 多名人员，分别去马尼拉、曼谷、新加坡等地的民航训练中心，进行了短期培训学习。1980～1990 年，联邦德国政府向中国民航提供了 2000 多万德国

① 国家统计局：《中国统计年鉴 1993》，中国统计出版社 1993 年版，第 544 页。

马克援助，在汉莎航空公司训练中心和机务基地帮助中国培训各类专业技术人员。同时，为中国国际航空公司筹办机务技工学校。中国国际航空公司还与汉莎航空公司合资经营飞机维修基地——北京飞机维修工程有限公司，以提高飞机维修技术与质量。中国民航局与美国联邦航空局也签订了在运输管制与适航等方面进行技术协作的协议。20 世纪 90 年代初，中国民航与英国、美国、加拿大、澳大利亚、新西兰、日本、新加坡、泰国、法国、德国、瑞士、意大利、俄罗斯、瑞典、荷兰等国的近百家公司、学校或其他机构建立了培训关系，并派出飞行驾驶、空中交通管制、通信导航、适航维修、客货运输、气象、机场管理、乘务管理等各类空地勤人员进修培训近 2000 人次。[①] 同时，中国民航也为日本、蒙古国、美国一些机构的人员提供了培训。国际合作培训的开展，使中国民航能在较短时间内缩小与发达国家在民用航空技术和管理领域的差距，尽可能地采用国际上的通用标准，掌握最先进的管理手段。

中国民航的国际交流合作不仅仅停留在接受外来的资金援助和培训上，而是开展了全方位、多层次的对外经济合作。首先是吸引外资。早在 20 世纪 80 年代初建设厦门高崎机场时，其建设资金除国家投资外，大部分是由福建省自筹，主要是从当时的科威特国阿拉伯基金会取得的低息长期贷款。利用国外优惠贷款建设民航机场，这在当时是令人瞩目的一个新事物。1984 年 10 月，中央财经领导小组召开会议，专题研究民航改革和发展问题，同意中国民航向中国银行贷款购买或向国外租赁所需飞机，并拨给民航相应外汇额度；“七五”（1986 ~ 1990 年）和“八五”（1991 ~ 1995 年）期间民航得到的外汇收入和利润由国家和民航按“一九”分成。于是，1980 ~ 1998 年，民航从国外融资租赁飞机 333 架，利用外资近 195

---

① 王勇等：《中国民航史教程》，中国民航出版社 2019 年版。

亿美元。我国还先后成功利用科威特、日本、法国和英国的政府贷款以及日本和美国的出口信贷，完成了北京、武汉、福州、深圳、郑州、济南、三亚、南京、哈尔滨等16个机场的建设项目，共利用外资约4亿美元。北京首都机场航站区扩建工程、空中交通管制设施项目、上海浦东机场新建工程、兰州和乌鲁木齐机场改扩建工程等项目，共利用外资约11亿美元。①

其次是从国外引进了大量地面专用设备。为了保证飞行安全，提高服务质量，中国民航从美国、日本、加拿大、德国、法国、英国、意大利、奥地利、挪威、瑞典、澳大利亚、芬兰、瑞士等国家引进了空中交通管制、通信导航、气象保障、运输服务、教育培训、特种车辆、油料供应、公安消防以及计算机等先进设备。②

此外，在借鉴国外经验、采用国际标准的基础上，制定了一批民航法规、飞行安全标准、适航管理标准和其他技术管理标准。中国民航与众多国家和地区的政府、民间组织机构建立了联系，设立了合作组织，如中美商贸联委会航空与基础设施工作小组和中俄、中英经贸联委会航空工作组等。中国民航还努力开拓海外市场，如中国云南航空公司在老挝设立了中老合资航空公司，中国航空油料公司在新加坡设立中国航空油料运输有限公司，直接到国际市场上组织货源，减少了中间环节，对中国民航的油料保障起到了促进作用。

内部体制机制改革的持续推进与对外开放程度的不断加强，为中国民航的快速发展提供了良好的制度保障和外部条件。这一阶段中国民航提升了机群更新速度，加快新机场建设工作，进一步扩展航线网络，取得了一系列重要发展成就。

---

①② 王勇等：《中国民航史教程》，中国民航出版社2019年版，第100~101页。

三、推动民航教育科技进步

“文化大革命”期间，中国民航的技术力量培训工作遭到严重破坏，理论教育几乎全部取消，地勤各专业正规教育成了空白。党的十一届三中全会以后，中国民航的技术力量培训工作开始得到恢复和发展。经过一段时间的恢复和整顿，民航专业技术人才培养开始逐步走上了稳步发展的轨道。

（一）初步构建了多层次民航专业人才培训体系

1976～1986 年，中国民航局在天津、四川、北京相继组建和扩建了民航学院、飞行专科学校和民航管理干部学院，并参加了全国高校的统一招生。至此，民航有了基本配套的 3 所高等院校，分别承担培训地勤、空勤和在职干部的任务。

1978～1980 年，为了消除“文化大革命”时期在民航实行的所谓“义务工役制”带来的后遗症，加紧培训生产第一线的技术工人，民航北京、上海、广州、成都、兰州、沈阳管理局和一〇二、一〇三厂，都在原教导队的基础上分别成立了技工学校。1981 年 8 月 14 日，中国民航将机械专科学校改为中国民用航空学院（今中国民航大学），专门培训航空工程、仪表电气、无线电、航行、经营管理以及外语人才（今中国民航飞行学院）。1980 年 10 月 11 日，原来的第十四航空学校也改为中国民航飞行专科学校，专门培训飞机驾驶、空中领航、空中通信和航行管制人员。

为了培养各类中级专业技术人才，中国民航还成立了 10 多所中等专科学校、技工学校和中等职业专科学校，担负民航所需初级技术人员的培训任务。各校的专业设置有所侧重，均实行定向招生和定向分配的制度。这些教育训练机构的成立，使中国民航基本建成了一个由初、中、高三级配套，科目比较齐全的教育训练体系，以逐步适应培养民航各类技术业务人才的需要。1977～1987 年，民航各院校共培养了各类空、地勤技术人员 8802 名，相当于全民航 1987 年职工总数的 14.2%，基本上满足了该阶段民航事业发展的需要。①

（二）恢复和加强了职工教育

1977 年以后，中国民航逐步恢复了职工教育。特别是中共中央、国务院 1981 年作出《关于加强职工教育工作的决定》以后，民航的职工教育取得了一系列新的发展成就。

第一，加强了职工教育的组织建设。中国民航局和各地区管理局成立了职工教育管理机构和各类训练基地。除在民航学院、民航管理干部学院开设干部专修科和各类训练班外，1984 年开始，北京、广州等地的管理局分别成立了职工中等专科学校，担负起本单位的职工教育任务。②

第二，加强了民航职工对新设备、新技术的学习。为了适应民航技术设备更新周期短的需要，1981～1985 年，民航先后成立的北京管理局培训中心、天津训练中心和上海 MD－82 型飞机飞行维护训练中心，都是具有比较先进训练设备的在职干部训练基地。③

第三，加强了职工的文化学习。从 1982 年开始，各单位利用多种形式组织补课和学习，有效地提高了本单位职工的文化和技术业务水平。到 1987 年，民航职工中具有大专以上文化水平的，已从 1981 年的 4.5% 上升

①② 邓力群、马洪、武衡：《当代中国民航事业》，中国社会科学出版社 1989 年版，第 493～494 页。

③ 邓力群、马洪、武衡：《当代中国民航事业》，中国社会科学出版社 1989 年版，第 494～496 页。

到 11.3%；初中以下文化程度的则从 19% 下降为 4.8%。①

第四，加强了合作办学。由于实行对外开放、对内搞活的政策，民航系统各单位之间的联合办学与同国外航空企业合作办学的形式都有所发展。如中国民航与联邦德国汉莎航空公司合作，培训了两批运输业务人员；中国民航与美国波音飞机公司合作，在民航学院开办了飞机发动机维护执照人员和航空电子维护人员培训班。

（三）紧抓在职飞行人员的培训

飞行人员是民航运输和通用航空生产的骨干力量。自 1978 年起，各地区管理局、飞行总队和飞行大队都把提高飞行人员的素质作为一项直接关系到完成生产任务和保证飞行安全的大事来抓。

第一，对在“文化大革命”期间毕业的飞行人员进行了文化和技术补课。1979 ~ 1987 年，飞行专科学校共对 162 名运五型飞机飞行人员进行了 4 期补课和提高飞行技术的训练。②

第二，加强飞行人员航空理论的学习。除每周 4 小时经常性的在职学习外，还特别学习了转机型前的航空理论，并进行了严格的考试和把关。转飞其他机型也必须在经过严格的理论考核后，才能转入实际飞行训练。

第三，加强了空勤人员的外语培训。从 1979 年起，中国民航局要求执行国际航班和大型机的空勤人员原则上都必须会用英语通话。为此，除在飞行专科学校增设英语课外，各院校和各地区管理局也相继开办了飞行人员英语培训班。

第四，建立了飞行人员技术检查制度。从 1978 年起，实行了飞行人员

---

①② 邓力群、马洪、武衡：《当代中国民航事业》，中国社会科学出版社 1989 年版，第 494 ~ 496 页。

技术检查制度，把技术考核成绩作为放单飞、转机型、转天气标准、晋升机长，以及升级、调整工资、评定职称等的主要依据。各地区管理局坚持每年进行一次考核，对考核不合格的，作出了降低飞行技术等级和技术停飞等处理。①

第五，抓紧了转机型训练。随着民航生产发展的需要，国际国内航线日益增多，飞行人员转机型的训练任务十分繁重。为此，各地区管理局在转机型训练中，按照大纲，严格要求，严密组织，狠抓质量和安全。1977～1985年，全民航飞行员接受转机型训练的共2208人次，平均每年200多人次，最多的一年达400多人次，相当于当年大、中型运输机飞行员总数的50%。②

（四）重新启动民航科研工作③

在“文化大革命”中，民航科研工作受到“左”倾错误的严重破坏，导致民航科研工作几乎处于半瘫痪状态。党的十一届三中全会以后，民航专业科研工作和群众性的技术革新重新取得了进展。

1979年，在国家科委的统一部署下，民航局组织科研人员和科技管理人员以科学技术为民航发展服务为指导思想，制定了《民航“六五”科学技术发展规划》（以下简称《规划》）。为保证《规划》的实施，民航各大单位都建立了科学技术委员会，基层单位加强了对科技工作的组织领导，建立和健全了科技工作的规章制度，从而走上了健康发展的轨道。

1979～1987年，民航局通过技术鉴定的重要科技成果为99个；完成群众性技术革新成果为3202个。在这批科技成果中，获日内瓦国际发明与新科技展览会“金奖”和“亚洲大奖”2项，获国家发明奖1项，获国家

---

①②③　邓力群、马洪、武衡：《当代中国民航事业》，中国社会科学出版社1989年版。

科技进步奖5项，获民航局科技进步奖28项。①

同时，民航专业科研机构也有所发展，由原来的1个所增加到2个所和1个研究室。1987年在原北京科研所基础上成立民航第一研究所，在民航局新津科研所基础上成立民航局第二研究所（1991年迁至成都），并新建立了航空医学研究室。它们肩负起飞机发动机适航性、工程维修、电子技术应用、农业航空新技术、经营管理、航空医学等应用技术的开发研究以及民航发展规划研究、经济技术情报的搜集、整理和服务工作。②

四、加强飞行安全保障工作③

保证飞行安全第一是中国民航始终坚持不渝的方针，在保证飞行安全上取得了较好的成绩，在国内外享有较高的声誉。1950～1987年，中国民航各种飞行总量为530万小时，其中国际、国内和地区航线运输总飞行量为303万小时，国内航线运输每亿客公里死亡人数为0.299。特别是改革开放以来，中国民航作出更大努力和积极尝试，着力保障飞行安全。

（一）加强组织领导，牢固树立“保证安全第一”的指导思想

民航各级领导和飞行部门以及各勤务保障部门重视安全工作，始终坚持把飞行安全工作放在一切工作的首位。为了保证飞行安全，中国民航不断教育全体职工，树立安全第一的思想和对人民生命财产极端负责的态度，始终把保证飞行安全作为自己的首要职责。制定了各种条令、条例和规定，严格按照规章制度办事。1980年，中国民航局决定在航行局下设安

①②③ 邓力群、马洪、武衡：《当代中国民航事业》，中国社会科学出版社1989年版。

全检查处，具体承办全局的飞行安全工作，以加强对飞行安全的管理，严格检查监督，完善飞行事故的调查程序和方法，交流保证飞行安全工作的经验教训。

1980 年中共民航局委员会作出决定，在全民航系统开展“安全、正常、服务好”百日大检查、大竞赛活动。同年 5 月中国民航总局下发《飞行大队长职责》，6 月颁布了《飞行事故调查条例》以代替原有的《飞行事故调查程序》。

1981 年和 1982 年，民航局结合全国开展的“质量月”活动，根据民航的具体情况，继续在全民航开展“安全、正常、服务好”的竞赛活动，并颁发了《民航飞行人员和单位长期安全飞行的奖励试行办法》。1983 年 5 月 16 日，又下发《飞行 4 个阶段中空勤人员工作职责》《机长职责》《关于在穿云下降着陆过程中机组分工配合的规定》《生产条件下带飞训练有关飞行安全的几项规定》等规定。

针对 20 世纪 80 年代发生的几次重大事故，民航系统自下而上进行了安全整顿，并作出了《关于保证安全的决定》，重申了有关飞行的 19 条禁令，同时进一步完善了飞行安全工作的组织机构。

1984 年 2 月 20 日，国务院批复同意中国民航局设立安全检查司。民航各地区管理局、工业航空服务公司和飞行专科学校也相应设立了飞行安全检查处，驻有飞行队的省（区市）局设立了飞行安全检查科，其他单位设立了飞行安全监察人员，进一步加强了对飞行安全工作的组织领导。

实践证明，只要民航全体职工坚持贯彻“保证安全第一”的指导方针，牢固树立安全第一的思想，切实加强安全工作的组织领导，认真落实各项安全工作措施，飞行安全就有了可靠的保证。

（二）加强飞行队伍建设，保证飞行安全

飞行工作是诸专业科学技术的有机结合。任何一次安全飞行的实现，都有赖于组织指挥、空中交通管制、航行调度、航行情报、飞行、机务、场道、通信、导航、气象、油料、运输和安全保卫以及其他有关部门广大职工的通力合作。任何一个环节出现差错和失误，都有可能导致飞行事故的发生。实践证明，飞行人员素质好、技术水平高、应变能力强，是保证飞行安全的决定因素。中国民航之所以能够比较好地保证飞行安全，最重要的原因之一是拥有一支具有丰富飞行经验的飞行队伍，有一批飞行 1 万小时以上的飞行人员和连续安全飞行 20 年以上的飞行大队，为保证飞行安全提供了可靠的技术保障。

自 1982 年以来，在反劫机斗争中，中国民航涌现出受到国务院嘉奖并授予英雄机组称号的“杨继海英雄机组”和“王仪轩英雄机组”。1982 年 7 月 25 日，中国民航兰州管理局第 8 飞行大队杨继海机组，驾驶伊尔－18 型 220 号飞机执行西安—上海航班任务，在飞行途中被 5 名歹徒手持凶器劫持。机组人员机智勇敢，沉着冷静，按照反劫持预案和中国民航局关于反劫机方面的要求，驾驶飞机在上海虹桥机场安全着陆，粉碎了罪犯的劫机阴谋，受到国务院通令嘉奖，被授予“中国民航英雄机组”的称号。同年 12 月 1 日，国务院发出了《关于保障民用航空安全的通告》。

1983 年 5 月 5 日，中国民航沈阳管理局第 10 飞行大队王仪轩机组，驾驶三叉戟 296 号飞机，执行沈阳—上海航班任务，在飞行途中被 6 名歹徒持枪劫持。全体机组人员临危不惧，采取各种措施，英勇机智地与罪犯周旋，后由于燃料不够，被迫在韩国春川机场着陆，保证了飞机和机上 96 名旅客的安全。飞机着陆后，机组人员和旅客团结一致，坚持原则，严肃认真地维护国家尊严，一丝不苟地执行各项规定，终于使飞机、旅客和机

组人员安全返回祖国。同年5月8日国务院发布了《关于加强防止劫机的安全保卫工作的命令》，对乘坐民航飞机的旅客身份及手续等，进一步作出了严格规定，并采取措施加强旅客在机场登机前的安全检查和检查后的隔离工作。为了加强对旅客的安全检查，国务院还决定自同年7月起，把这项安全检查工作全部交由中国人民解放军武装警察部队办理。1987年9月，中国民航局还进一步制定了《民用航空安全保卫工作规则》。

中国民航十分重视加强飞行队伍的建设，把它作为保证飞行安全的一个先决条件，而加强飞行队伍的建设，主要是加强组织管理和提高技术素质两个方面：

第一，加强组织管理。改革开放前，中国民航依据行业发展及其生产、训练飞行任务的需要组建飞行队，分别归属民航地区管理局和航空公司，以便加强思想教育、作风建设和技术管理。实践证明把飞行人员编成飞行大队、飞行中队和空勤组，这是中国民航加强飞行人员管理的主要组织形式，对于培养一支有组织、有纪律、有理想、有道德、能够掌握飞行技术、保证飞行安全、完成飞行任务的飞行队伍，起着重要的作用。从1979年起，在改革、开放、搞活的方针政策指引下，中国民航飞行队伍又有了进一步发展。根据东北地区农林业航空和地方航线发展，于1978年7月1日在哈尔滨组建了民航第二十五飞行大队。1981年8月，天津训练飞行大队改为民航第二十三飞行大队；驻呼和浩特市的飞行独立中队扩编为民航第二十四飞行大队。1982年7月，基地设在太原的第二飞行总队改为中国民航工业航空服务公司，下属4个分公司，划归中国民航局建制，实行独立核算、自主经营、自负盈亏的管理体制，主要担负全国性的航空摄影、遥感、探矿任务和海洋、陆地石油勘探服务飞行，以及部分农林业飞行和运输飞行任务。1982年3月和1983年12月，又先后组建了中国民航广州、上海直升机公司，以适应勘探、开发海底油田的飞行服务需要。

第二，提升队伍素质。随着飞行队伍的组建和发展，构成这个队伍主体的飞行人员，不但在数量上有了很大增加，而且在素质上也有了明显提高。党的十一届三中全会以后，在改革和开放的新形势下，迎来了发展民航事业的新时期。1980 年，民航第一次购进了美制波音 - 747SP 大型宽体客机，1981 年以后又陆续购进了一批远程和中短程的新型飞机。到 1985 年，民航各地区管理局都已装备了涡轮喷气飞机，并相应训练了一大批空、地勤人员，使其技术素质有了进一步提高。民航北京、上海、广州、成都、西安、沈阳管理局，都已担负起了日益增多的航班任务。

由于飞行人员技术素质的提高，处置特殊情况能力的增强，所以对多次在空中发生的飞机发动机停车、起落架收不上、放不下和飞机起火等危及飞行安全的情况都能处置得当，转危为安。1985 年 8 月 8 日，中国民航北京管理局第 1 飞行总队一架波音 - 747 型飞机在阿拉伯联合酋长国沙迦机场起飞时，发动机突然起火，机组临危不惧，按照特殊情况的处理程序进行操作，空勤组成员分工协作，保证了飞机在海湾上空紧急放油后安全返回机场降落，避免了一次可能发生的严重飞行事故。截至 1987 年，航空运输和通用航空系统共拥有空勤人员 5530 名，比 1950 年增长了 32 倍；其中驾驶人员有 2032 名，占 36.7%，为 1950 年的 21 倍。其中许多驾驶人员已能在昼夜复杂的气象条件下执行国际国内飞行任务。

（三）加强了各项基础设施建设，推广应用先进技术

不断更新机型和各种保障设备、学习和吸收先进技术，也是保障飞行安全的重要手段。改革开放以来，中国民航在中共中央、国务院、中央军委的关怀和领导以及有关部门的支持下，对一些重要机场多次进行了修建与扩建，增加了必要的机务维修、通信导航、气象保证等重要设备；对全国的航行管制区、情报区以及飞行航路进行了规划和建设；同时，还购进

了比较先进的新机型新设备；学习吸收了相应的飞行和维护新技术，加强了飞行安全保证工作。这些新型飞机的增加、机场的加紧建设、保障设备的更新，为保证飞行安全提供了良好的物质基础。

到 1987 年，中国民航已拥有世界上比较先进的波音 747、757、767 以及 A310 等机群。为了配合机型更新的需要，中国民航新建、扩建和改建了 100 多个机场。其中，北京首都机场于 1958 年 3 月建成，其后进行了第二次扩建，1980 年和 1982 年新建了旅客候机楼和航管大楼，进一步更新了地面保障设施，初步建成了一套比较现代化的旅客服务系统、指挥系统和导航系统，成为中国的现代化航空运输中心。

中国实行对外开放、对内搞活的经济政策以来，外国通航中国的飞行班次增多，中国民航也不断开辟国内航线并增加班次，以致各地机场，尤其是北京、上海、广州、桂林等地机场的飞机起降架次日趋增多。中国民航为了适应航空运输和通用航空业务的迅速发展，陆续采用各种新的技术装备加强了机场群和航路的空中交通管制系统的建设。国际机场和国内主要机场已采用仪表着陆系统（ILS）；国际航线和国内主要航线已采用全向信标（VOR）、测距（DME）导航系统；飞行比较繁忙的空中交通管制中心已采用 1、2 次雷达（SSR、ASR），以便掌握飞行动态；已采用单边带来调配飞行层次和距离地空通信，部分地区采用特高频（VHF）；平面通信已采用低速自动传报系统，并着手筹建中、高速自动传报系统。

五、提高了飞机利用率和服务质量

这一时期，中国民航在提高飞机利用率和服务质量方面取得了不错的成绩。从民航发展的历史上来看，运输飞机的日平均利用小时一向是偏低的。如 1962 年，伊尔－14 型飞机和伊尔－18 型飞机的日平均利用小时分别为1.9小时和1小时；到1978年，上述两型飞机的日平均利用小时才提高到2.4小时和3.2小时。这种状况突出地反映出中国民航的经营管理水平不高，跟外国先进民航企业相比差距很大。此后，由于技术管理水平有所提高，伊尔-18型以上运输机的日平均利用小时逐年提高，到1987年达到6.8小时。其中，波音747SP和波音747COMBI型飞机每天飞行都在10小时以上，接近国际民航平均水平。①

与此同时，中国民航的航班正常率也有相应的提高。“文化大革命”之后，中国民航初步克服了忽视飞行正常性的偏向。过去在组织航班飞行工作中，往往把保证飞行安全和争取飞行正常对立起来，以致正班正点率不高，旅客意见较多。1978年航班正常率为78.9%，② 此后逐年有所提高，1992年达到87.4%。排除天气原因准点率达93.2%③。

在提升飞机利用效率的同时，机上服务工作也有了改善。首先，扩充了乘务人员队伍，提高了乘务人员的素质，除抓紧就业前和在职中的培训工作外，从1979年起先后派出小批乘务员前往外国航空公司的客舱训练中心进修。其次，在改进机上用餐和饮料供应以及工作程序的标准化等方面，都做了很多工作，并且取得了不同程度的进展。

地面服务工作也有所加强。中国民航从1981年3月起开始使用电脑自动控制航班座位，大大方便了旅客的购票和订座工作。“六五”计划期间（1981～1985年），对上海、广州、沈阳、西安等地的候机楼普遍进行了扩建。同时，各地候机楼大都设置了贵宾休息室或头等舱旅客休息室，加强宾馆、招待所、餐厅和商店工作的管理，受到了中外旅客的好评。

由于加强了职工教育和培训工作，以及开展优质服务竞赛和全面质量

---

①② 邓力群、马洪、武衡：《当代中国民航事业》，中国社会科学出版社1989年版。

③ 蒋祝平：《关于民航加强安全改进工作情况的报告》，中国人大网，1993年12月27日。

管理活动，服务人员的素质有所提高，精神面貌也发生较大变化，文明服务、礼貌待客蔚然成风。

第二节　中国民航走向前台

经过20世纪80年代末、90年代初的体制改革，中国民航的活力日益显现，一个更大的舞台逐渐在它的面前呈现。此时，还有哪些问题等待着它去进一步解决呢?

一、飞行安全提升

（一）确保民航飞行安全

“九五”期间（1996～2000年），民航坚持“安全第一、预防为主”的指导方针，实施安全关口前移，全面落实各项安全措施，不断加大防范力度，保持了安全平稳态势。创造了连续1023天（1994～1997年）运输飞行安全记录和42个月空防安全记录，涌现出一批飞行安全的先进单位。并且通过了国际民航组织对我国民航的首次安全监督审计，加强了航空安全运行标准和规章制度建设，推进规范化和科学化管理，使安全水平有较大提高。“九五”期间全行业运输飞行610万小时，比“八五”期间（1991～1995年）增加1倍，运输飞行事故万时率为0.007，同比降低77.6%；每亿客公里旅客死亡人数0.03人，同比降低85%。通用航空飞行事故万时率为0.188。[①]

“十五”期间（2001～2005年），安全水平进一步提高。1994～2003年，中国民航每百万小时发生事故的总滚动平均值为0.6～0.7次，而在这一阶段，国际上航空公司的事故率为每百万小时0.75次。[②] 因此，中国民航的安全水平在一定程度上已经达到了国际标准。但同期欧洲、美洲发达国家的事故率仅为每百万小时0.2次。因此，民航局又进一步制定安全规划，计划在2001～2010年10年间将发生事故的总滚动平均值控制在每百万小时0.3次以下。2006年，时任民航局局长杨元元在接受采访时说：“目前每天大概有3500到4000个航班在中国领空上飞行，安全工作压力很大，在这方面，我们常说一句话就是安全永远都是起点，没有终点。”[③]

随着航空运输持续高速增长，保障安全的任务越来越艰巨。根据新的形势，民航局在加强宏观监测、强化监督检查、开展专项治理等方面采取了一系列措施，狠抓安全管理。2004年初，民航局部署安全工作，各地区管理局与所辖区域内的企事业单位签署了安全责任书。1月和2月，根据国务院的部署和要求，先后进行了两次全行业的安全大检查。第二季度，组织开展了危险品运输安全和货物运输安全两个专项检查；进行了机务维修等方面的多次检查；对非法干扰、“二手”飞机引进问题进行了专项治理。第三季度，开展了机场飞行区适用性专项治理，在“十一”黄金周前进行了一次安全大检查。从第四季度开始，针对不利的安全态势，民航局组织开展了多次安全生产调研。在调研的基础上，研究制定并于11月初下发了《民航局关于进一步加强航空安全工作的决定》，提出了全面加强安全工作的措施和要求。在开展安全检查及专项治理工作的同时，注重加强

①② 王勇等：《中国民航史教程》，中国民航出版社2019年版。

③ 杨元元：《中国民航将进一步开放市场引入竞争》，新浪财经，2004年1月16日。

安全管理的基础性工作。在制定规章标准、开展人员培训和安全信息系统建设等方面都取得了新的成绩和进展。为加强高原机场运行管理，组织召开了高原机场运行管理和保障研讨会。空管系统开展了“民航空管安全管理年”活动，从加强监控、完善培训、防止军民航飞机相撞、提高设备保障能力等方面，采取了一系列具体措施，提高了空管安全保障水平。

（二）做好空中防线安全工作

防止劫持和破坏航空器以及制止任何人在航空器内从事或准备从事其他违法犯罪行为，就是空中防线安全工作（以下简称“空防工作”）。它是中国民航事业发展中的一项重要工作。

劫机事件会严重危害旅客生命、财产安全和民航运输的正常经营。为了确保中国民航班机的空防安全，1978 年 11 月和 1980 年 9 月，中国正式加入反劫机和制止危害民航安全的非法行为的 3 个国际公约，即《关于制止非法劫持航空器的公约》（简称《海牙公约》）、《关于制止危害民用航空安全的非法行为的公约》（简称《蒙特利尔公约》）和《关于在航空器内的犯罪和其他某些行为的公约》（简称《东京公约》）。中国公安部和中国民航局也发布了多项命令和通知，其中包括：发布《关于旅客乘坐民用飞机严禁携带违禁物品的通知》，规定了 11 大类违禁物品，并对在安全检查中查出后如何处理作了明确规定；公布了《民用航空安全保卫工作规则》，以保障民用航空安全，防止劫持或破坏航空器、利用航空器外逃、破坏机场安全防护或航行设施等非法干扰民用航空行为的发生。

“9 · 11”事件后，中国的航空安保措施得到进一步加强。在航空保安方面，中国恪守关于航空保安的国际公约，监督实施国际民航组织在航空保安方面的标准，制定了一系列有关航空保安的国内法律和规章，成立了国家级处置劫机事件的指挥机构，并建立了一支由 3000 名航空警察、2000

多名空中安全人员和7000多名安全检查人员组成的保安队伍[①]。中国民航空中警察是我国一支新型的人民警察队伍，已完成组建，目的是依法防范和制止劫机、炸机行为，防范和制止非法干扰安全飞行的行为。空中警察由中国民航局公安局与航空公司双重管理，分配给各航空公司，随航班值勤。空警具有国家公务员和机组成员的双重身份，不再担负服务职能。作为人民警察的一个警种，空警根据工作需要可依法行使对违法犯罪嫌疑人的盘问、检查、临时管束、强行带离、进行当场处罚和使用警械、武器等权力，这样就可以更好地保证空中安全。而原有且仍保留的空中安全员属于民航职工，在遇到一些特殊情况时，在执法的权力上有所限制，没有完全的执法权。

同时，增加了地面的航空报案措施，增强了机上防护装备与设施，加强了民用航空的国内反恐机制、对民用航空部门内部人员的安全防范工作等。上述措施增强了消费者对中国航空运输的信心，有力地保证了中国国内和国际航空运输的持续、安全和健康发展。2004年，国家处置劫机事件领导小组办公室起草了《关于进一步加强反劫机工作的意见》，经国家处置劫机事件领导小组同意，由国办转发执行。同年10月，在新疆进行了反劫机演练。民航局以及国内主要的枢纽机场还接受了国际民航组织的航空保安审计。此外，民航局根据国务院的要求，制定了《突发公共卫生事件民用航空应急控制预案》，并上报国务院审批。

二、航空运输企业的深刻变化[②]

民航是一个协同性、关联性极强的行业，航空运输业取得的骄人业绩

---

① 《政府及行政简讯》，载《中国民用航空》2002年第2期。

② 本部分内容均参考刘莉、王勇：《中国民航发展简史》，中国民航出版社2010年版。

是各方面共同努力的结果。鉴于航空运输企业是航空运输市场的主体，因此，其发展反映了改革开放进程中我国航空运输业一系列的深刻变化。

（一）投资主体多元化

改革开放造就的经济持续快速发展对航空运输业提出了新的要求。为了加快民航业的发展，缓解交通运输的瓶颈制约，满足国民经济发展的需要，改变单一的投资格局便提上议事日程。与此同时，航空运输市场供不应求带来的较大利润及我国航空运输业发展的广阔前景，使各方面投资航空运输企业的积极性也空前高涨，投资主体的多元化应运而生。地方政府及其经济组织、外资、民营企业纷纷介入航空运输产业，成为航空运输企业的投资主体。

20 世纪 90 年代，国家有关部门相继颁布了国内投资民航业的有关政策和外商投资民航业有关政策。1993 年 6 月，经国务院批准、民航局颁布的《关于国内投资经营民用航空业有关政策的通知》明确指出，航空运输业是国民经济中具有先导性的一个基础性行业，主要应由国家投资建设，同时动员社会力量，扩大资金来源，加速航空运输业的发展；中央、地方政府或经济组织可合资或独资经营航空运输企业。此后，中国东方航空股份有限公司、中国远洋航运公司、台湾中华航空公司合资组建了中国货运航空有限公司，分别占注册资本的 65%、10% 和 25%。自 1997 年以来，已有东航、南航股票在纽约、香港上市，东航、海航、上航、国航、南航 A 股在上海或深圳上市，海航、山航 B 股分别在上海、深圳上市。随着民营经济的发展和民营企业实力的增强，也出现了民营企业参与国有航空运输企业改组的新景象。2002 年，成都银杏餐饮有限公司投资 350 万元，参与发起设立四川航空股份有限公司，占该公司总股本的 1%。均瑶航空投资有限责任公司出资 1.08 亿元人民币参与组建东方航空武汉有限责任公司，占该公司总股本的18%。

（二）兼并、收购、联合，实现快速扩张

兼并、收购和联合是市场经济的必然现象。在激烈的航空运输市场竞争中，必然有一部分航空公司被兼并、收购，也有一些航空公司为了实现自身快速扩张而兼并和收购其他航空公司。随着我国航空运输市场由卖方市场向买方市场的转变，航空运输企业间不再相安无事，兼并、收购异常明显地表现出来。20世纪90年代后，国内航空运输企业之间的兼并、收购、联合始终没有停息过。主要包括：中国东方航空股份公司兼并中国通用航空公司、西北航空公司，收购长城航空公司；厦门航空公司兼并、收购福建省航空公司；南方航空公司兼并贵州、中原航空公司；海南航空股份公司控股山西航空公司、长安航空公司和新华航空公司。东方航空股份有限公司出资2.4亿元参股武汉航空公司，组建了东方航空武汉有限责任公司，东航占该公司注册资本的40%。我国民航最大的一次联合当属民航局原直属的9大航空公司联合重组，组建了中国航空集团、中国东方航空集团和中国南方航空集团三大航空运输集团公司。

（三）相互合作、参股，结成联盟

由于思想观念等多方面的复杂原因，20世纪90年代之前，我国航空运输企业之间大都处于相互隔绝状态，基本上只谈竞争，不言合作。进入90年代中期之后，这种状况开始被打破，航空公司逐步走向各种形式的合作，顺应市场规律，优化资源配置，寻求“双赢”或“多赢”。航空公司之间除业务层面的松散型合作外，出现了相互参股这种紧密型的合作。南方航空股份公司参股中国邮政航空有限公司（南航股份占注册资本的49%，国家邮政局占注册资本的51%）。南方航空、上海航空、山东航空

等与四川航空公司共同发起设立四川航空股份有限公司（其中川航占40%、南航占39%、上航占10%、山航占10%的股份）。当然，这仅仅是联盟化的一个开端。航空公司为了扩大市场覆盖面、共享资源，联盟化的趋势还将会向纵深发展。

（四）公司法人治理结构和经营机制逐步完善

大多数航空公司按照现代企业制度的要求，通过规范上市、中外合资、相互参股等多种形式，已逐步改制为多元持股的有限责任公司或股份有限公司。新成立的航空公司均是按照《公司法》规定建立的有限责任公司或股份有限公司。不可否认，有些进行了公司制、股份制改造的企业，法人治理结构也并不规范、完善，经营机制尚未得到根本转变。但也有不少航空公司建立了比较完善的法人治理结构，正在健全权责统一、运转协调、有效制衡的公司法人治理结构，比较好地落实了股东会、董事会、监事会和经理层的职责，使企业的所有者、经营者、管理者和监督者依照《公司法》和公司章程各司其职、各负其责，提高了企业的决策水平和管理水平，保护了投资者的利益。同时，航空公司产权结构、组织结构的改革为其经营机制的转变创造了条件。不少航空公司面向市场转变企业的经营机制，改革航空公司内部人事、劳动、分配制度，建立健全了行之有效的激励机制和约束机制。“铁饭碗”“铁交椅”和分配上的平均主义逐步被打破，竞争机制被引入，为企业的发展注入了新的生机和活力。航空公司股权结构的多元化和航空运输市场竞争的巨大压力，进一步推动了航空公司法人治理结构这一公司制核心以及企业经营机制的规范和完善。

（五）扩大规模，增强竞争实力

大固然不等于强，但对于航空运输企业来讲，没有一定的规模不可能有很强的市场竞争能力。多年来，我国航空公司的规模很小，缺乏规模经济效益，难以有效参与航空运输市场的激烈竞争。1995 年，国航、东航、南航三大航空公司机队数量分别为 54、51、71 架，北方、西南、西北航空分别为 43、42、26 架。拥有 10 架飞机以上的航空公司分别为新疆航空（13 架）、通用航空（10 架）、厦门航空（13 架）、四川航空（12 架）。云南航空、海南航空、深圳航空、联合航空、上海航空、武汉航空、新华航空、中原航空、长城航空、长安航空、福建航空、贵州航空、南京航空、山东航空均在 10 架以下。[①] 但到 2001 年底，国航、东航、南航飞机数量分别达到 69、92、125 架；北方、西北航空公司的飞机数量分别达到 69、29 架；新疆航空、海南航空、云南航空、上海航空、山东航空、四川航空、长安航空、深圳航空、新华航空、武汉航空飞机数量分别达到 35 架、25 架、22 架、22 架、21 架、14 架、13 架、12 架、12 架、12 架。不足 10 架飞机的只有中浙航空（8 架）、邮政航空（5 架）、山西航空（9 架）、扬子江快运航空有限公司（1 架）。[②] 由此可见，除几家专业货邮航空公司机队规模较小外，其他航空公司都已具备了较大规模。为了增强竞争实力，航空公司的机队规模还有不同程度的扩大。

三、航空运输市场开放力度的加大

中国航空运输业的发展，需要一个“开放”的世界。以开放市场为导向，为国民经济提供服务。20 世纪 90 年代中期以来，面对国际和国内形势的巨大变化，我国根据实际情况加大了开放航空运输市场的力度。

---

①② 刘莉、王勇：《中国民航发展简史》，中国民航出版社 2010 年版。

（一）进一步放宽外商投资民航业

1994 年 5 月，民航局、外经贸部联合发布《关于外商投资民用航空业有关政策的通知》，允许外商首先是外国航空运输企业与中国航空运输企业共同投资，以合资或合作的方式设立航空运输企业；允许外商首先是外国航空运输企业购买中国航空运输企业的股份或与中国航空运输企业相互参股，设立航空运输企业。外商投资设立航空运输企业，在该航空运输企业的注册资本或实收资本中所占比例不得超过 35%，其代表在董事会的表决权不得超过 25%；外商投资设立航空运输企业的董事长、总经理均由中方人员担任；副总经理以下的管理人员可由总经理根据需要择优聘请中外方人员担任。1995 年，美国航空投资有限公司向海南航空投资 2500 万美元，海南航空成为国内第一家引进外资的航空运输企业。①

2001 年 12 月 10 日，为了适应加入世贸组织和民航深化体制改革的新形势，扩大民航的对外开放，鼓励外商投资，中国民航局、外经贸部和国家计委根据 2001 年全国外资工作会议精神，按照新修改公布的《中华人民共和国中外合资经营企业法》《中华人民共和国中外合作经营企业法》《指导外商投资方向规定》和《外商投资产业指导目录》的有关规定，制定了新的《外商投资民用航空业规定》，经国务院批准后于 2002 年 6 月 21 日公布，自 2002 年 8 月 1 日起施行，原 1994 年的相关规定同时废止。《外商投资民用航空业规定》（以下简称《规定》）与原有政策相比，在内容上具有以下特点：一是扩大了外商投资范围。《规定》取消了试点的数量限制，根据国务院关于积极吸收外资参与国有企业改组改造的精神，允许外商投资现有任何一家公共航空运输企业。《规定》放宽了外商投资通用航

① 刘莉、王勇：《中国民航发展简史》，中国民航出版社 2010 年版。

空领域，除涉及国家机密的项目外，其他通用航空领域外商均可投资。二是拓展了外商投资方式。外商可以以合资、合作方式投资民用航空业；外商可通过购买民航企业在境外发行股票和在境内发行外资股股票参与投资；以及以其他经批准的投资方式（例如 BOT 方式）的股份投资。三是放宽了外商投资比例。现规定：外商投资民用机场，由中方相对控股；外商投资公共航空运输企业，由中方控股，同时一家外商（包括其关联企业）的股份不得超过 25%。外商投资通用航空领域，从事商务（公务）飞行、空中游览和工业服务项目，由中方控股；从事农林渔业作业项目，由中外双方商定。航空油料供销、飞机维修项目，由中方控股；货运仓储、地面服务、航空食品、停车场等项目，由中外双方商定。四是增加了外商管理权力。对外商投资的民航企业董事长、总经理是否由中方或外方人选担任，没有限制条件，按《公司法》等法律法规办理。①

2002 年，中国民航局审批外商投资民航项目 4 个，合同利用外资 8000 多万美元；同时批准国内民航企业境外投资项目 4 个。2004 年审批中外合资项目（包括增资延期）4 个，利用外国贷款项目 2 个，共计利用外资 7.84 亿美元。国航与德国汉莎航空集团续签了 AMECO 合资协议。深航与汉莎货运公司、德国投资与开发有限公司合资组建了翡翠国际货运航空公司。②

（二）中美两国之间加强合作③

1. 民航局之间的合作

2004 年 2 月 26 日，时任中国民航局（CAAC）局长杨元元与美国联邦航空局（FAA）局长布莱奇，在北京就进一步加强中美民用航空领域在安全、效率和能力方面的合作签署了协议，决定在以下领域继续加强合作：

①②③ 刘莉、王勇：《中国民航发展简史》，中国民航出版社 2010 年版。

（1）在飞行标准领域，CAAC 与 FAA 将继续保持长久以来建立的富有成果的合作关系。FAA 将继续协助 CAAC 提高对中美境内的航空安全活动进行监管的技术、交流与培训。

（2）在空中交通管制领域，CAAC 与 FAA 有意向开展一个旨在支援中国空管系统发展及加强其安全性、效率和全球系统兼容性的合作项目。中美双方将设立一个联合指导小组对为期三年的合作进行规划与管理。

（3）在飞机认证领域，CAAC 与 FAA 愿在已有的基础上进一步发展双边合作关系，以帮助 CAAC 提高对运输飞机进行认证的能力。

（4）在机场安全管理领域，CAAC 与 FAA 将继续加强旨在改善中国机场运营安全与管理的技术交流和培训。

（5）在培训领域，CAAC 与 FAA 探讨了 FAA 学院与中国民航院校之间在培训方面进行合作的可能性。

（6）在安全数据领域，CAAC 与 FAA 将探讨互相交换安全数据以及如何收集、分析和利用安全数据。

（7）在规划与财务领域，CAAC 与 FAA 将探讨此方面的合作项目，如在中国举办一个主题为民航管理当局融资的研讨会。

2. 中美航空协定的签署

被全球业内人士公认为“里程碑式协议”的中美航空协定的签订，堪称 2004 年中国民航领域对外开放最令人瞩目的事件。7 月 24 日，中美双方签署为期 6 年的《中美扩展航空服务协议》，中国首次大规模地向国外航空公司开放航空市场。

根据协议，中美双方经营两国间航线的公司由原来的各自 4 家增加到各自 9 家。中美指定的航空公司被允许飞往对方的任何城市。6 年内，双方航空公司的航班数将从 54 班分阶段地增加到 249 班；允许双方各自每周增加 195 个航班，其中 111 个为货运航班，84 个为客运航班；双方航空公司的代码共享限制将被取消；双方货运航空公司被允许在对方设立货运中心。

在协议签订后，美国联合航空公司于 2004 年 11 月1 日正式开通上海至芝加哥的直飞服务。这是美联航 2004 年在中国推出的第二个新航班，同时也是其在中国提供的第四个中美间的直飞航班。在 2004 年获得 7 个新增航班的同时，美联航还向美国运输部提出申请，开通由广州至旧金山的每日直飞航班服务。而美国达美航空公司、美国大陆航空公司以及当时全球最大的航空公司美利坚航空公司也随之向美国运输部提交了希望运营中美航线的申请。与此同时，美国的货运航空公司也不甘示弱。联邦快递、联合包裹等公司表示希望在广州和上海建立自己的转运中心，从而提高在华的运送速度。

（三）航权逐步对外开放

2004 年，根据厦门市政府的申请，我国对新加坡开放了厦门第五货运航权。新加坡航空公司从 5 月 22 日开始，使用波音 747－400 型货机，每周飞三班，开辟了新加坡—厦门—南京—芝加哥全货运航线。这是中国政府首次向外国航空公司开放第五航权。时任中国民航局局长杨元元对此发表评论："我们的发展方向是明确的，即通过竞争和市场的办法促进行业发展，并为国家的总体经济发展提供服务和支持。"① 之后，海南省政府与中国民航局共同研究，决定在海南试点开放航权，以此来繁荣海南的航空运输市场，促进海南经济发展。为此，海南省政府和中国民航局成立联合领导小组。7 月 1 日，领导小组审议并原则通过了"海南开放第三、四、五航权试点工作方案"，启动了海南经济特区开放航空运输市场的工作。9 月，中国民航局和香港特区政府完成对《内地和香港特别行政区间航空运

① 《第五航权陷落的幕后隐情，开放决策用心良苦》，新浪财经，2003 年 4 月 27 日。

输安排》的新一轮修改，继续加大香港和内地间航权开放的力度。

时任中国民航局国际司司长王荣华说，航权开放将对中国民航企业在国际航线上的竞争产生短期不利影响，但国际航线收入所占比例较小，不会对总体盈利水平产生影响。而从中长期看，有利于中国的航空公司提升管理水平和服务质量，提升国际竞争力。

（四）购买国外飞机

2005年1月29日凌晨，在美国华盛顿和法国巴黎，中国代表团分别签下了两个购机协议。中国六家航空公司就购买60架波音7E7梦想飞机和波音公司签订了初步协议。中国南方航空股份有限公司与空中客车公司签署订购5架A380飞机的框架协议。这是中国客户首次订购7E7梦想飞机和A380飞机，也是中国民航史上规模较大的一次购机行动。按照平均目录价格计算，60架波音7E7梦想飞机的总价值约为72亿美元①。这项协议使中国成为波音公司7E7项目的最大启动用户之一。此次订购的飞机将交付给中国的六家航空公司——中国国际航空公司、中国东方航空公司、中国南方航空公司、海南航空公司、上海航空公司和厦门航空公司。在宣布这一协议的同时，波音7E7被正式定名为波音787梦想飞机。自从早期命名波音707开始，所有波音民用飞机的命名一直沿用7×7的模式。时任波音民用飞机集团总裁兼首席执行官艾伦·穆拉利说："在宣布中国飞机订单的同时，命名787非常有意义。因为在许多亚洲文化里，数字8代表着好运和繁荣。"②

---

① 顾明：《十年磨一剑——空中客车A380正式诞生》，载《国际经济合作》2005年第2期，第28～30页。

② 《中国民航史上最大订单签订　中国购60架波音飞机》，中国新闻网，2005年1月29日。

对于空中客车公司来说，南航订购5架A380飞机后，全球已有15家客户订购了154架A380，南航亦成为中国首家拥有A380飞机的航空公司。时任空中客车公司总裁兼首席执行官的弗加德表示："中国是空中客车公司十分重要的战略市场，很高兴看到中国客户首次订购A380，这标志着空客在中国市场的业务取得了新的重大突破。A380将为2008年北京奥运会、2010年上海世博会和2010年广州亚运会的旺盛运力需求提供一流的服务。"①

（五）积极参与国际航空事务

2004年，中国民航局在北京承办了亚太经合组织运输工作组第23次会议，并组团参加了国际民航组织第12次简化手续会议、国际民航组织第32届法律委员会等国际性会议，参加了国际民航组织第35届大会，并高票当选为国际民航组织一类理事国。这是我国首次当选国际民航组织一类理事国。

四、三大航空运输集团的组建②

经过改革开放后20世纪80年代和90年代初两次体制改革，中国民航企业的活力与实力大为增强。但是，中国民航的"政企分开"还不彻底。同时，航空运输企业的实力分散、规模偏小，缺乏强有力的竞争能力，难于抵挡外界冲击和适应激烈的国际竞争环境。因此，为了进一步完善社会主义市场经济体制，按照深化国有资产管理体制改革要求，2002年3月国

① 《空客公司总裁"中国是最令人兴奋的航空市场"》，载《中国对外贸易》2003年第5期，第32页。

② 本部分内容均参考《民航企业联合顺利完成　六大集团公司宣告成立》，载《中国民用航空》2002年第10期。

务院颁布《关于印发民航体制改革方案的通知》，批准了《民航体制改革方案》，深化民航改革开始进入实施阶段。改革中的一项重要内容就是重组运输航空公司。同年 10 月 11 日，中国航空集团公司、中国东方航空集团公司、中国南方航空集团公司三大航空运输集团在人民大会堂隆重宣告成立。三大航空运输集团与民航总局脱钩，标志着中国民航业的发展进入了一个新的阶段。

（一）中国航空集团公司——实现了国内国际优势互补

中国航空集团公司是以中国国际航空公司为主体，联合中国航空总公司、兼并中国西南航空公司组建的国有大型航空运输企业。当时，中国航空集团公司的资产总额为 573 亿元人民币，员工 22960 人，运输飞机 119 架，经营航线 307 条。中国航空集团公司组建后，保留中国国际航空公司名称，对参与合作的三方进行主辅业分离，航空运输主业及关联资产划入中国国际航空公司，统一使用中国国际航空公司的标识；其他辅业则另行重组，由集团公司统一管理。

国际航空、中航总公司、西南航的联合重组实现了国内国际优势互补。国航所具有的国际航线优势、中航总公司所具有的资本运作优势、西南航所具有的国内航线优势，使新的航空集团具有较强的竞争能力。三家联合后，中国国际航空公司的航线扩展到了大西南（包括西藏自治区），还嵌入了华东和珠江三角洲（包括港澳）地区，使国航以北京为枢纽，在巩固原有华北“势力范围”的基础上，连接长江三角洲和华东地区、珠江三角洲和台湾地区、西南地区和西藏旅游区，形成了一个国内支持国际、国际促进国内的航线网络。中航总公司的资本运作优势和其兴业公司在香港的上市地位又为中国国际航空公司日后在海外进而在国内证券交易所成功上市提供了条件。

（二）中国东方航空集团公司——实现主业和辅业齐头并进

中国东方航空集团公司是以中国东方航空股份有限公司为主体、兼并了中国西北航空公司、联合了云南航空公司之后组建的国有大型航空运输企业。当时，中国东方航空集团公司资产总额473亿元人民币，员工25000人，运输飞机142架，经营航线386条。中国东方航空集团公司组建后，保留中国东方航空公司的名称，对原中国西北航空公司和云南航空公司进行主辅业分离，将航空运输主业及关联资产划入中国东方航空股份有限公司，统一使用中国东方航空集团公司的标识；其他辅业则另行重组，由集团公司统一管理。

重组完成后，中国东方航空集团公司通过集团内部资源和文化的整合、产业结构的调整、经营机制的转化，迅速实现了从单纯生产经营型企业向生产经营与资产经营混合型企业转变，实现投资多元化，逐步形成了以“航空运输业为核心，相关产业为支撑”的航空运输集成服务体系。在主营业务框架中，中国东方航空集团公司以华东地区为腹地，巩固原先“势力范围”的绝对优势；同时，以西安、昆明为两翼，大力拓展西北和西南航线，利用云南丰富的旅游资源，提高国际和地区航线的竞争力，提升自身的效益和航空运输品牌的知名度；还大力发展亚洲地区特别是香港和欧美地区的货运航线，使航空货运成为集团主业拓展战略的另一个重点和航空运输业务最具潜力的增长点。在辅业发展框架中，中国东方航空集团公司从经济大环境和集团实际出发，从内部整合开始，按行业进行重组，形成合力，形成集团内包括通用航空、航空进出口贸易、金融服务、宾馆旅游、航空食品、广告传媒等方面新的支柱业务。

（三）中国南方航空集团公司——保持了规模强势且资源互补

中国南方航空集团公司是以中国南方航空公司为主体、在兼并中国北方航空公司、联合新疆航空公司后组建的国有大型航空运输企业。当时，中国南方航空集团公司资产总额501亿元人民币，员工34268人，运输飞机180架，经营航线666条。中国南方航空集团公司组建后，保留中国南方航空股份有限公司的名称，对原中国北方航空公司和新疆航空公司进行主辅业分离，将航空运输主业及关联资产划入中国南方航空股份有限公司，统一使用中国南方航空集团公司的标识；其他辅业则另行重组，由集团公司统一管理。

在此次联合重组中，中国南方航空集团公司旗下聚集了多年来旅客运输量、飞机架次、航线条数雄踞国内第一的南航，旅客运输量仅次于三大国有航空公司（南航、国航、东航）的北方航空公司，以及安全飞行47周年、重组前唯一执行进出新疆飞行任务的新疆航空公司。重组使南航的机队规模进一步壮大，巩固了原先在业界的强势地位。重组之前，南航已拥有最密集的国内航线网和东南亚国际航线网，它的客运量占中国民航的1/4；重组之后，随着北方航空公司和新疆航空公司航线网的加入，南航集团的国内航线网将更为密集和发达，旅客运输量所占市场份额上升到中国民航的1/3，领先优势更加明显。与此同时，参与重组的三家企业资源的互补性很强。重组后可以逐步形成一个以广州为国际国内复合型枢纽，以沈阳、乌鲁木齐为区域性枢纽，密集覆盖国内、全面辐射亚洲、深入连接欧美和澳洲的全球航线网络。通过南航发达的东南亚航线网，西北和东北的旅客可以顺捷地通往东南亚各国和澳洲，而东南亚、澳洲的旅客也可以通过新交织的航线网，便捷地进入东北、西北，感受浓郁的北方风情。此外，由于气候差异，原有三家公司的市场淡旺季相对错开。

于是当冬季来临，东北和新疆的旅游处于淡季而华南、东南亚处于旺季时，中国南方航空集团公司就可以将旗下原北方航空公司和新疆航空公司闲置的运力调往华南使用；而当夏季到来时，恰好进行反向操作，将处于潮湿、闷热中的南方的大量运力调往气候舒适的东北和进入旅游旺季的新疆使用。

总之，通过这次联合重组，我国航空运输业形成了以三大集团公司为主体的行业结构，规范了市场竞争行为，提高了国际竞争力，有利于给旅客和用户提供品质优良、价格合理的产品和服务。同时，也降低了经营成本，使企业的运力、航线、航班、市场网络、人力等资源得到优化配置，有利于企业的长期稳定发展。

五、机场属地化改革

机场属地化改革也是《民航体制改革方案》中确定的一项内容，是将除首都机场集团公司和西藏机场外的全国机场移交到所在的省（区、市），相关资产、负债和人员一并划转。机场移交后，原则上以省（区、市）为单位组建机场管理公司，由地方政府进行管理。2004 年 7 月 8 日，时任民航局局长杨元元在兰州将旗下所属的中川、庆阳、嘉峪关、敦煌四大机场移交给了甘肃省。至此，原来归属民航局的 100 多个机场的属地化改革全部完成。

通过改革，地方政府担当起机场主要投资者和管理者的角色，给机场的发展带来了一些新的变化。首先，地方政府更加注重机场在推动社会和区域经济发展中所发挥的作用。机场具有基础配套设施的性质，机场的属地化管理把机场真正融入地方经济社会，成为区域、社会经济发展的平台，从而使地方政府对机场的投资更有积极性，也更加理性。同时，投资体制理顺后，地方政府对机场建设在资本运作方面有了更大的空间。通过引入外资和民营资本等方式，实现机场投资主体多元化，较好地解决了机场建设的融资问题。其次，地方政府通过实行企业化运作，使投资建设的机场更加有效地运行。在企业化运作方面，一个重要标志就是实现机场管理专业化，即把具有自然垄断性的机场中的经营性项目推向市场，采用招投标、租赁等多种方式进行市场化运作。这样可以集中管理和人才优势，提高机场主营业务的运行质量、经济效益和市场竞争力。还可以通过规范上市，实现产权主体多元化，使机场运营管理具有更强的激励性和约束力。例如，江苏省政府委托省国资委通过引入省属大型国有企业对南京禄口国际机场有限公司进行增资扩股，使机场债务降至合理水平，保证机场资产具备企业化经营的条件。同时，积极引入民营资本、外资，实现机场公司投资主体多元化。1999 年，经江苏省人民政府批准，南京禄口国际机场有限公司以客、货过港保障服务等相关资产发起设立了以为机场客、货过港提供保障服务为主要经营业务的专业化管理营运公司——南京空港发展股份有限公司。通过立足南京机场的专业化运营形成品牌，逐步将管理输出到省内外其他机场。

六、应对非典型性肺炎[①]

2003 年，一场突如其来的非典型性肺炎（SARS）疫情在中国许多地方爆发。它在短时期内对中国人的生活产生了极大的影响，而民航更是成为受 SARS 影响的重灾区。3 月中旬，北京的 SARS 疫情被证实是通过香港—北京的某航班引发，该消息经媒体报道以后，各航空公司的客座率霎时直线下

① 刘莉、王勇：《中国民航发展简史》，中国民航出版社 2010 年版。

滑，三大航空集团公司的客运量下降平均都在三成以上。5 月以后，更是达到八成，国内的航空客运业务遭受到前所未有的沉重打击。在广州白云机场起飞的航班，原来每天飞往北京就有近 20 架次，但在 2003 年 5 月每天只有 3 个航班飞往北京。同样，原来东航、国航、南航三大航空公司每天都各有 6 个航班从广州飞往上海，但当时各公司都缩减到 1 ~ 2 个航班；部分飞往旅游城市如丽江、黄山、武夷山等地的航班甚至被取消了。SARS 疫情对航空业的打击不仅仅体现在客运量下降和航班缩减上。由于在疫情期间必须做好大量的消毒和防治工作，使得运营成本不断上升，多数飞行航班都成了亏本生意，给航空公司的盈利和企业发展也带来了严重冲击。在这种情况下，国内主要航空企业积极应对，着手开展自救。

（一）南航的应对策略——拦住“非典”，力促生产

为了保证各项政令得到迅速贯彻落实，公司各级机构都成立了非典型性肺炎（以下简称“非典”）防治工作领导小组，一级抓一级，层层落实。为了有章可循，制定了企业内部员工和旅客在登机前、飞行中、到达对方机场等环节出现疫情情况下的处置流程共 7 种，使防治“非典”工作走向程序化。实行 24 小时值班制度，全天候收集来自各地的情报，与机场、检疫部门密切配合，迅速传达各级政府对防治“非典”的工作要求。为加强预防“非典”知识的宣传，公司印发了 10 万份“非典型肺炎防治手册”，发放给旅客和公司员工；在售票处、值机柜台等窗口配发省疾病预防控制中心等单位编印的“非典型肺炎可防可治”手册 20 万份。与此同时，根据航班到达地的要求，严格执行旅客健康申报制度，实行登机前、飞行中、下机后“三把关”。加强对一线员工的保护，为生产一线员工配发了抗病毒药物，配备了两万个口罩、1000 套防护服。耗费 20 多万元，建成

有28张床位的隔离病房，解决了与疑似病人有密切接触的空乘人员的隔离问题。

为了夺得恢复期市场竞争的先机，2003年5月13日，公司成立了市场恢复期促销计划工作小组，制定了核心内容为“阳光行动”的促进市场复苏的一揽子促销计划。广东旅行警告解除的当日，南航在广州总部宣布立即启动“阳光行动”计划，正式对外发布“阳光行动”内容的18条措施。主要包括：为乘坐南航飞机的旅客购买SARS保险；重奖成功研制预防SARS疫苗的第一人；对医护人员实行机票特别优惠和里程奖励；给予南航明珠俱乐部会员特别优惠；暑期对师生特别优惠；对享受“南航行”产品的南航旅客提供更加增值的服务；推广南航“绿色客舱”服务；大力倡导“无票乘机”，鼓励旅客选择南航网上订票。

（二）东航集团：一手抓抗击非典，一手抓节支减亏

在抗击“非典”的过程中，集团公司党组下发了一系列文件，在全公司开展了“抗击非典我与公司共患难”教育活动，最广泛地发动东航广大干部员工真正做到急公司所急，想公司所想，真正树立“公司有难，人人分担”的强烈意识。为了强化管理、节支减亏、蓄势待发，东航对投资项目进行了重新审核，能缓建的尽可能缓建，停止一切非生产项目投资。延迟飞机交付，直接减少固定成本开支，科学调控企业现金流量，压缩可控费用指标。与此同时，东航积极进行航班调整工作，该停的停，该减的减，尽量设法以货运补偿客源减少带来的损失。各维修单位适时调整机务维修计划，将飞机停场定检、喷漆、客改货工作提前进行，为今后航空运输市场复苏打好运力保障基础。各单位在保证工作正常运转的前提下，积极安排员工轮休，以减少可能产生的交叉感染。充分利用航班不足的空闲时间有计划地对员工进行业务培训。在“非典”疫情日趋稳定后，东航集

团公司抓紧时机，做好变危机为契机的准备。东航完成了新集团在日本市场经营网络的整合，开始着手韩国、新加坡、北京、广州等地经营资源的整合。原西北航、云南航在履行符合上市公司要求的相关手续后，在 2003 年底陆续加入东航。

（三）国航：全力恢复和发展生产

集团公司开展了一场抗击“非典”的攻坚战，在生产经营方面采取了一系列措施。主要包括：及时调整航班投入；建立应急机制，开展“市场抢救行动”；大力开拓散客市场，挖掘市场潜力；调整市场策略，保护和合理开发有限的市场资源；在客运生产严重下滑的情况下，保证货运市场；树立“过紧日子”的思想，以一切从简、能缓则缓、能停则停为原则，减少开支，降低成本，调低预算支出 3.9 亿元。在“非典”疫情有所稳定后，集团公司按照党中央、国务院的部署，一手抓防治非典，一手抓安全效益，并适时提出“全面恢复和发展生产”的具体措施。主要包括：切实细化营销工作，充分调动营销人员积极性；发挥集团资源统筹的优势，实行业务板块联结；客货部门加强与快件公司、宾馆酒店的合作，扩大联运业务；放权下属公司或分公司自找市场；调整预算，进一步明确了收支指标；针对市场复苏，调整任务指标；根据疫情的减弱及时调整运力，缩短市场恢复期；依据市场和成本协商航班运力，确保市场份额；加大团体包机销售力度；抓好重点客户，扩大固定客源；加快租赁货机，弥补货运运力的不足。

（四）白云机场：多向突围，抗击非典负面影响

“非典”期间，民航局为了扶持航空公司，对机场收费进行了大幅度的下调——国内旅客服务费下调 38.46%，外航起降费下调 20%，使机场

大幅欠收①。白云机场在此情况下，积极应对，采取了以下措施：一是严格控制主营业务成本、营业费用、管理费用、财务费用等总成本费用；制定节支目标——总成本费用在2002年实际成本费用的基础上下调6%，作为2003年费用考核的基础，并按照相关规定给予奖惩；把节支的重点落实在调整压缩建设、固定资产投资规模和行政性费用支出上。二是向有关部门申请减免税收。主要有2003年的房产税、土地使用税和5月1日至9月30日的营业税、城市维护建设费等。三是员工减薪。各单位根据不同影响和自身实际情况进行调节，不同程度地降低了“绩效工资”。员工们面临多年来第一次大面积和大幅度减薪，但都没有抱怨，均表示在非常时期，愿意和企业共患难。四是为了节省运营成本，部分二级单位实行了员工轮休。

与此同时，新白云机场的建设依旧如火如荼地进行着。在初步形成转场方案，并积极筹备搬迁规划、商业规划、业务规划、设备规划等方面的运作方案的基础上，白云机场集团公司利用“非典”期间工作较为轻闲的机会，着手研究制定发展战略，为白云机场未来的改革与经营发展进一步明确方向；加强了员工培训，如安检站、广告公司的全员业务培训和考核；加强安全管理，并做好设备的维护保养，如场道公司修整了跑道、助航灯，清理了飞行区排洪沟等。

（五）双流机场：抗“非典”、减成本、抓生产

面对“非典”疫情的严峻形势，成都双流国际机场通过“抗非典、减成本、抓生产”等多种措施，全面推动安全、服务、效益工程，使机场逐步走出困境，重新驶入稳定、健康、快速发展的正轨。首先，成立了成都双流国际机场突发公共卫生事件应急指挥部，下设协调、防治、安全、保

---

① 《广州白云机场走出非典阴影　要打造“文化机场”》，搜狐新闻，2003年6月17日。

障、宣传报道小组。由机场总经理亲任指挥长，开展深入细致的思想政治教育工作，让机场员工了解“非典”知识，重视“非典”防治，克服“非典”恐慌心理。同时，及时投入专项资金，购买防“非典”专用设备。成都双流国际机场投入120万元人民币，购买了一套红外热像仪、三套红外线体温测试仪和一台瑞典麦道尼克CA620型全自动血细胞分析仪。此外，还增加安检人手，充实安检力量，设立双流机场留验站。既保证“非典”疑似病人一个不漏，防止疫情的进一步扩大；又确保旅客快速安全过港。其次，严格控制成本费用开支，严格控制投资建设项目。一方面，根据生产效益形势，实行轮岗休岗工作制，减少不必要的会务费用和招待费用以及对外宣传、赞助、广告费用。另一方面，调整固定资产投资规模，安排年度计划。除了保证安全的必要投入和机场管理体制改革所需的资金外，从紧安排其他项目资金。加紧建设项目的清理、移交工作。对于已经完工的工程，抓紧办理项目结算和消项手续；对正在施工的项目，强化工程管理，从严控制投资概算；对还没有施工的项目，采取严格控制措施，该上的项目按计划实施，该缓建的项目暂缓进行。

七、两岸民航间的往来[①]

（一）初步交流

1979年元旦，全国人大常委会发表了《告台湾同胞书》，首次倡导祖国大陆和台湾地区要“尽快实现通航通邮”“发展贸易，互通有无，进行经济交流”。两岸“三通”的议题就此提出。1990年3月，中国民用航空

① 刘莉、王勇：《中国民航发展简史》，中国民航出版社2010年版。

运输协会颁布了《中国大陆与台湾间民用航空运输不定期飞行的申请和批准程序的暂行规定》。两岸民航业者开始多次组团互访，民航领域的合作也由此开始。1993 年 5 月，中国民航运输协会在上海举办了海峡两岸航空运输研讨会。双方业者和专家就两岸空中通航业务、技术和商务等问题进行了全面研讨。1994 年，中国民航总局和外经贸部联合发出了《关于外商投资民用航空业有关政策的通知》，宣布有条件地允许外商投资民用航空业的有关政策。其中规定，台湾地区企业和其他经济组织或个人投资或参股大陆的民用航空业，参照该通知执行。

1995 年 3 月，中国民用航空协会副会长、中国国际航空公司总裁殷文龙访台，与台湾地区民航界进行了广泛交流。这是大陆民航界重要人士的首次访台。随后，中国国际航空公司与台湾鸿霖航空货运公司合资开办了华力空运有限公司。与此同时，台湾地区的中华航空公司和长荣航空公司也在北京等地设立办事处。长荣航空公司除在北京设立办事处外，还与长荣海运、立荣海运联合在上海、青岛、天津、南京等地设立了联合办事处，以实现海空联运。2001 年 8 月 16 日，台湾航勤、中华航空、长荣航空与远东航空组成的台湾航勤（澳门）有限公司与厦门国际航空港集团有限公司合作成立厦门国际航空港空运货站有限公司，其中航勤（澳门）公司持股 49%。这是两岸民航业的第一个重要合作项目。另外，同年 9 月 5 日，中华航空公司入股中国货运航空公司的合作协议签署，中华航空公司持股 25%，这成为两岸民航业又一个重要合作项目。

（二）争取直航

20 世纪 90 年代，两岸的空中直航问题还没有解决，仍是经港澳地区或外国的间接直航，这给两岸民众造成了极大不便。为了方便往来，1995 年 8 月两岸航空公司实现了行李直挂、一票到底业务。一年后，两岸实现了“换班号不换机”的“一机到底”空中通航模式，并且在北京、南京、厦门、上海、福州、宁波、武汉、三亚、海口等10多个城市实现了台北—澳门—祖国大陆的空中“准直航”。1997年8月，台湾复兴航空公司1架ATR－72型客机从法国经乌鲁木齐、西安、北京，从上海出境，经日本的石垣岛到台湾地区，创下了台湾航空公司飞机飞越中国大陆的先例。

2002年初，深圳机场与澳门航空公司合作，由澳门航空公司经营由深圳起飞、经澳门中转、再飞抵台北的“一机到底”的包机航线，这一往来台湾与深圳的航班成为当时大陆唯一飞往台湾地区的全货运航班。2003年1月26日～2月10日，中华航空公司等6家台湾地区航空公司飞机经停港澳、飞抵上海，接运台商返乡过春节。这是台湾民航飞机首次以正常方式在大陆起降，被称为两岸空中通航的“破冰之旅”。2005年1月29日7时46分，中国国际航空股份有限公司的CA1087包机从北京首都国际机场起飞，56年来首架从中国大陆起飞前往台湾的包机开始了它的首航之旅；9时27分，中国南方航空股份有限公司CZ3097包机平稳降落在台北桃园机场，成为56年来祖国大陆首架降落在台湾地区的包机；11时58分，台湾中华航空公司CI581包机在北京首都国际机场安全着陆，这是台湾民航客机56年来首次在北京降落。这一首次由两岸12家航空公司共同参与的春节包机持续到2月20日，实现了双向直接对飞（虽不用再降落港澳地区，但仍须绕经香港飞行情报区）。2006年，两岸客运包机扩大为清明、端午、中秋、春节四个民族传统节日包机。

2008年6月，大陆“海峡两岸关系协会”（以下简称“海协会”）与台湾“海峡交流基金会”（以下简称“海基会”）在北京签署了《海峡两岸包机会谈纪要》。7月4日，两岸周末包机正式实施。11月4日，双方在台北签署《海峡两岸空运协议》等三项协议。12月15日，海峡两岸北线首条空中双向直达航路开通。2009年4月26日，海协会与海基会领导人举行第三次会谈，签署《海峡两岸空运补充协议》。7 月 29 日，海峡两岸北线第二条和南线双向空中直达航路正式开通运营。8 月 31 日，定期航班首航。两岸空中双向直航把中国大陆和台湾紧紧联系在一起。直航后，飞行两岸的航程、航时大幅缩短，北京、上海至台北的单程飞行距离将比原先绕飞香港分别缩短 1100 公里和 1000 公里，可节省航时 1 小时 20 分钟。直航的实现使“海峡一日生活圈”成型，安全快捷的现代化交通不仅缩短了空中距离，更缩短了两岸同胞的心理距离，交流往来更加方便频繁。

（三）新增航班航点

随着两岸交流进一步扩大，大陆各地方政府对开通两岸航线抱有极大热情，希望早日拥有直飞台湾地区的航班。2010 年 5 月 21 日至 22 日，海峡两岸航空运输交流委员会与台北市航空运输商业同业公会在台北举行沟通会议，双方商定两岸每周增加 120 个班次客、货运航班，并增开若干新航点。例如，上海虹桥—台北松山航线的建立，实现了上海及长三角地区台商多年的强烈愿望，也满足了台湾地区民众到上海参观世博会的需求。而新增加的石家庄航点，就是为了满足石家庄和台湾民间交流交往扩大、当地赴台游市场增长的需求。

（四）闽台合作更加紧密

2010 年 6 月，在国家加快海峡西岸经济区建设的同时，中国民航为进一步加强与台湾地区的紧密合作出台了一系列举措。首先，对海峡西岸经济区与台湾空中直航给予政策扶持，在两岸航空资源分配、航空业务、提升直航服务质量和通关效率等方面先行先试。在两岸每周新增的航班中，各用增量 20 班专门支持厦门、福州与台湾直航，积极打造两地空中快线，共同建设两岸空中直航枢纽和重要通道，造福两岸民众。同时，支持海峡西岸经济区与台湾间航空货运业务的发展，新增福州、厦门为两岸货运通航地点，支持两地客货并举。积极争取实现泉州、晋江机场为两岸客运直航包机航点，进一步促进两岸经济交流合作。其次，支持海峡西岸经济区的空港规划建设，将海峡西岸经济区机场建设项目纳入国家民航布局及“十二五”机场建设规划。完善两岸空中直航的设施条件，合理布局支线机场，支持开辟境内外的新航线，形成以福州、厦门国际机场为主的干支线机场相结合的空港布局。最后，开放备降，确保安全。中国民航局多次重申：只要台湾方面有需要，无论是天气原因、飞机原因还是其他紧急情况，均可通过双方建立的有效沟通渠道，在对外开放的机场降落。大陆民航将为台湾同胞和台湾地区的民航业者提供安全、可靠、方便、高效的服务。尤其是当厦门与金门间海上“小三通”因天气受阻时，可以临时增加福建通航点与台湾间的航班，输送滞留旅客。

八、位居世界前列

（一）中国已成为民航大国

21 世纪初，中国民航在航空运输、航线网络、机场和配套设施建设等方面取得了显著成果。2002～2005 年，中国民航运输总周转量年均增长 16.6%。2005 年，中国民航的定期航班航线总数达 1257 条，形成了一个国内四通八达、干线与支线相结合以及联结世界主要国家和地区的航空运输网络。同年底，全国民用航空运输（颁证）机场共 142 个，机场技术改造不断完善升级，已在主要航路上实现了航管雷达覆盖和先进的通信导航设施联网，其中京穗、京沪、沪穗航路在 7000 米以上的高空实现了二次雷达覆盖。同时，改善了空域结构，缩小了飞机间隔，提高了飞行流量。

2005年，中国民航完成运输总周转量261亿吨公里，跃居世界第二位，仅次于美国，中国成为名副其实的民航大国。[①] 而在快速发展的同时，也实现了发展与安全的统一。我国民航业始终把安全放在第一位，2005年以来，运输航空百万小时重大事故率已经低于美国，2009年中国民航重大事故率十年滚动平均值为0.11次，而美国同期相应指标为0.21次[②]。而且，飞行事故征候万时率呈逐步下降趋势，打破了世界民航业高速发展期往往伴随着事故多发期的宿命。人们已经越来越多地选择快捷、安全、舒适的飞机作为出行工具。

2005年以后，中国开始由民航大国向民航强国迈进。作为国民经济的基础性、先导性产业，中国民航快速发展、安全发展，有效服务了经济社会发展大局，圆满完成了各项保障任务。

（二）在抢险救灾中大显身手

2008年5月12日，四川汶川发生8.0级地震后，中国民航局立即启动应急机制，全面开展抗震救灾工作。由于地震，通往灾区的铁路、公路都严重损毁，联络中断，民航运输无疑成为救援人员、救援物资运往灾区以及受伤人员疏散最快捷和最有效的手段。5月13日凌晨，民航局按照中央部署，迅速调集了55架飞机，运送7000多名救援人员进入灾区。当天中午，又接到总参谋部的通知，要求紧急调用民航飞机空运5000名解放军官兵前往灾区。于是，民航局又紧急通知国航、东航、南航、海航、山航等航空公司，调用10架客机参与官兵空运。可以说，民航作为抢险救灾的

---

① 王勇等：《中国民航史教程》，中国民航出版社2019年版。

② 张雄旗、李宜：《中国民航安全管理现状研究》，载《科技经济市场》2011年第3期，第88~90页。

生力军，在时间紧、任务重、单位时间内运量大的情况下，创造了大规模紧急调集民航运输飞机的新纪录。

震后 72 小时，是国际救援界普遍公认的黄金救援时间。在这短短的 72 小时里，民航发挥自身快捷、机动的优势，紧急调动飞机 100 多架次，运送救援人员 20000 多名，救灾物资 1200 多吨，为灾区在第一时间打通“空中生命线”，为灾区人民第一时间送去了生的希望。与此同时，作为民航重要组成部分的通用航空也在地震救援中做出了突出贡献。由于地震带来的山体滑坡和泥石流，使得灾区很多地方成为“孤岛”，直升机成为唯一可以运送伤员、空投物资的交通工具。就在汶川地震后的第二天，民航局连夜调动 6 家通用航空公司的 30 架直升机参与救援行动，这是中国民航史上规模空前的直升机千里救援大集结。截至 2008 年 6 月 30 日，中国民航共出动 200 多架民航飞机，组织执行抗震救灾飞行任务 1600 多班，抢运救灾人员和物资分别达到 51800 多人次和 16200 多吨。①

2010 年 4 月 14 日，青海玉树发生 7.1 级地震，民航又一次担当大任。此次震中位于青藏高原，地面交通不便，救援难度很大。在这种情况下，玉树机场就成为了“生命机场”。在震后 10 个小时之内，“生命机场”上空“大鸟”飞临，东航的第一架救援飞机在克服了重重困难后安全降落，宣告救灾抢险工作在地震当天即全面展开。在此次抗震救灾中，民航共动员 14 家航空公司，先后出动 42 架飞机。截至 4 月 23 日 6 时，民航累计救灾飞行 585 架次，运送人员 21277 人、物资 2571 吨。② 时任国务院副总理的回良玉同志在现场指挥救援时曾感慨地说：“地震发生后，幸亏有了玉树机场，民航也立了大功!”③

---

①② 王勇等：《中国民航史教程》，中国民航出版社 2019 年版。

③ 《民航喜迎十八大系列报道：大爱的天空》，中国民航网，2012 年 10 月 8 日。

（三）在海外撤侨中尽展责任

民航不仅仅在国内参与抢险救灾，当祖国同胞在海外有难、急需国家驰援之时，民航飞机展翅高飞，每个航班便成了一方“移动的国土”。从2000年巴布亚新几内亚撤侨到2011年的埃及撤侨、利比亚撤侨、日本大地震后接回滞留同胞，中国民航所执行的已不仅仅是简单的运输任务，更是一次次不折不扣的“国家行动”。

2000年6月17日，南航“春风”乘务组远赴太平洋岛国巴布亚新几内亚执行我国外交部紧急撤侨专机任务，这是他们第一次代表国家承担撤侨的特殊任务。116名侨胞中，儿童、婴儿多达45人，其余多是妇女和年迈的老人。在6小时的航程中，“春风”乘务组悉心照料每一位侨胞，尽力做好每一个服务细节。

2011年2月23日至3月5日，一场自新中国民航成立以来最大规模的撤离海外公民行动震动世界。在这次历时11天的“惊天大撤离”中，中国民航共派出91班包机，飞赴利比亚、希腊、突尼斯、马耳他、埃及、阿联酋6个国家，接回我国公民26240人①。在这场跨越亚欧非三大洲涉及6个国家的救援行动中，每天往返穿梭的中国民航飞机达40架次，每天接回我国同胞超过6000人。在高峰时段，中国与地中海几个国家的上空从未有如此之多的中国飞机密集地划过。参与撤侨的各家航空公司调整正常航班1800多个，间接影响的航班更是达上万个。

（四）在重大活动保障中冲锋在前

2008年北京奥运会、2010年上海世博会和2010年广州亚运会这些举

① 《中国民航最大规模撤侨任务结束 35860人回国》，腾讯新闻，2011年3月6日。

世瞩目的重大国际性活动相继在中国举行。能否成功、圆满地做好组织保障，当好东道国，事关我国国际形象和对国际社会的郑重承诺。由于参与活动的人员大多来自世界各地，他们都会在某个时间段内乘坐国际航班集中抵离举办地机场。因此，民航自然就成为最先和最后经受考验的保障部门。在这些考验面前，中国民航人胸怀全局、勇于担当，把安全第一和真诚服务作为一致追求，精心组织，团结拼搏，通过民航不同部门间的高效协作运行交出了一份精彩答卷。

2008 年夏天，中国用一届圆满的奥运会实现了 7 年前向全世界人民做出的承诺，而中国民航人也出色完成了 131 天火炬传递、84 天实战保障、涉奥人员 131639 人次的抵离和涉奥飞行 9278 架次的保障，获得了“零投诉、零事故、零事件”的优异成绩。其中，北京首都国际机场从 7 月 1 日至 9 月 22 日实行全天 24 小时运行，没有因为自身资源不足而造成涉奥飞机备降其他机场，也没有在机场区域发生一起安全差错或事故征候。在此期间，整体航班正常率比前一个月还提高了 3.3%。①

两年后的上海世博会和广州亚运会再一次见证了民航人践行社会承诺、勇于担当的优秀品质。东航为了保证京沪快线的航班正点率，专门备份一架大飞机，随时顶替因流控延误的航班。吉祥航空则放权给一线地面服务人员，让他们在航班大面积延误情况下可以及时对旅客做出安置和赔偿的决定。而春秋航空借助自身具有的旅游板块优势，一旦航班大面积延误，会将旅客安置在机场周边的宾馆内，保证旅客不会因延误而“无家可归”。广州亚运会期间，为加大对广州白云机场安保现场的监控力度，民航局专门设立了民航亚运安保指挥中心，通过视频和数据对接，与亚组委安保总指挥部、民航局公安局指挥中心互联，并制定了反劫机和反

① 王勇等：《中国民航史教程》，中国民航出版社 2019 年版。

恐的周密预案。防弹装甲运兵车、排爆机器人、爆炸物探测仪等一批先进的安保装备也投入使用。考虑到亚运会期间与比赛相关的枪支、弹药、锂电池等危险品运输的特殊性，广州白云机场专门组建了危险品运输保障团队，抽调专人负责，对每一批次做好记录，对运输环节全程严密监控，确保这些危险品安全进来也安全出去。其间，该项工作没有留下任何事故隐患，受到了亚组委的充分肯定。

以圆满完成这些保障任务为契机，中国民航开展了大型机场保障能力评估，督促指导机场深挖潜力，提升航班保障能力。成立了民航局运行监控中心，推进协同决策系统建设，建设空中交通信息平台和航班运行信息共享平台，使运行管控能力得到提升。同时，中国民航以系统谋划、精细管控、严格治理为核心，开展航班延误专项治理。并围绕消费者的权益保护，着力改善服务质量：服务标准、流程、设施、产品，使消费者投诉机制进一步完善，航空服务更加便捷，全国 80% 的县级行政区和 84% 的人口能够享受到航空运输服务。①

（五）贯彻持续安全理念，维护旅客生命安全

全行业贯彻持续安全理念，使之成为行业共识。中国民航形成以《安全生产法》《民航法》为核心，以《飞行基本规则》《民用航空安全保卫条例》等 20 余部安全类行政法规为依托，以 92 部安全类行业规章为主体的中国民航安全法规体系。通过理论技术排查、健康管理、教育培训和建立“黑名单”制度等手段，狠抓人员资质建设，进一步完善了队伍管理。围绕航空公司大运行、危险品管理等新内容、新要求，中国民航不断创新安全监管模式，安全监管逐渐从结果导向转向过程导向、从“保姆式”管

① 《“十二五”民航工作六大亮点》，中国民航局网站，2015 年 12 月 24 日。

理转向系统化管理。

与此同时，中国民航过硬的航空安保措施最大限度地保证了旅客的生命和财产安全。2012 年 6 月 29 日，天津航空公司 GS7554 航班在执行新疆和田至乌鲁木齐任务时，突遭 6 名歹徒的暴力劫持。9 名机组人员凭借以往的专业训练，在关键时刻挺身而出、果断处置，最终在旅客协助下制服了劫机歹徒，成功挫败一起暴力劫机事件，保障了国家和人民群众生命财产的安全。①

综上所述，中国民航事业通过大刀阔斧的改革，提升了机群更新速度，加快了机场建设进度，丰富了国内外航线网络，强化了合作交流，推动了民航科教事业的进步，加强了飞行安全保障，提高了飞机利用效率和服务质量，在极大程度上满足了我国经济发展和社会建设的客观需要。伴随着改革开放的持续深入，中国民航逐渐加快了发展步伐，并在此基础上积极服务国家和人民。在应对突发公共医疗卫生事件，参与抢险救灾，助力海外撤侨，保障重大活动，维护旅客生命安全等方面作出重大贡献，充分体现了大国担当。自此，中国民航事业实现了从“自立”到“自足”的重要转变，开始步入民航大国行列。

---

① 海南航空：《海航集团天津航空公司 GS7554 航班机组荣获中华全国总工会“工人先锋号”称号》，中国共产党新闻网，2017 年 6 月 29 日。

第四章

民航大国的地位确立（2012 年至今）

1949～2021年，在中国共产党的领导下，新中国民航留下了一道道辉煌的航迹。党的十八大以来，中国民航发展进入新时代，国际地位全面提升，国家战略的先导性作用不断凸显，日益成为“国家发展新的动力源”，开启了由民航大国向民航强国迈进、由自足发展向自强腾飞跨越的新征程。

第一节　中国民航全面提升国际地位*

党的十八大以来，中国特色社会主义进入了新时代，我国经济已经由高速增长向高质量发展阶段转换，新一轮科技革命和产业变革方兴未艾。在交通运输领域，大众出行对安全、便捷、品质等方面的关注不断增强，对成本、质量、效率和环境提出了更高要求。而经过几代民航人的接续奋斗，中国已基本满足人们在航空运输方面的这些要求，成为名副其实的世界民航大国。

一、民航业务量稳居世界第二

（一）航空运输快速增长

随着经济的缓慢复苏，世界航空客运在2010年已基本恢复到2008年金融危机以前的增长水平，航空货运在2017年基本恢复。我国由于国民经

* 本节涉及数据均来源于中国民用航空局官网。

济的平稳健康发展，航空运输以国内市场为主，同时国际交往增多，出境旅游增长较快，航空客运迅速恢复并持续快速增长，航空货运也有一定的恢复。2010 年，我国民航完成运输总周转量 538 亿吨公里、旅客运输量 2.68 亿人次、货邮运输量 563 万吨，“十一五”期间（2006 ~ 2010 年），年均增长率分别为 15.6%、14.1% 和 12.9%。2015 年，完成航空运输总周转量 852 亿吨公里、旅客运输量 4.4 亿人次、货邮运输量 629 万吨，“十二五”期间（2011 ~ 2015 年）年均增长率分别为 9.6%、10.3% 和 2.2%。进入“十三五”（2016 ~ 2020 年），航空运输保持强劲增长态势，2017 年，完成航空运输总周转量 1083 亿吨公里、旅客运输量 5.52 亿人次、货邮运输量 706 万吨。与 2015 年相比，年均增长率分别为 12.8%、12% 和 5.9%。2006 ~ 2017 年的 12 年，三项指标年均增长率分别为 12.6%、12.2% 和 7.2%。在综合交通运输体系中，旅客运输周转量所占比重由 2005 年的 11.7% 提高到 2017 年的 29%；民航客运收入同口径占比约为 48%。

（二）拓展航线网络和优化运输结构

2017 年，我国民航共有航线 4418 条，比 2005 年增加 3161 条。其中，国内航线 3615 条（至港澳台航线 96 条），同比增加 2591 条（至港澳台航线 53 条）；国际航线 803 条，同比增加 570 条。航线总里程为 748.3 万公里，同比增加了 548.5 万公里。从 2008 年 12 月 15 日开始，开通了两岸空中直达航路。这一阶段，航空运输结构也逐步优化，经济效益趋好。一是实施国际化战略取得了明显成效，国际航线网络进一步拓展，中国航空公司在主要市场所占份额得到了提高。二是实施大众化战略取得较大进展。随着居民消费能力提升和旅游业的发展，加之民航运价保持在较低水平，有力提振了市场需求，自费出行旅客增长速度高于公务出行旅客，成为主要客源。低成本航空公司在这方面发挥了重要作用。春秋航空公司在2014年成功上市，中国联合航空公司、天津航空公司、西部航空公司、首都航空公司等相继转型为低成本运营企业。三是民航积极参与综合运输体系建设和促进区域协同发展。国家强化综合交通运输规划，一些地方综合交通枢纽建成。例如，民航局于2014年12月出台了关于推进京津冀民航协同发展的意见，三地民航拓展战略合作。四是中西部地区的发展速度明显加快。在边远少数民族地区新建小型机场较多，云南、新疆、内蒙古等省、自治区、直辖市，形成了区域航线网络。五是运输效益较好，企业盈利能力逐步增强。航空公司的飞机利用率、客座利用率和载运率都保持在较高水平。在扩大发展规模的同时，大力改善经营管理，成本水平明显下降。六是临空经济发展越来越好。各地政府部门高度重视，积极进行临空产业布局，在航空港区域发展相关联的服务业、仓储业和制造业。例如，北京顺义区的经济持续快速增长，就得益于首都机场的辐射和拉动作用。

二、大国担当

（一）服务国家重大战略

2012年，国务院出台了《关于促进民航业发展的若干意见》，标志着发展民航业上升为国家战略。近年来在国家重大战略规划中，民航总是以高度的责任感和使命感，担当起先行者和排头兵的角色。例如，航空港尤其是大型枢纽机场的发展，客观上往往会与机场周边地区以及其所在区域经济发展融为一体，通过相互依存、相互支持的方式实现相关产业的集聚，由此形成临空经济区。临空经济区涉及面广、富有活力，对地方乃至区域经济的贡献不可小觑。2013年3月7日，国务院正式批复《郑州航空港经济综合实验区发展规划》，从而使郑州成为我国首个上升为国家战略的航空港经济发展先行区。同时，民航是国民经济产业结构转型升级的重要依托。民航运输的竞争优势在于能够满足长距离、跨洋、快速运输货物的要求。据统计，2013 年我国通过航空运输的进出口商品总值占比高达 35%。随着我国产业结构向生产满足国际市场需求的高技术、高价值的高端制造业领域转型升级，通过民航运输的进出口商品占比有进一步的明显增加，对民航运输的需求还在不断扩大。而且，随着政府公共服务领域的拓展和通用航空事业的发展，民航还在医疗救护、治安监控、环境监测、邮政运输等方面提供了更加优质的公共服务。

转变经济发展方式要求更好地实现区域协调发展，民航在这方面的作用不可小觑，其中包括努力推进京津冀民航协同发展、积极推动“一带一路”沿线国家航空运输互联互通、探索促进长江经济带和粤港澳大湾区机场群建设等。例如，自“一带一路”倡议提出以来，民航人始终保持高度关注，根据发展需要及时调整政策。民航局在工作报告中明确了几大区域枢纽的建设，谋划在航权开放、时刻分配、特殊航线补贴等方面积极创新，推动包括西安、乌鲁木齐在内的西部重点城市的国际航空运输发展。在增加至中亚国家的客货运航线、优化空域使用、航站楼扩建、与国际民航组织签署共同推进“一带一路”倡议合作意向书等方面，民航人用实际行动，构建着“空中丝绸之路”。2018 年，中共中央、国务院印发了《粤港澳大湾区发展规划纲要》，提出大湾区要建设充满活力的世界级城市群。这一年大湾区五大机场：广州、深圳、珠海、香港、澳门机场，旅客吞吐量超过了 2 亿人次，货邮量超过了 830 万吨，这个运输规模在全球的湾区机场群中是第一位的。到 2020 年，大湾区的航空客货运需求将达到 2.33 亿人次，1000 万吨。到 2030 年达到 3.87 亿人次，2000 万吨。大湾区的航空发展的需求是强劲的，潜力也是巨大的。针对这种情况，中国民航局和广东省政府签署了民航战略合作框架协议，全力推进粤港澳大湾区世界级机场群的建设。主要包括：加快大湾区机场群的基础设施建设，如新建香港的机场第三跑道、澳门机场的垂直滑行道、广州机场第四第五跑道、深圳机场第三跑道、珠海机场第二跑道等；推进大湾区机场群中的各个机场能够错位发展、良性互动；加强空域协调和空管协作；研究制定粤港澳大湾区的通用航空发展规划，推动建成更加高效、更加便捷的大湾区跨境直升机的服务体系，加强香港、澳门、广州、深圳、珠海等机场的保障能力，支持大湾区公务机业务发展；推进深度融合、运转高效的综合交通运输体系建设，通过跨江的快速通道、城际轨道交通、海港码头，加强大型机场与附近城市交通接驳，拓展航空运输的服务范围。

（二）坚守安全底线

中国民航坚守飞行安全底线，对安全隐患零容忍，努力做好各项工作，巩固和发展了平稳的安全态势。2013 年，民航局投入 4354 万元建立了中国民航飞行品质监控系统。每个航班落地后，在打开舱门的瞬间，记录在机载 QAR（快速存储记录器）上的航班飞行数据就通过无线网络传送到飞行品质监控系统中。通过这些数据，民航局不仅能够发现安全隐患，还能利用大数据优势，分析安全技术趋势，发现安全薄弱环节，有针对性地采取措施。2015 年，民航局发布了《中国民航航空安全方案》，建立健全了“管行业必须管安全，管业务必须管安全，管生产必须管安全”的安全工作格局，进一步完善了民航安全工作的顶层设计、政策措施。2016 年初，民航局党组对全行业提出了必须坚守三条底线的要求，“坚守飞行安全底线”是前提、是基础。随后，民航局局长冯正霖提出了“抓基层、打基础、苦练基本功”的具体要求，确定了民航安全工作的基本方法。2017 年，民航在治理航空安全隐患上狠下功夫，提出“要通过最严明的责任、最严格的监管、最严厉的处罚、最严肃的问责，全面从严治理航空安全”。针对2016年安全督查发现的隐患，持续跟踪督办，工作上从严从细从实。截至2018年底，运输航空实现持续安全飞行100个月、6836万小时的安全新纪录，同时实现16年零8个月的空防安全零责任事故纪录。

☞ 专栏4－1：中国民航英雄机组

2018年5月14日，四川航空公司空客A319，注册号B－6419号飞机执行重庆至拉萨的3U8633航班任务。该机于6时27分起飞后，正常爬升至9800米巡航高度。在飞经成都空管区域时，该机驾驶舱右座前风挡玻璃突然破裂并脱落，造成飞机客舱失压，旅客氧气面罩掉落。同时，驾驶舱部分设备受损，副驾驶和一名乘务员受轻伤，空中险情发生后，机组第一时间向空管部门宣布紧急状态，同时检查飞机和机上人员情况并实施紧急处置程序，就近选择成都双流机场紧急备降。在这次重大突发事件中，机组成员临危不乱、果断应对、正确处置，避免了一次重大灾难的发生，反映出高超的技术水平和职业素养。2018年6月8日，中国民航局、四川省政府决定授予川航3U8633航班机组“中国民航英雄机组”称号。2018年9月30日，中共中央总书记、国家主席、中央军委主席习近平专门邀请“中国民航英雄机组”全体成员参加庆祝中华人民共和国成立69周年招待会，在人民大会堂与他们亲切会见，赞扬他们在处理险情时的英雄行为，并对如何学习英雄事迹、弘扬英雄精神、进一步做好民航工作作出重要指示。习近平总书记指出，学习英雄事迹，弘扬英雄精神，就是要将非凡英雄精神体现在平凡工作岗位上，保障每一个航班的安全。他强调，安全是民航业的生命线，任何时候任何环节都不能麻痹大意。民航主管部门和有关地方、企业要牢固树立以人民为中心的思想，正确处理安全与发展、安全与效益的关系，始终把安全作为头等大事来抓。习近平总书记的指示为民航今后继续做好安全工作、确保民航安全平稳可控指明了方向。

（三）在服务保障中勇于担当

2016年，习近平总书记对民航作出重要批示。他指出，近年来民航业快速发展、安全发展，有效服务了经济社会发展大局，圆满完成了各项保障任务。他进一步强调，民航业是重要的战略产业，要始终坚持安全第一，严格行业管理，强化科技支撑，着力提升运输质量和国际竞争力，更好服务国家发展战略，更好满足广大人民群众需求。这是党中央在新时期、新阶段对民航勇于担当所提出的更高标准、更高要求、更高信任。同年9月，民航圆满完成了在杭州举行的G20峰会的保障任务，确保了“飞行安全、空防安全、机场安全、网络安全、综合安全”五个安全；民航人忠诚履责、恪尽职守、勇担重任、众志成城，为G20峰会营造了一个持续安全和“放心舒心安心”的民航运营环境。

峰会期间，杭州机场共保障专包机92批次，航班4301架次，旅客吞吐量575938人次，安全运输工作实现了7个“零”，即民航涉恐涉暴案件“零发生”、警卫任务“零差错”、空管保障“零疏漏”、非法干扰及重大案件“零发案”、安检查控“零疏漏”、民航安全生产“零事故”、保障服务“零投诉”。按照民航局G20峰会保障“全国一盘棋、华东一盘棋、浙江一盘棋”的要求，民航建立了从安保到运输、从空中到地面、从外部到内部、从客运到货运“统一领导、全员参与”的民航安全防范体系，制定了涵盖民航社会面管控、空中安保、反劫反恐、网络安全、空管保障和运输保障等的安保总体方案。同时，细化服务保障流程，密切协同配合，进一步完善保障方案和应急突发事件处置程序，统筹抓好运输保障与安全生产工作，全力提升民航安全与服务水平。实战阶段，民航局加强了环浙航空运输安保圈、空中安保和货运安保、备降机场的安全保障工作，在全国各大机场候机楼启动了防爆检查，作好应对各种风险的充分准备，确保了G20峰会民航保障工作认真到位、峰会民航警卫保障工作万无一失、航班运行安全顺畅，构筑了牢固的民航安全屏障，向党和人民交上了一份满意的答卷。

三、市场化发展

2013年，党的十八届三中全会通过《中共中央关于全面深化改革若干重大问题的决定》。该决定明确指出："全面深化改革的总目标是完善和发展中国特色社会主义制度，推进国家治理体系和治理能力现代化""使市场在资源配置中起决定性作用，更好发挥政府作用"。此后，以市场化发展为主要目标的全面深化改革成为中国社会各个领域的焦点，当然也包括中国民航业。中国民航紧紧围绕这个目标，按照简政放权、放管结合、优化服务的总体思路，进一步处理好政府和企业的关系，在放开国内航线准入、持续推进航空运输价格体制改革、简化行政审批和优化航班时刻资源配置等方面取得了显著成效。

（一）依次放开国内航线准入，逐步按照市场化原则新开加密国内航班航线

首先，进一步扩大了登记航线的范围。从2014年夏秋航季起，除省会（直辖市、自治区首府）和部分重点城市机场（深圳、厦门、青岛、大连、三亚）与北京、上海、广州三大城市机场间的航线经营许可保留核准和登记并行的管理方式外，其他航线已全部改为登记方式的许可管理。其次，取消了国内航线航班代码共享审批。《关于取消国内航线航班代码共享审批事项后加强市场监管工作的通知》下发后，在明确取消代码共享审批后

航空公司的权利、义务和责任以及民航主管部门监管责任的前提下，国内航线60%的航班实现了代码共享，有效扩大了航空公司的航线网络。最后，鼓励航空公司进入既有核准航线和增加航班，引导良性竞争，提供多样化运输服务。2014年夏秋航季季中评审，共批准南航等9家航空公司根据评审规则新进入27条核准航线经营，促进了航线良性竞争，有利于提供多样化的航空运输服务。2014年夏秋航季中，将客座率作为增加航班数量的重要依据，鼓励客座率高的航空公司多增加航班。在涉及北京、上海、广州三大城市的共10条航线上，客座率高的航空公司每周增加了118个航班，提高了航空公司的经营灵活性和提供多样化运输服务。

（二）推进航空运输价格管理改革，扩大实行市场调节价的范围

在2004年《民航国内航空运输价格改革方案》推出后，于2014年底，进行了一次小的改革，将101条“相邻省份之间的部分短途航线”（平均航线距离在400公里左右）的价格交给市场调节。此后，2016年11月1日由中国民航局、国家发改委发布的《关于深化民航国内航空旅客运输票价改革有关问题的通知》开始实施，进一步扩大了市场调节价航线的范围，800公里以下航线、800公里以上与高铁动车组形成竞争航线的旅客运输票价由航空公司依法自主制定。同时规定，航空公司制定、调整市场调节价航线的具体票价种类、水平、适用条件至少提前7日向社会公布。在全票价基础上，航空公司各航线票价上调幅度累计不得超过10%，每航季不得超过10条票价上调航线。对航空公司来说，市场化定价航线增多，意味着有了更大自主权，可以依据自身经营、市场竞争情况，对不同时段、淡旺季灵活定价，甚至针对不同消费者区别定价，这样有助于更合理配置资源，实现利益最大化。2018年，国家发改委、民航局发布了《关于进一步推进民航国内航空旅客运输价格改革有关问题的通知》。该通知指

出，5 家以上（含 5 家）航空运输企业参与运营的国内航线，国内旅客运价实行市场调节价，由航空运输企业依法自主制定。这就在 2016 年价格管理改革的基础上，进一步增加了实行市场调节价的航线目录范围，也进一步体现了“让市场在资源配置中起决定性作用”。

（三）简化行政审批和优化航班时刻资源配置，大力实行放管服改革

党的十八大以来，中国民航局改进民用飞机购租管理办法，在强化安全管理的同时简化经济管理；清理规范涉企的经营服务性收费；全面开放民航设计市场，全面放开民用机场建设和运营市场，并加强对政府和社会资本合作的政策支持。特别是在优化航班时刻资源配置方面，进行了多次试验和探索。2015 年之后，为进一步促进航班时刻配置的公平、效率和竞争，民航局制定了《航班时刻资源市场配置改革试点方案》，2016 年在广州白云机场开展以“时刻拍卖”为模式的初级市场改革试点，在上海浦东机场开展以“时刻抽签 + 使用费”为模式的初级市场改革试点。两家机场每周各新增的 196 个起飞/落地时刻，50% 实行市场配置，用于国内干支线客运飞行；50% 实行行政配置，用于国际地区飞行。参与试点的国内客运航空公司在取得中国民用航空规章 121 部认证，且在近 2 年内没有发生过航空器飞行事故的基础上，不区分所有制性质，不区分规模大小，都可以平等地参与广州白云机场的时刻竞拍或上海浦东机场的分类抽签。允许航空公司将初级市场以市场配置方式获得的航班时刻在次级市场通过交换、转让、出租、出售等方式进行交易；以行政分配方式获得的航班时刻，在次级市场可基于“一对一”原则进行交换。在试点一年多之后，《民航航班时刻管理办法》自 2018 年 4 月 1 日起实施。在航班时刻优先配置方面，该办法实现了由定性管理向定量管理的重大创新转变，明确规定根据航空企业配置基数与时刻效能配置系数的乘积，从大到小确定优先配置次序，

航空承运人按照优先配置次序在航班时刻池中选择航班时刻。同时，《民航航班时刻管理办法》还对航班时刻次级市场的航班时刻互换、代码共享、共同经营、转让、主动归还、撤销等做了明确规定，并增加了设立航班时刻协调委员会的规定，以进一步促进航班时刻资源配置公平、高效、竞争和廉政。

四、提高服务品质和航班正常率

（一）提升服务，真诚贴心

党的十八大以来，中国民航发扬优良传统，坚持“人民航空为人民”的原则，进一步发挥民航业作为战略性产业的重要作用，不断提高行业的竞争力。为此，民航局开展了“民航服务质量提升”和“民航服务质量规范”等专项行动，服务旅客、爱岗敬业的先进典型不断涌现。2014 年 7 月 28 日，国航“金凤”乘务组被中宣部授予“时代楷模”荣誉称号。2015 年，厦航获得国务院颁发的“全国服务质量奖”（见图 4 - 1），这与他们“以诚为本，以客为尊”的服务理念密不可分。2016 年，全行业践行真情服务理念，特别针对旅客反映强烈的航班正常、行李托运、票务代理、机上餐食品质等问题，坚持抓痛点、补短板，使民航运输服务质量得到明显提升，旅客投诉率逐年下降。根据 2018 年的《中国民航服务旅客满意度评价报告》，旅客对民航服务工作的满意度相应提高，“非常满意”“满意”的共占 82.4%；认为民航与其他交通方式相比服务水平“高”“较高”的共占 80.2%。

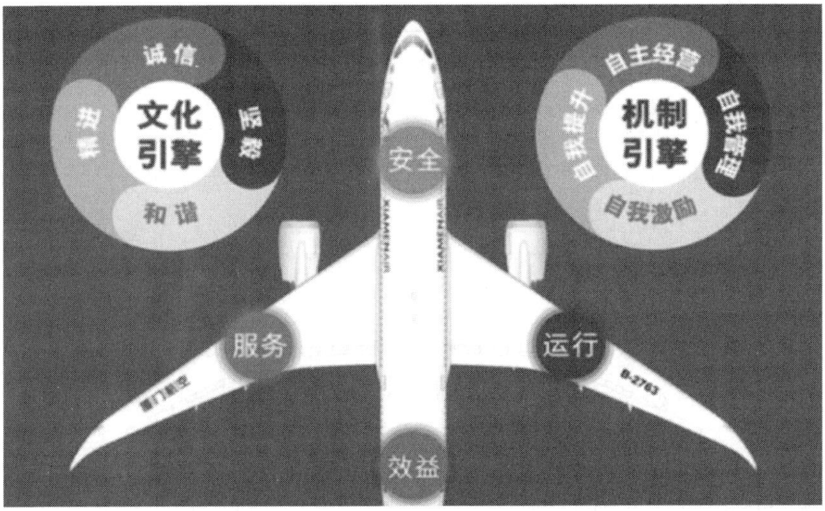

图 4－1　厦航凭借“双引擎四系统立体交互”航空质量管理模式获得第二届中国质量奖

资料来源：中国民用航空网。

这种真诚贴心的服务，还体现在及时满足乘客需求并对工作做出及时调整。根据机上便携式电子设备的发展趋势和国际上的研究成果，中国民航放宽了对于机上便携式电子设备的管理规定，并制定了相应的管理和使用政策。2018 年，在飞机上开始推广使用手机 Wi-Fi，12 家航空公司 300 多架飞机实现了空中 Wi-Fi。

（二）航班正常，狠抓不懈

2005～2009 年，航空公司的航班正常率一般保持在 80% 以上，2007 年为 83.1%。此后便处于下滑态势，2014 年仅为 68.4%，2015 年上半年仍然很低。在这种情况下，2015 年 8 月，民航局发出了《关于严格落实航班正常管理措施的通知》，通过加大监督约束力度，航班延误治理初显成效，航班正常率开始提升。2016 年，进一步加大治理力度，民航局出台

《航班正常管理规定》，对旅客集中关切的航班延误原因界定，延误后的信息告知方案，投诉的及时处理、反馈，以及服务保障流程等问题明确了具体规范。每月发布国内外客运航空公司、主要机场正常率统计结果，并实行末位淘汰，使优质资源向优质的公司倾斜。这一机制的建立使航空公司、机场、空管高度重视航班延误治理工作，激发这些单位“眼睛向内”治理航班延误，从而使自身原因造成的航班延误比例大大降低。除此之外，民航局还开展了滥用航班时刻专项整治工作，调整了航班正常统计标准，对关舱门后延误和长时间延误等关键问题实施严格管控，并成立督导组，针对航班正常率比较低的地区开展航班正常的督导工作，帮助他们查找问题、解决问题，从而形成了全行业共同提高航班正常率的良好局面，促进了中国民航航班正常水平的提升。2016 年，航班正常率达到 76.8%，同比提高 8.5 个百分点，平均延误时间由 21 分钟下降到 16 分钟。

党的十九大召开后，民航局出台了《关于进一步提升民航服务质量的指导意见》（以下简称《指导意见》）。《指导意见》是首部全面指导民航服务质量的纲领性文件，提出了关于民航服务质量的总体要求、主要任务、保障措施，为进一步提升民航服务质量指明了方向。在持续抓好航班正常工作方面，它提出了严格把控发展质量、科学把握运行标准、持续改进保障能力、不断增强技术支撑等四大措施。例如自 2017 年 8 月民航局严格把控运行总量以来，2017/2018 年冬春航季航班计划总量增速同比减少 2.9 个百分点；在缩小运行间隔、规范流量控制程序等方面采取一系列措施；适度超前规划机场资源配备，推广空域精细化管理改革试点经验；推广 HUD 等航行新技术，推进 CDM 系统与 A－CDM 系统建设对接。经过不懈努力，2017 年 12 月航班正常率达到 88.3%，扭转了航班正常率下滑的态势。此外，《指导意见》还提出要确保信息顺畅，综合运用短信、微信、手机 App、机场航显和广播等多种方式，确保旅客及时了解航班延误预警和动态信息。同时，将进一步健全航班延误后旅客服务协调机制，提升应急处置能力，最大限度降低因航班延误给旅客出行带来的不便。航空公司、机场要按照规定要求为旅客及时办理客票退改签业务和提供食宿服务。

五、加强对外合作交流，提升国际影响力

一是大力发展国际航空关系。在“十二五”期间（2011～2015年），我国的国际航空运输总周转量、旅客运输量和货邮运输量年均分别增长8.7%、16.9%和-0.6%；与我国签署航空运输协定的国家增至118个；国际航线由302条增至663条，通航56个国家和地区的138个城市。到2017年底，我国与122个国家签订了航空运输协定，比2005年增加23个国家。自2013年我国发出“一带一路”倡议以来，已有29家航空公司从国内的47个城市通航37个“一带一路”参与国家的81个城市；37个“一带一路”参与国的90家航空公司从94个城市通航我国52个城市。此时，中外航空公司的航班量比2013年增长1倍以上。

二是积极参加国际合作。坚持认真参加国际民航组织会议和进行议题审议，增强规则制定的话语权。在航空安全方面积极推进国际接轨，注重引进先进技术和管理方法。我国作为国际民航组织成员方，已全面参与国际民航公约附件的修订，参与制定涉及航空安全、安保及环境保护方面的政策与标准，全面采用国际民航公约的安全标准和建议措施，建立了包括飞行标准、航空器适航、空中交通服务、机场管理、危险品运输、事故调查等在内的安全管理体系。特别是北斗卫星导航系统进入国际民航组织全球卫星导航体系框架，妥善处理了国产民机适航认证等重大国际事务。2010年在北京举办国际民航组织航空保安公约外交大会，通过了《北京公

约》和《北京议定书》，这是第一次以我国城市命名国际公约。2012 年 11 月，国际民航组织第 197 届理事会做出决定，将国际民航组织亚太地区分办事处设在北京，这是国际民航组织设立的第一个地区分办事处。民航局大力支持筹建工作，该办事处于 2013 年上半年正式开始运转。这一年，中国第四次高票连任国际民航组织一类理事国。2015 年，中国推荐的柳芳博士被聘任为国际民航组织秘书长。与此同时，国际民航组织着力推动航空碳排放市场机制的建立，我国代表团秉持绿色发展理念，与有关方积极协调沟通，受到普遍赞赏。中国还主动承担民航大国责任，为发展中国家培训了上百名各类航空专业人员，向“非洲航空安全全面实施计划”“航空安全基金”“航空环保基金”等项目提供资金 75 万美元，为国际民航安全、有序、持续发展作出了积极贡献。

三是不断扩大企业和社会组织的合作。2006 年 6 月，国航股份与香港国泰太平洋航空公司进行了股权置换，国航股份持有国泰航空 10.16% 的股份，国泰航空持有国航股份由 10% 增加到 20%。同时，国泰航空收购了中国航空集团公司旗下的港龙航空股份公司，港龙航空成为国泰航空的全资子公司。2011 年 6 月，中国东方航空股份有限公司携其全资子公司上航正式加入天合联盟。至此，我国三大航空公司均已加入了世界航空联盟。其中，国航属于星空联盟，南航、东航属于天合联盟（南航 2019 年退出天合联盟）。2012 年底，厦航加入天合联盟。2014 年 8 月，中国航空运输协会与国际航空运输协会、上海国际仲裁中心共同设立了上海国际航空仲裁院，从而结束了全世界没有专门航空仲裁机构的历史。2017 年为加快民航空管产业“走出去”的步伐，提高空管装备制造业国际化发展水平，发挥境外投资合作对行业发展的促进作用，民航局发布了《民航局关于推进国产民航空管产业走出去的指导意见》，为国产空管产业“走出去”提供了有力指导。

四是加快推行国际航空运输便利化。从 2013 年 1 月开始，北京、上海两地开始对 45 国公民实行 72 小时过境免签，广州于同年 8 月实施。此后又有成都、重庆、大连和沈阳等地实施 72 小时过境免签。各地机场边检、海关等单位协同改进流程，为进出和过境旅客提供优良服务。与此同时，我国还积极推进与周边国家签署航空搜救协议，与多个国家达成民航领域合作意向。

五是多方搭建国际交流合作平台。民航系统积极支持历届中国国际航空航天博览会（珠海）的举办。自 2007 年开始，各国民航政要和大型航空企业领导人等踊跃参加中国民航发展论坛。中国航空运输协会自 2015 年开始举办北京航空安全国际论坛，就世界航空安全的相关现实问题开展深入研讨。亚太、中美、中欧及相邻国家之间，在民航发展、安全管理、空中交通管理等多个方面，建立了交流合作机制。

第二节　民航成为“国家发展新的动力源”*

以两航起义为“具有无限前途的中国人民民航事业的起点”再出发，短短 70 余年，中国民航事业迎着共和国的朝阳，昂首、展翅、高飞。改革开放特别是党的十八大以来，民航发展取得了历史性成就，运输规模连续稳居全球第二位，中国多次连任国际民航组织一类理事国，安全水平达到世界先进水平，中国机场洗牌全球最繁忙机场大排名。作为“国家重要的战略产业”，民航在中国共产党的领导下，始终致力于自身的高质量发展，

* 如无特别标注，本节涉及数据均来源于中国民用航空局官网。

主动服务和落实国家战略，在促进国家更加强大、社会更加繁荣、人民更加幸福的征程上稳步迈进，在国家发展中的基础性、先导性、战略性地位愈发凸显，实现了一个又一个“不可能”，创造了一个又一个难以置信的奇迹，日益成为“国家发展新的动力源”。

一、弘扬和践行当代民航精神

每个时代有每个时代的精神，每个行业有每个行业特有的精神及其传承。新中国民航70余年来，从两航起义到中巴通航，从远航非洲到民航体制改革，从永暑礁试飞到川航“英雄机组”，从抗击“非典”到抗击新冠疫情，从“一二三三四”到民航高质量发展，从运10到国产大飞机翱翔蓝天，从民航大国到基本实现向单一航空运输强国的跨越，各项事业的发展和一代又一代民航人的接续奋斗凝聚成了爱党、爱国、爱事业的行业核心价值。2016年，民航局在总结永暑礁新建机场校验试飞工作时，概括提炼出以“忠诚担当的政治品格，严谨科学的专业精神，团结协作的工作作风，敬业奉献的职业操守”为基本内涵的当代民航精神。这一精神是民航业基于自身行业特性、任务、时代要求和发展方向，对长期实践的抽象化表达，也是一代又一代民航人爱党爱国、勇于斗争、锐意创新、自强不息的集中体现，更是民航高质量发展和新时代民航强国建设的精神动力源。

（一）弘扬和践行当代民航精神的必要性阐释

当代民航精神是民航行业核心价值观的具体表达。习近平总书记在北京大学师生座谈会上曾指出：“价值观是人类在认识、改造自然和社会的过程中产生与发挥作用的……一个民族、一个国家，必须知道自己是谁，是从哪里来的，要到哪里去，想明白了、想对了，就要坚定不移朝着目标前进。[①]”国家、民族如此，一个行业也是如此。在民航成为“国家发展新动力源”的征途上，要明确弘扬和践行当代民航精神的必要性。

首先，弘扬当代民航精神是社会主义文化建设的必然要求。文化凝聚力量，引领发展。党的十九大报告强调，文化是一个国家、一个民族的灵魂。文化兴国运兴，文化强民族强。没有高度的文化自信，没有文化的繁荣兴盛，就没有中华民族伟大复兴。党的十九届五中全会指出，要繁荣发展文化事业和文化产业，提高国家文化软实力。民航行业文化是民航的灵魂，关乎民航前途命运，关乎民航强国建设。而行业精神是行业文化的重要组成部分，当代民航精神是民航行业文化发展到一定阶段的产物与时代特质的具象化体现，是行业文化的精髓和符号。继承和弘扬当代民航精神，在实践中有效推进其与“三个敬畏”、手册文化等不同时期行业文化具体表现形式的互融、互通、互联和互动，有利于加快构建适应新时代要求、契合民航特色、满足民航文化需要的行业文化体系，提升民航文化软实力，为民航高质量发展和民航强国建设凝共识、聚民心、增力量、强精神。

同时，行业文化又是社会主义文化的重要组成部分，行业文化的繁荣势必会推动社会主义文化兴盛。在建党 100 周年之际，在全党上下开展“四史”学习的氛围之下，以讲好新中国民航故事为抓手，重申和弘扬以“忠诚担当的政治品格，严谨科学的专业精神，团结协作的工作作风，敬业奉献的职业操守”为核心内涵的当代民航精神，可以更深刻地理解民航工作的政治属性，更准确地理解新时代“人民航空为人民”的内涵，牢记

---

① 《习近平：青年要自觉践行社会主义核心价值观——在北京大学师生座谈会上的讲话》，新华网，2014 年 5 月 5 日。

中国民航人的初心与使命，有利于将当代民航精神、民航行业文化统一于中国特色社会主义文化之中，并在继承中创新、在弘扬中升华，形成开放兼容的整体性文化，最终形成坚定社会主义文化自信的合力，为实现中华民族伟大复兴中国梦提供强有力文化支撑。

其次，践行当代民航精神是社会主义核心价值体系建设的行业表达。当代民航精神传承和发展于新中国民航起步、建设、改革中，凝聚着民航人的核心价值，是民航人的精神追求，是社会主义核心价值观在民航业的微观表达和生动实践。党的十八大报告首次正式提出社会主义核心价值观，即富强、民主、文明、和谐；自由、平等、公正、法治；爱国、敬业、诚信、友善。其中，针对公民层面倡导爱国、敬业、诚信、友善。当代民航精神作为民航发展的价值目标、价值取向和价值准则，是在统筹、融合社会主义核心价值观与民航行业特性的基础上凝练而来的。

习近平总书记曾指出："在社会主义核心价值观中，最深层、最根本、最永恒的是爱国主义。忠诚担当是社会主义核心价值观中爱国的直接表达。"[①] 进入新时代，更要弘扬爱国主义精神。新时代民航人要始终牢记，爱国主义是中华民族精神的核心，爱国主义就是坚持爱国、爱党、爱社会主义高度统一，要自觉把爱国主义融入血液、注入灵魂，把爱国提升为民航人的共识性气质和底线性意识；要把爱国热情转化为保证飞行安全、提升服务品质、推进行业治理体系和治理能力现代化、推动民航高质量发展的自觉行为，努力实现从民航大国向民航强国的历史性跨越，实现中华民族的伟大复兴。

最后，践行当代民航精神是建设民航强国不竭的精神动力。建成民航强国是全体民航人的梦想。民航强国梦，绝不是轻轻松松、敲锣打鼓就能

---

① 《国庆69周年，重温习近平谈"爱国"十段经典语录》，人民网，2018年10月1日。

实现的，必须付出更为艰巨和更为艰苦的努力。习近平曾指出：“一个民族的文明进步，一个国家的发展壮大，需要一代又一代人接力努力，需要很多力量来推动，核心价值观是其中最持久最深层的力量。”① 同样，当代民航精神是全体民航人共同的价值追求，是推动民航发展最持久最深层的力量。在建党100周年，在近代以来中华民族发展最好的时代，在实现民航强国梦和中华民族伟大复兴最关键的时代，民航人要大力弘扬和践行当代民航精神，勇做新时代民航事业和中华民族伟大复兴的奋进者、奉献者和开拓者，不渝民航人初心和使命，忠诚担当，向上向好，赓续荣光。

（二）当代民航精神的基本内涵

忠诚担当的政治品格展现了民航人对党、对祖国、对人民和对事业的忠诚，勇于承担历史和时代使命的担当，是当代民航精神的核心。“人民航空为人民”，民航不仅是业务单位，更是政治单位，中国民航的鲜明政治属性是与生俱来的，其政治性体现在保障人民群众生命财产安全上，体现在主动契合、服务和支撑国家战略上，体现在履行国家使命和承担社会责任上。简而言之，忠诚担当的政治品格精准地回答了民航为谁服务和如何服务的基本问题，要求民航业和民航人时刻准备着响应党和国家、人民的召唤，把对党的绝对忠诚、对祖国的无限热爱、对人民期待的有效回应、对事业的无限热情统一于多元化的民航实践中去。

忠诚担当流淌在一代又一代民航人的血液里。新中国成立之初，在国家和民族的关键时期，两航起义人员冲破重重阻碍，冒着被国民党空军拦

---

① 《习近平：从小积极培育和践行社会主义核心价值观》，新华网，2014年5月30日。

截的危险，毅然北飞起义，回归祖国怀抱。之后，从“八一开航”到解放军进藏空投，再到试航拉萨，从捐赠工具到组建民航修理厂，再到培养民航人才，他们积极投身中国民航事业建设，七十余载如一日。

在民航体制改革进程中，民航人始终坚持党的领导，始终坚持以国家和人民的利益为重，服从国家战略发展的总体布局，不计局部和个人得失。特别是改革开放以来，在民航企业化过程中，民航人一次次放弃行业既有利益，率先进行改革调整。进入新时代，作为国家重要战略产业，作为交通强国建设的“先行者”，作为社会主义现代化强国建设的重要主体，民航行业和民航人继续围绕中心、服务大局、响应号召，保持初心、牢记使命，为中华民族伟大复兴中国梦的实现砥砺前行。这便是他们忠于党、忠于祖国、忠于人民的凛然。

在保障有力、人民满意、竞争力强的民航强国建设过程中，民航人每一次都将忠诚担当发挥得淋漓尽致，祖国和人民哪里有需要，哪里就有中国民航的身影。众所周知，在南海岛礁上建机场，有着十分重要的政治意义、军事意义和经济意义，其中，政治意义是首要意义。随着南海岛礁机场竣工，试飞工作提上议程。2016 年 1 月 6 日，由政府分别从南航和海航征用的两架客机先后从海口美兰机场起飞，历经约两个小时的飞行，平稳降落在永暑礁机场，顺利完成试飞任务。7 月 12 日，中国民航飞行校验中心的一架飞机抵达美济礁和渚碧礁机场进行校验试飞。13 日，南航和海航飞机降落机场，试飞任务圆满完成。南海岛礁机场投入使用意义深远。在试飞过程中，共有 8 架民航单位参与，140 多人主动请缨，民航人不畏艰难险阻，坚决服从党和国家安排，严格保密，给党和国家、人民交上满意的答卷。这便是他们忠于党、忠于国家、忠于人民的坚定。

严谨科学的专业精神是民航人对自己从事专业严格谨慎、精益求精态度的表达。这就要求民航人发挥工匠精神，在锻造高超技艺和精湛技能的同时，要树立严谨、细致、专注、负责的态度。民航是一个高投入、高技术、高风险的行业，任何环节的失误均可能危及国家和人民的生命财产安全，因此，高度的科学性、准确性和统一性是客观要求，敬畏生命、敬畏规章、敬畏职责是底线要求。

以两航起义为起点，新中国民航在短短70余年的时间里就基本实现从民航大国向单一航空运输强国的跨越，开启民航强国建设新征程。在此期间，一个又一个困难被克服，一个又一个堡垒被攻克，一个又一个技术瓶颈被突破，民航服务品质不断提升，航班正常率不断提高，国际合作不断增强，国际航空话语权不断提高，基础设施建议不断完善，体制机制改革不断深化，科技不断进步，民航治理能力和治理现代化水平不断提高，这都是严谨科学的专业精神实践效能的体现。截至2020年11月，全行业运输航空连续安全飞行达“120+3”个月，亿客公里死亡人数十年滚动值从2010年的0.0091降低到0，百万小时重大事故率十年滚动值从2010年的0.097降低到0，连续18年保证了空防安全，整体安全水平不断提高，事故指标优于世界平均水平。这些安全飞行数据的背后便是民航人对专业严谨科学态度的坚持和守护。

安全飞行需要严谨科学作为支撑，民航管理、运行保障、技术创新也离不开严谨科学。2017年拥有自主知识产权的国产大飞机首次飞上蓝天，做了几十年的大飞机梦，经过三代人的努力与拼搏，逐步从梦境走向现实，成为国之重器。C919顺利登场的过程正是一代又一代民航人攻坚克难、兢兢业业、精益求精、严谨科学的显性化表达。在未来，让越来越多的国产民机翱翔蓝天，严谨科学的专业精神必不可或缺。

团结协作的工作作风是当代民航精神的应有之义和民航行业特色的必然要求。毛泽东曾说过：“团结一致、同心同德、任何强大的敌人，任何困难的环境，都会被我们战胜的。”① 习近平总书记也曾强调说：“一个手掌，摊开是多个手指；握紧就是一个拳头；只有靠‘众人拾柴’和‘三个臭皮匠’之力，工作才能做好。”② 民航是一个复杂的系统，一架飞机飞上天空需要民航各部门、各单位、各岗位民航人的一致守护。在一定意义上来讲，全国民航是一家，民航人要树立大民航意识，托举民航强国梦是每个民航人的共同追求，要求每个民航人统一思想，团结协作。

敬业奉献的职业操守是当代民航精神的本质特征，是一代又一代民航人前赴后继、努力拼搏，推动民航从无到有、从小到大、从弱到强的缩影，是民航人继续奋进在民航高质量发展征途上，并在不久的将来实现民航强国梦的力量源泉。敬业奉献要求民航人始终保持对岗位的热爱，干一行、爱一行、钻一行、精一行，在平凡的岗位上做出不平凡的业绩，为社会主义建设事业作出重要贡献。新时代民航人要始终牢记，伟大出自平凡，英雄来自人民，要在日复一日的工作中时刻保持敬畏之心，严谨地对待并做好每一项平凡的工作，始终怀着强烈的事业心和责任感，从初心，逐“初”梦，聚心力、竞华章。

在抗击新冠肺炎疫情战场上，国航金凤乘务组有一群年轻人积极发扬“爱岗敬业，诚信友善，不辱使命”的金凤精神和特别能战斗的优良传统，为祖国的平安保驾护航。在疫情最为严峻之时，金凤组成功执行护送医疗团队及物资前往武汉和接滞留在外旅客回家的飞行保障任务，如 2020 年 2 月 5 日、2 月 16 日执行 CA081 包机任务，从日本大阪和东京直飞武汉，共接回滞留的湖北籍旅客 430 名。在任务期间，他们用暖心的问候、细心的服务、温情的行动让湖北同胞从登机的第一时间开始就感受到来自祖国的

---

① 《毛泽东文集》第三卷，人民出版社 1996 年版，第 22 页。

② 习近平：《打好“团结牌”》，载《浙江日报》2003 年 11 月 11 日。

温暖。在疫情得到有效控制之时，金凤组员们又奋战在各类包机航班中，助力各行各业的复工复产，同时，也肩负起前往武汉迎接白衣战士回家的使命。国航金凤人时刻准备着，始终怀着强烈的事业心和责任感，不怕困难，不畏险阻，在万米蓝天之上坚守防线。

二、北京大兴国际机场投运

2014 年 12 月 26 日，北京大兴国际机场建设启动；2017 年 2 月 23 日，习近平总书记视察机场，作出新机场是“国家发展一个新的动力源”的重要判断，并对新机场建设要求①；2019 年 1 月 22 日，北京大兴国际机场迎来“第一飞”；2019 年 9 月 25 日上午 11 时 28 分，北京大兴国际机场投运仪式隆重举行，中共中央总书记、国家主席、中央军委主席习近平出席仪式，宣布“北京大兴国际机场正式投运”，这标志着将创新、协调、绿色、开放、共享五大发展理念集于一体的新机场进入运营阶段。在投运仪式上，习近平总书记强调，大兴国际机场能够在不到 5 年的时间里就完成预定的建设任务，顺利投入运营，充分展现了中国工程建筑的雄厚实力，充分体现了中国精神和中国力量，充分体现了中国共产党领导和我国社会主义制度能够集中力量办大事的政治优势。

2020 年 9 月 25 日，大兴机场投运一周年发布会在北京召开。在这一年里，大兴机场完成旅客吞吐量 1023 万人次，保障航班起降 8.4 万架次，货邮吞吐量 4 万吨；经过 4 次大规模转场，26 家国内外航空公司先后投入运营，开通航线 202 条，覆盖全球 143 个航点，目前实际日均航班数量恢复至 650 架次左右；成为国内首家实现三类 B 标准载客着陆、首家双跑道

---

① 《习近平在北京考察：抓好城市规划建设　筹办好冬奥会》，新华网，2017 年 2 月 24 日。

具备 HUD RVR75 米起飞能力、首家实现 A - SMGCS 4 级灯光引导 24 小时全天候使用的机场，低能见度运行能力达到全球领先水平，航班正常率水平在国内领先；编制完成了“十四五”发展规划纲要，大力推进数据共享，持续推进“四型机场”建设，践行“共建、共治、共享”的治理理念，加强京津冀地区产业合作，辐射带动周边地区发展，服务国家战略，持续打造助推高质量发展的新引擎。

（一）为区域经济发展提供新增长点

国际机场协会（ACI）将机场比喻为“国家和地区经济增长的引擎”，机场作为民航发展的重要载体，在经济全球化深化进程中，日益成为立体交通枢纽，空港、产业、城市一体化的特殊单元，通常被描述为区域经济社会的“发动机”“引擎”或“晴雨表”。2017 年 2 月 23 日，习近平总书记在视察北京新机场建设时作出了“北京新机场是我们国家发展一个新的动力源”的重要论断①。一座机场的作用首次被上升到国家发展动力源、社会经济发展的初动力和能量，这意味着机场对于国家社会经济发展的驱动力作用更为凸显。大兴机场作为动力源，势必对区域发展有着重要的战略意义。

有研究显示，年平均旅客数量增长 1% 会带来 0. 75% 的直接就业人数增长和 0. 49% 的直接收入增长②。国际民航组织曾表明，每 100 万航空旅客可以为周边区域创造 1. 3 亿美元的经济收益，带来 1000 个直接工作岗位；航空货物每新增 10 吨，可直接创造出 800 个工作岗位③。大兴机场作为超大型机场，从规划投建开始就成为区域经济发展的新增长点。

---

① 《习近平在北京考察：抓好城市规划建设　筹办好冬奥会》，新华网，2017 年 2 月 24 日。

②③　陈惟杉：《机场：国家发展的动力源》，载《中国经济周刊》2009 年 9 月 15 日。

一方面，大兴机场地处北京，为北京发展提供新动力。相关数据测算显示，仅大兴机场自身工程、主场单位配套工程和综合交通等市政配套工程投资就达到4100亿元；在投入使用之后，与首都机场形成“双枢纽”运行，预计当年旅客吞吐量将达4500万人次，新增岗位可达8万个左右，这会为北京市带来860亿元的经济贡献。再加上围绕机场聚集的高端制造业和现代服务业等生产要素投入，未来20年，大兴机场将为北京市带来8.6万亿元的经济贡献，推动北京南城区域GDP占北京市GDP的比重由2011年的10%提升至32%左右；未来30年，累计可为北京市带来22万亿元的经济贡献，南城经济总量将与北城达到平衡。[①] 由此可见，大兴机场不仅带动了北京经济发展，促进城市功能、空间和产业布局优化，助力建设国际化大都市，还对于缩小南北城的差距并达到总体均衡的格局发挥积极作用。

另一方面，大兴机场与河北廊坊交界，与天安门、首都国际机场、天津滨海国际机场、廊坊市中心和雄安新区的直线距离分别为46公里、67公里、85公里、26公里和55公里。特殊地理位置就决定了大兴机场是北京的机场，更是京津冀区域共同的机场，这意味着大兴机场将成为京津冀区域发展的强劲动力。

京津冀协同发展是一个重大国家战略，在我国区域发展总体战略中的地位和作用举足轻重。然而，由于京津冀三地经济发展水平差异较大，协同发展面临诸如三地经济联系松散、产业协同受阻等困难和挑战。2015年6月，中共中央、国务院印发《京津冀协同发展规划纲要》，将环保、交通和产业升级转移确定为京津冀协同发展的三个重点领域。京

---

① 刘鲁颂：《如何认识和理解北京新机场是我们国家发展的一个新的动力源》，载《中国民航报》2017年3月24日。

津冀协同发展，交通扮演着先行者的角色。为此，民航局提出“京津冀协同发展，交通先行，民航率先突破”，其突破点就在大兴机场。大兴机场以打造“临空经济区”作为推动区域协同发展的重要抓手和支点。北京和河北的界线穿过新机场航站楼中心，150 平方公里机场临空经济区覆盖两地，航空物流、跨境电子商务、商务会展、特色金融、航空科技研发制造、科技创新服务等高端产业落户京冀两地，以新机场为核心、以轨道交通为骨干的综合交通系统将大大增强京津冀地区的经济联系，提升三地产业融合度。同时，机场临空经济区的运营和发展势必促进规划、政策、管理、资源等方面的整合和统一，可以有效增强北京对周边地区的辐射作用。

同时，大兴机场既是产业升级的重要依托，又是环保的重要载体和主体，在一定程度上衔接着环保与产业升级转移两个领域，处于京津冀协同发展三个重点领域的叠加区，这也显示了大兴机场在拉动区域协同发展中的效能。

（二）为现代综合交通体系建设提供新支撑

交通是兴国之要、强国之基。党的十九大报告立足新时代新征程，提出交通强国建设的战略目标。2019 年中共中央、国务院印发了《交通强国建设纲要》，明确提出要构建安全、便捷、高效、绿色、经济的现代化综合交通体系，打造一流设施、一流技术、一流管理、一流服务，建成人民满意、保障有力、世界前列的交通强国，并从基础设施、交通装备、运输服务等若干个方面作出具体部署。习近平总书记在出席大兴机场投运仪式上强调，要建设更多更先进的航空枢纽、更完善的综合交通运输系统，加快建设交通强国。党的十九届五中全会通过的《中共中央关于制定国民经济和社会发展第十四个五年规划和二〇三五年远景目标的建议》也对加快建设交通强国作出专门部署，提出加快建设交通强国，完善综合运输大通道、综合交通枢纽和物流网络，加快城市群和都市圈轨道交通网络化等要求。而航空运输是速度最快、覆盖最广、单位能耗最低的交通方式，以机场为核心的综合交通体系建设势必会成为现代综合交通体系建设新的支撑，成为推动交通强国建设的新动力。

从规划到建设再到投运，大兴机场是按照新时代新型大型国家现代化机场标准建设的，始终以旅客为中心，以发挥综合运输体系中民航的比较优势为中心，建成国内第一个立体的、零缺陷的、无缝衔接的综合交通体系，这与新时代交通强国建设的战略部署不谋而合。大兴机场作为大型国际枢纽机场，航站楼面积70万平方米，近机位数量79个，所需航站楼停靠边长达4000米，航站楼功能区垂直分布，功能区可以因需切换，航站楼中心到最远端登机口步行距离不超过600米，首件进港行李13分钟内到达，4项中转时间等指标均居世界前列；围绕机场形成了多种交通一体的综合交通换乘中心，机场下面跑火车，轨道交通与航站楼“零距离”。旅客乘坐轨道交通到达航站楼后，可在站厅层乘坐电梯扶梯垂直到达航站楼出发层，旅客在这里享受到的将是超级便捷的乘机体验。在周边交通上，便捷的机场快线、四通八达的轨道交通、纵横交错的高速公路和巴士路线形成立体交通网络，机场内、外部立体换乘、无缝衔接，运行效率大大提高。

与此同时，大兴机场投运之后，京津冀地区形成了“三地四机场”格局，各机场各有分工和定位、相互补充、协同配合，逐步形成地区融合、空铁联运、协同发展的世界级机场群，为现代综合交通体系建设释放更大空间。

自2019年投运之后，大兴机场始终坚持以习近平总书记重要批示指示精神作为根本遵循，始终以高质量发展作为目标导向，始终以科学管理作为方法手段，始终把弘扬践行当代民航精神作为强大动力，始终把党的领导和党的建设作为根本保证，持续为国家和地区的社会经济发展、为民航强国和交通强国建设、为社会主义现代化强国建设提供动力。

三、从“一二三三四”到高质量发展

习近平总书记曾指出：“理念是行动的先导，一定的发展实践都是由一定的发展理念来引领的。发展理念是否对头，从根本上决定着发展成效乃至成败。”① 发展理念是战略性、纲领性、引领性的东西，是发展思路、发展方向、发展着力点的集中体现。一个国家、一个民族、一个行业、一个时代的发展都离不开对的理念，离不开实事求是的工作思路，理念和思路对了，目标任务就好定，相关支撑性政策措施就好定。

（一）“一二三三四”牵引民航新发展

习近平2014年5月在河南考察时指出，我国发展仍处于重要战略机遇期，我们要增强信心，从当前我国经济发展的阶段性特征出发，适应新常态，保持战略上的平常心态。随后，在亚太经合组织工商领导人峰会开幕式上的演讲中，习近平总书记从经济增长速度、结构和动力三个层面总结了中国经济呈现出新常态的特征。2014年中央经济工作会议上对经济新常态进行了系统阐述，并在此基础上提出来年经济工作的总体要求和主要任务。在新常态下，在面对经济社会发展新趋势新机遇和新矛盾新挑战，2015年党的十八届五中全会提出创新、协调、绿色、发展、共享的发展理

① 《习近平在省部级主要领导干部学习贯彻党的十九届五中全会精神专题研讨班开班式上发表重要讲话》，新华网，2021年1月11日。

念。民航是国家重要战略产业，是社会经济发展的“晴雨表”，为国家发展提供战略支撑和动力，相应地，民航的发展又必然以国家社会经济发展为背景为前提，两者双向联系。在中国经济发展进入新常态的背景下，民航也面临着增长速度、产业结构和发展动力等问题。

针对民航面临的发展问题，在党的十八届五中全会精神指导下，2016年，中国民用航空局新一届党组认真梳理民航发展的特点和规律，运用改革创新思维，谋划解决对策，形成了“一二三三四”的总体工作思路。“一”，即践行一个理念，要求牢固树立“发展为了人民”的理念；“二”，即推动两翼齐飞，要求推动运输航空与通用航空协调发展；第一个“三”，即坚守三条底线，要求坚持“飞行安全、廉政安全、真情服务”三条底线；第二个“三”，即完善三张网络，要求构建“机场网、航线网、运行监控网”三张网络；“四”，即补齐四个短板，要求补齐“空域资源、适航审定能力、服务品质、应急处置”四个短板。为确保这一工作思路落到实处，为民航发展凝聚新动力，民航局制定了《关于进一步深化民航改革工作的意见》，确定了十大提升任务和40个专项任务，并印发《关于统筹推进民航改革任务、落实专项工作责任制的通知》。

“一二三三四”总体工作思路清晰地体现了民航发展之纲目。“十三五”期间，在党的领导下，民航坚持“一二三三四”总体工作思路牵引，瞄准短板弱项，坚守底线、突出重点、定向作业、持续发力，在安全、发展增量、综合效益、运行服务品质、科技创新等方面取得了重要成就，较好地改善了中国民航发展面貌。

在安全飞行方面，“十三五”期间，民航全行业实现运输航空安全飞行10周年，创造了持续安全飞行“120+4”个月、8943万小时的新纪录，连续18年确保了空防安全；在发展增量方面，民航机队规模达6747架，全国航路航线总里程达到23.7万公里，基础设施建设总投资4608亿元，全国颁证运输机场数量增加到241个，其中千万级机场39个；在综合效益方面，2016~2019年，中国民航运输总周转量、旅客运输量、货邮运输量三大指标年均增速分别达到11.0%、10.7%和4.6%，2019年民航旅客周转量在国家综合交通运输体系中占比达33.1%，2016~2019年连续保持盈利，实现利润总额2306.4亿元，比“十二五”时期增长了471.9亿元；在运行服务品质方面，航班正常率连续3年超过80%，全国233个机场实现国内航班无纸化出行，41家国内航空公司实施客票退改签“阶梯费率”，开通12326民航服务质量监督电话，国内航空公司投诉响应率达100%，累计为人体捐献器官开通绿色通道5149次；在科技创新方面，自主知识产权的国产校验设备获得2019年国家技术发明一等奖，与128个国家或地区签署了双边航空运输协定，包括“一带一路”沿线国家100个，并与64个国家保持定期客货运通航。

与此同时，我国民航市场空间越发广阔，航空公司竞争力不断增强，机场网络布局日趋合理，空管服务能力稳步提升，安全和安保水平世界领先，技术保障水平显著进步，参与国际民航合作和交流程度愈加深入、民航自主创新发展体系初步形成，我国已经基本实现了从航空运输大国向单一航空运输强国的“转段进阶”。

“十三五”收官，“十四五”启动，中国将全面开启建设社会主义现代化强国、向第二个百年奋斗目标进军的新征程，面临的发展环境发生了深刻复杂的变化，社会经济发展目标和任务有所调整。随着民航业在国家经济社会发展中的战略作用日益凸显，中国民航也将进入发展阶段转换期、发展质量提升期和发展格局拓展期，机遇与挑战并存。

2016年习近平总书记在江西视察时强调：“发展理念不是固定不变的，发展环境和条件变了，发展理念就自然要随之而变。如果刻舟求剑、守株待兔，发展理念就会失去引领性，甚至会对发展行动产生不利影响。”① 为此，民航局党组根据行业发展规律和“十四五”民航发展阶段性特征，适当调整2016年提出的“一二三三四”总体工作思路，并把调整后的“一二三三四”作为“十四五”时期民航总体工作思路：践行一个理念、推动两翼齐飞、坚守三条底线、构建完善三个体系、开拓四个新局面。其中，践行一个理念、推动两翼齐飞、坚守三条底线作为我国民航发展的基本原则，必须始终牢牢坚持，不能动摇。“构建完善三个体系”，即构建并完善功能健全的现代化国家机场体系、系统布局高效运行的航空运输网络体系和安全高效的生产运行保障体系。“开拓四个新局面”即民航产业协同发展有新格局、智慧民航建设有新突破、资源保障能力有新提升、行业治理体系和治理能力有新成效。在国家发展和民航发展的新时期，在坚持党的领导下，在与时俱进的“一二三三四”总体工作思路的牵引下，民航将一路向好，一路向强，实现民航新发展。

（二）高质量发展引领民航强国建设

党的十九大报告指出，我国经济已由高速增长阶段转向高质量发展阶段。这是根据我国社会主义矛盾发生转变、社会经济发展环境和发展条件变化等作出的重要判断。随后，习近平总书记围绕“高质量发展”发表了一系列重要讲话，阐释什么是、为何要和如何推动高质量发展。党的十九届五中全会提出了“十四五”时期经济社会发展指导思想和必须遵循的原则，其中强调要“以推动高质量发展为主题”。“高速度”不再时髦，“高质量”成为发展的共识和主题，在此基础上，民航开启推动自身高质量发

① 《习近平：保障和改善民生没有终点，只有连续不断的新起点》，载《重庆日报》2016年2月4日。

展阶段。

关于什么是高质量发展，习近平总书记指出："高质量发展，就是能够很好满足人民日益增长的美好生活需要的发展，是体现新发展理念的发展，是创新成为第一动力、协调成为内生特点、绿色成为普遍形态、开放成为必由之路、共享成为根本目的的发展。"① 推动高质量发展必须坚定不移贯彻新发展理念。在习近平总书记阐释的基本内涵的基础上，中国民航局局长冯正霖也对高质量发展在民航领域的具体表达进行阐释，指出高质量发展的五个基本内涵是发展理念新、发展目标明、发展动力足、发展路径清、发展效益好。其中，发展理念新，就是要坚持以创新、协调、绿色、开放、共享的新发展理念为引领，把新发展理念贯穿到民航发展的各个环节、各项工作中去；发展目标明，就是除了民航强国战略目标以外，还会有分阶段的、分年度的工作目标来支撑战略目标的实现；发展动力足，就是在推进和实现民航高质量发展的进程中，既要加大力度改造提升传统动能，又要大力培育壮大新动能，还要激发强大精神动力；发展路径清，就是要找准发展路径，坚持民航总体工作思路，围绕新的发展思路提升发展水平，解决发展中面临的瓶颈制约；发展效益好，就是要实现安全底线牢、运行效率高、服务品质好、经济效益佳、发展后劲足。

在充分把握民航高质量发展的基本内涵的基础上，民航坚定不移贯彻创新、协调、绿色、开放、共享的新发展理念，坚持稳中求进工作总基调，以推动高质量发展为主题，以供给侧结构性改革为主线，以改革创新为根本动力，推进民航高质量发展稳中有进。以 2019 年取得的成绩为例：

在安全飞行方面，以最强担当压实安全责任、以最高标准防范安全风险、以最严要求实施安全监管、以最实措施确保平稳可控，牢牢守住民航

---

① 《习近平谈治国理政》第三卷，外文出版社 2020 年版，第 238 页。

安全底线。实现了航空安全飞行112个月、8068万小时的安全纪录，连续17年7个月实现空防安全零责任事故。截至2020年11月，实现运输航空持续安全飞行“120 + 3”个月，运输航空责任原因严重征候万时率0.0066，比“十二五”期间下降15.1%，亿客公里死亡人数十年滚动值从2010年的0.0091降低到0，百万小时重大事故率十年滚动值从2010年的0.097降低到0。同时，连续18年保证空防安全，民航整体安全水平不断提高，事故指标优于世界平均水平。

在发展增量方面，保持“控总量、调结构”的战略定力，确保行业发展稳中有进。调整了武汉、昆明、广州、西安、重庆、成都、上海浦东7个繁忙机场的容量标准，每周增加航班时刻5334个，36个航班时刻协调机场时刻执行率达93.5%，同比提升约2个百分点。全年完成运输总周转量1292.7亿吨公里、旅客运输量6.6亿人次、货邮运输量752.6万吨，同比分别增长7.1%、7.9%、1.9%。千万级机场达39个，同比增加2个。深入推进京津冀、长三角、粤港澳大湾区民航协同发展，编制实施成都、重庆等国际航空枢纽战略规划，民航与综合交通深度融合，民航旅客周转量在综合交通运输体系中的占比达32.8%，同比提升1.5个百分点；在效益方面。全年降低企业成本并直接转化成企业经营效益90多亿元。全行业营业收入1.06万亿元，比上年增长5.4%。

在航班正常率方面，夯实运管委工作机制，37家千万级机场建成机场协同决策（A－CDM）系统，积极开展航班时刻动态调整，严格落实航班正常考核和调控措施。在航班总量同比增长5.57%、极端天气增多以及其他用户活动大幅增加的情况下，全国航班正常率达81.65%，同比提高1.52个百分点。

在服务品质方面，深入开展民航服务质量重点攻坚专项行动，年初提出的九项改进服务品质措施得到认真落实，229个机场和主要航空公司可实现“无纸化”出行；37家千万级机场国内旅客平均自助值机比例达71.6%；在8家航空公司、29家机场开展跨航司行李直挂试点；15家航空公司410架飞机为805万旅客提供了客舱WIFI服务；大力推进全民航行李全流程跟踪系统（RFID）建设；将“同城同质同价”纳入机场服务质量评价指标；推动出台国际“通程航班”普适政策；在首都机场、大兴机场试点实施海关监管、民航安检合作查验模式，实现旅客“一次过检”、无感通关；航空货运电子运单使用突破160万票；12326民航服务质量监督电话开通，国内航空公司投诉响应率达100%。

同时，机场还争相推出各种服务品牌，如2021年，桂林机场向社会推出“金桂飞”服务主品牌和易乘机、爱箱随、无忧行及中转服务4个子品牌及16项服务承诺，向公众展示了桂林机场服务工作新风貌。桂林机场将持续深化品牌创建，围绕“金桂飞”多个子品牌共同发展，不断提升品牌内涵与价值，结合“四型机场”的建设，以服务为支撑，以创新为动力，搭建智慧旅客服务平台，打造专业的团队，在全流程上提升服务运行品质，紧抓航班正点、拓展航线网络、创新中转产品，为旅客提供更便捷、更舒适的服务。另外，桂林机场将以“山水桂冠，真情相伴”为品牌口号，以“便捷、智慧、温馨”为品牌主题，构建一“花”多“叶”的“1+N”品牌体系，坚持以人为本，以旅客需求为导向，以“人文关怀和文化彰显”为主导，致力于在全领域、全流程和全周期发展中提升旅客体验感，不断推动桂林机场服务品质的高质量发展。

除此之外，民航局高度重视行业绿色发展，将建设平安、绿色、智慧、人文民航确定为行业高质量发展的核心任务，通过完善政策机制、加大资金投入、强化设施建设、加快新技术应用等措施推动行业绿色发展水平稳步提升。2019年，我国运输航空每吨公里油耗和碳排放分别为0.285千克和0.898千克，均较基线（2005年水平）下降16.2%，处于历史最优水平，在全球主要航空大国中处于领先位置。机场平均每客能耗0.898千克标煤，每客二氧化碳排放0.553千克，分别较基线（2013～2015年均值）下降15.8%和28.81%。特别是近几年来，民航打赢蓝天保卫战取得积极成效，在设备设施应用方面，机场桥载电源使用率接近100%，机场场内新能源车辆占比已接近1/5，北京大兴机场新能源车辆占比更是超过4/5；在空气质量提升方面，共节省航油约40万吨，相当于减少二氧化碳排放约130万吨，减少各种空气污染物约4800吨；机场汽柴油消费强度显著下降；民航蓝天项目国产化率已超过80%，在电力替代设备的性能提升、大型新能源机场特种设备研发等方面也取得了一系列首创性成果。

整体而言，现阶段，民航的高质量发展得以较好地推进和一步步实现，机遇和空间较大，但仍在安全、核心竞争力、结构布局、国际话语权等方面存在问题。新时代，民航将以民航强国建设为战略契机和落脚点，以提升行业核心竞争力、优化行业功能布局、增强行业创新能力和提高行业国际话语权四个方面为抓手和发力点，贯彻新发展理念，以改革把握高质量发展的主动权，以创新激发高质量发展新动能，以服务推动高质量发展创造美好生活，扎实推进民航高质量发展，建成保障有力、人民满意、竞争力强的民航强国，进而更好地服务国家发展战略、更好地满足广大人民群众对美好生活的需要，为全面建成社会主义现代化强国、实现中华民族伟大复兴提供重要支撑。

四、民航行动在抗疫最前线

与陆路和水路等交通方式相比，被誉为“空中诺亚方舟”的空运因为自身特性而在抢险救灾、抗击疫情中发挥着举足轻重的作用。2020年初开始，一场突如其来的新冠疫情以迅雷不及掩耳之势席卷全球，在疫情面前，中国民航始终坚持忠诚担当的政治品格，发挥严谨科学的专业精神，发扬团结协作的工作作风，坚守敬业奉献的职业操守，肩负党和人民的重托，挺身而出，行动在最前线。

（一）投身抗疫“主战场”

党中央、国务院高度重视疫情防控。2020 年 1 月 20 日，习近平总书记专门就疫情防控工作作出指示，要求坚决遏制疫情蔓延势头；1 月 21 日，国务院联防联控工作机制召开第一次会议，研究部署疫情防控工作。根据疫情防控需要，民航及时启动突发公共卫生事件Ⅱ级响应，成立民航局新冠肺炎疫情防控领导小组，建立应急防控工作机制，果断制定和出台一系列防控举措。

2020 年 1 月 24 日农历大年三十，各地医疗队紧急集合驰援武汉，民航局召开全行业电视电话会议，部署疫情防控工作，明确提出“保安全运行、保应急运输、保风险可控、保精细施策”的防控工作要求，就此拉开了民航投入抗疫“主战场”的大幕。民航局当天连夜组织 2 架包机、保障 3 架军机运输医疗人员飞往武汉，运输 276 人，8.1 吨物资；1 月 26 日，组织包机赴菲律宾、柬埔寨将 45.9 吨医疗物资运至武汉；1 月 27 日，落实总理承诺，民航使命必达，1 小时内做好“2 万个护目镜”的航空运输准备；1 月 31 日，民航局科学决策，临时许可民航运输新冠病毒毒株，同时，组织 2 架包机接运滞留海外公民回家；2 月 2 日，民航 3 小时完成 10 架包机运输准备，英雄机长刘传建护航四川医疗队出征武汉，同时与军航合力，保障 8 架军机飞赴武汉；2 月 6 日，国航赴南非德班运输 53.6 吨物资回国，历时 34 小时，飞行 26261 公里，完成了最远的物资运输；2 月 9 日，民航共执行 46 架次运输，此日成为单日执行防疫重大航空运输任务架次最多的一天；2 月 15 日，国内多家航空公司积极上交请求参与防疫相关重大航空运输的请战书；2 月27 日国航和邮航展开跨境接力，提前两天将国外采购的16 套ECMO（人工肺）运至武汉……从1 月24 日至3 月1 日，在短短的关键性38 天，根据国务院联防联控机制部署和北京市疫情防控工作小组要求，民航局共组织29 家国内航空公司执行406 架次任务，运输人员3.6 万名，物资2620 吨。其中，302 架次用于运输医疗队运输，3.38 万名为医护和其他救援人员，接回滞留海外旅客1338 名，83 架次执行物资运输任务，保障军机31 架次。

截至2020 年5 月，民航承担了全部援鄂医护人员中80% 的赴鄂以及93% 的撤离返程运输任务，向湖北地区保障973 个航班，累计接运医护人员7.33 万余名；运送防控物资11955120 件，累计110772.17 吨，其中向湖北地区运送防控物资1536824 件，累计12333.29 吨；组织安排24 架次临时航班或包机，从疫情严重国家接回我国公民4329 人；完成海外留学生“健康包”物资运输60 万份、600 余吨。

除保障抗疫重大航空运输之外，为最大限度减少旅客出行，防止疫情蔓延，民航局出台一系列应急措施。如及时发布和调整有关客票免费退改的通知，截至2020 年2 月10 日，国内外航空公司共办理免费退票1900 多万张，1 月31 日，全行业旅客运输量仅60 万人左右，同比下降近70%，为可能出现的民航春运高峰踩了“急刹车”。同时，修订航空公司与机场疫情防控指南，全面采取体温检测、信息登记、简化服务、清洁消毒等，严格有效地防范疫情通过航空器和机场传播。截至2020 年6 月，民航局共修订和发布五版《运输航空公司、机场疫情防控技术指南》。在疫情防控“主战场”，民航行动在继续……在整个疫情全面防控的关键期，民航局、航空公司、机场等民航各单位统一思想、坚定信心、各司其职，集结成为一支“召之即来，来之能战，战则必胜”的抗疫部队，筑起了疫情防控的空中“生命线”，为中国疫情防控取得重要胜利提供重要保障。

（二）勇当复工复产复学“先行者”

2020年2月下旬，国内防控形势持续向好。2月23日，习近平总书记在统筹推进新冠肺炎疫情防控和经济社会发展工作部署会上指出，全国疫情防控形势积极向好的态势正在拓展，强调要毫不放松抓紧抓实抓细防控工作，统筹做好经济社会发展各项工作；3月4日，中央政治局常务委员会会议指出，当前已初步呈现疫情防控形势持续向好、生产生活秩序加快恢复的态势，并强调要精准有序扎实推动复工复产，把疫情造成的损失降到最低限度。

根据中央关于统筹推进疫情防控和复工复产相关要求，民航对国际国内不同航线、不同地区分类施策，在加强体温检测、清洁消毒等防控措施的基础上，密切跟踪市场需求动态，鼓励航空公司主动对接劳务输出地和输入地的地方政府和大型企业，从航班计划、市场销售、运行保障和人员运力调配等各个方面做好充分准备。截至2020年5月，先后安排“点对点”复工复产航班超过1138班，保障超过7万人次复工复产人员返岗。

当然，助力全国复工复产的同时，如何应对民航企业运营风险，促进行业稳定发展也是民航在抗疫过程中需要应对的关键性问题。为此，民航根据国内疫情防控具体态势，一方面，积极推出诸如对执飞国际航班的中外航空公司和重大航空保障任务给予专项补贴、免征航空公司民航发展基金、对受疫情影响较大的困难企业延长亏损结转年限、对运输飞机改装安全电子设备给予全额财政补助等一揽子十六项政策，帮助航空企业渡过难关、恢复生产，加快推进民航基础设施项目开工复工。2020年3月民航日均运输旅客45.83万人次，飞行班次6538班；4月日均运输旅客52.27万人次，飞行班次6950班；5月日均运输旅客78.58万人次，飞行班次9487班。6月以来，民航日均运输旅客达到93.52万人次，日均航班量达到

10570 架次，恢复至上年同期的 57.4%、66.11%。8 月日均航班量达 1.3 万架次，已恢复到疫情前的 90%，为国家复工复产提供有力支撑。另一方面，民航局党组把深化改革作为化解疫情不利影响的关键一招。截至 2020 年 5 月，共修订完善 22 个深化民航改革方案共 639 项任务，涉及并涵盖民航安全发展、枢纽建设、资源配置、服务提升、应急处置、科教支撑、从严治党等各个方面，最大限度统筹疫情防控与国家社会经济发展，统筹全国复工复产和行业健康发展。

除复工复产之外，民航行业各单位还积极助力和保障学校师生复学，力争当好复学“先行官”。开学季，针对师生旅客群体，湖南长沙黄花国际机场积极与航空公司协商，推出机票优惠券及一次免费退改权益、师生专属运价等购票优惠政策；设置“师生复学值机专柜”“师生复学专用安检通道”，开通机场至学校直达机场巴士等专属权益；沈阳桃仙国际机场根据学生复学需求，开展为期 3 个月的“助力开学季、平安返校路”活动，共推出提供学生乘机咨询引导、乘机优先通道、“健康包”免费领取、免费行李寄存、中转免费吃住行、“易登机”免费休息、托运行李安心服务、机票“优惠礼包”活动八大服务措施，为学生按时复学提供有效保障。

（三）奋战阻击境外输入最前线

2020 年 3 月中旬以来，境外疫情加速蔓延，防范境外疫情输入压力加大。3 月 18 日，中共中央政治局常务委员会会议强调，要准确把握国内外疫情防控和经济形势的阶段性变化，因时因势调整工作着力点和应对措施，决不让来之不易的疫情防控持续向好形势发生逆转。3 月 27 日，中共中央政治局会议再次强调，要因应国内外疫情防控新形势，及时完善我国疫情防控策略和应对举措，把重点放在“外防输入、内防反弹”上，保持我国疫情防控形势持续向好。一时间，航空运输成为阻击境外疫情输入的最前线，民航积极与外交、海关、公安、卫健、移民等部门以及相关地方政府密切协同配合，进一步强化对疫情高发国家（地区）航班和搭载入境转机旅客航班的防控措施，织牢、织密入境口岸联防联控网络。

自 2020 年 3 月起，根据疫情防控实际，民航局在首都机场设立集中接收疫情严重国家进港重点航班保障专区，并采用增加第一入境点的方式，分步将首都机场国际客运航班分流至 12 个机场；出台“一家航空公司在一国保留一条航线，一周至多一个航班”的“五个一”政策；从 6 月 8 日开始，实施航班奖励和熔断措施，并随着疫情态势变化，及时调整国际航班熔断机制，最大限度从源头上控制境外输入风险。

针对境外输入疫情防控要求，哈尔滨机场成立了由 42 人组成的“境外抵哈防输入保障小组”，主要负责与机组确认经国内其他城市抵哈的境外旅客信息、协调航空公司协助引导旅客下机、与公安执勤人员交接境外抵哈旅客信息等工作，坚持不落一班飞机，不落一人登记落实，以确保境外旅客防控零失误。从 2020 年 3 月 19 日到 4 月 25 日，哈尔滨机场已完成保障有境外旅客的国内航班 522 架次，境外旅客人数 2152 人次。保障进港国际航班 16 架次，境外进港旅客人数 2248 人次，守好阻击境外疫情输入的关口。在此期间，在阻击境外疫情输入的最前线，各单位民航人始终秉持“人民航空为人民”的初心，勇担使命，为中国疫情防控守住大门。

（四）把牢疫情防控常态化底线

2020 年 4 月 29 日，习近平总书记在中共中央政治局常务委员会上指出，湖北保卫战、武汉保卫战取得决定性成果，全国疫情防控阻击战取得重大战略成果，疫情防控这根弦必须时刻紧绷，决不能前功尽弃。习近平总书记要求各地区各部门抓紧抓实抓细常态化疫情防控，有针对性地加强外防输入、内防反弹举措，不断巩固防控战果①。习近平总书记的重要讲话为下一步疫情防控工作定下了“外防输入、内防反弹”“疫情防控常态化”的总基调。5 月8 日，经中央应对疫情工作领导小组同意，国务院联防联控机制印发《关于做好新冠肺炎疫情常态化防控工作的指导意见》，自此，我国疫情防控工作从应急状态转为常态化。根据党中央、国务院疫情防控常态化要求，民航各单位投入筑牢常态化防疫网络。

2020 年6 月18 日，民航局发布《关于下发运输航空公司、机场疫情防控技术指南（第五版）的通知》，取消了国内航班风险分级，对国内航班实施疫情常态化管控，同时根据国内疫情响应等级调整采取不同防控措施；自2020 年7 月起，上海虹桥国际机场在国内机场同业率先发布了《航站楼常态化卫生防疫管理标准》，对机场日常防疫筛查、防疫设备物资配备、公共空间环境消毒和垃圾处置、空调使用消毒、工作人员防护和健康管理五大类项目形成系统化的长效管理机制，进一步整合、新增防疫资源，纳入机场常态化防控。除机场之外，各航空公司及其他民航系统主体也丝毫不松懈，严防严控，将防控工作落实到民航可持续运营和安全生产的全过程，把牢常态化疫情防控的底线，为巩固国家抗疫成果和社会经济复苏提供空间。

抗击疫情，民航在行动，在致力于国内疫情防空的同时，也在党的领导下，践行人类命运共同体理念，努力为全球疫情防控提供中国方案，贡献中国力量。截至2020 年5 月，民航系统共完成抗疫紧急人道主义援助和医疗物资商业出口任务115 架次，运送援外医疗专家169 名，涉及美国、英国、伊朗、伊拉克、巴基斯坦、意大利、塞尔维亚、老挝等33 个国家，有效缓解

① 《习近平主持召开中共中央政治局常务委员会会议》，第1 财经，2020 年4 月29 日。

对口国家的抗疫压力，同时也为民航自身的健康发展开辟双赢路径。

现阶段，中国正处于全面建设社会主义现代化国家和进军第二个百年目标、开局“十四五”规划、实现新的更大、更好发展的关键时期。这一时期，国外疫情防控形势依然严峻，国内局部地区时有新增病例，疫情出现反复的风险依然存在，民航作为国家战略性产业和疫情防控的前沿阵地，必须清醒认识到防疫斗争的复杂性和长期性，时刻绷紧疫情防控这根弦，决不能麻痹侥幸、厌战松劲，决不能让来之不易的大好局面发生逆转。同时，思则有备，有备无患，民航也必然将坚持底线思维，慎终如始，在中国共产党的领导下，树立“四个意识”，做到“两个维护”，守住“三个敬畏”，弘扬和践行当代民航精神，有效统筹疫情防控和民航安全、高质量发展，加强民航强国建设，为国家发展提供源源不断的动力源泉，助力实现中华民族伟大复兴中国梦。

五、让国产民机翱翔蓝天

飞上天空是中国人自古以来的梦想。从大量耳熟能详的飞天神话故事到各式飞行器具，从被誉为“中国航空之父”的冯如设计、制造并驾驶第一架飞机飞上蓝天到“国父”孙中山提出“航空救国”的总体规划，从北洋政府创办民用航空到新中国民航起步，从依靠两航起义北飞的十二架飞机为基础艰难起步到中国民航飞机“一定要飞出去”，从被外国媒体讽刺“中国是一只没有翅膀的鹰”到举国之力让国产民机飞上蓝天，从自主研制运－10立项到C919首飞，从“造不如买，买不如租”到“租不如买，买不如造”，中华民族一直在追逐着属于中国人自己的航空梦、民航梦、飞机梦，并在逐梦的征程中取得节节胜利。

（一）助力 C919 飞上天空

中国大飞机梦的实践始于 1970 年，经过十年艰苦卓绝的奋战，到 1980 年，运－10 安全起飞，但令人遗憾的是，运－10 的研制最终以一代航空人的叹息而告终。中国的国产大飞机梦就此搁浅，直至进入 21 世纪。随着中国社会经济发展和改革开放不断深化，中国民航航空需求快速增长，中国已成为世界上最大的飞机购买国，是继续租买飞机还是自主研制飞机成为不可回避的现实问题。2003 年，时任中国民航总局局长杨元元在民航工作会议上提出民航强国战略，同时从航空运输总量、机场密度、航空运输企业国际竞争力、空中交通管理系统、民航科技、人力资源、法律法规体系和航空安全综合保障能力八大维度阐释了民航强国的具体奋斗目标。这意味着中国开启“民航大国”向“民航强国”历史性跨越。大国要有大飞机，名副其实的民航强国离不开航空制造业的发展壮大，于此，中国大飞机梦再次起航。

2008 年，我国开始按照最新国际适航标准，研制拥有完全自主知识产权的干线飞机 C919；2010 年 12 月 24 日，中国民用航空局正式受理 C919 大型客机型号合格证申请；2011 年 4 月 18 日，C919 大型客机首次型号合格审定委员会会议在上海召开，C919 飞机研制全面进入正式适航审查阶段；2015 年 11 月 2 日，C919 大型客机首架机在中国商飞公司新建成的总装制造中心浦东基地总装下线，中共中央总书记、国家主席习近平，中共中央政治局常委、国务院总理李克强对 C919 大型客机首架机总装下线作出重要指示。[①] 至此，经过 7 年的设计研发，C919 大型客机首架机正式下线，标志着 C919 首架机的机体大部段对接和机载系统安装工作正式完成，

---

① 《习近平就我国自主研制的 C919 大型客机总装下线作出重要指示》，央广网，2015 年 11 月 3 日。

已经达到可进行地面试验的状态。

2016 年 12 月 25 日，C919 飞机首架机交付试飞中心。2017 年 5 月 5 日 15 时 19 分，经过激情澎湃、惊心动魄的 78 分钟飞行，我国第一款国际主流水准的干线飞机 C919 平安降落在上海浦东国际机场，首飞圆满成功。泰国《商业报》评价称，C919 首飞成功，意味着中国继美国、俄罗斯及欧盟后，登上“能够制造大飞机”的王者宝座。制造大型客运飞机与“中国制造 2025”战略相符，这一战略重视中国航空产业的发展。C919 是中国民机的新高度，这代表着一种民族能力、一种国力。2020 年 2 月 23 日，C919 大型客机 106 架机转场东营试飞。2020 年 11 月 27 日，C919 飞机型号检查核准书评审会在江西南昌召开。中国民航上海航空器适航审定中心签发 C919 项目首个型号检查核准书（TIA）。这意味着 C919 飞机构型基本到位，飞机结构基本得到验证，各系统的需求确认和验证的成熟度能够确保审定试飞安全有效；同时也标志着 C919 飞机正式进入局方审定试飞阶段。

2020 年 12 月 21 日上午 11 时 04 分，C919 大型客机从敦煌莫高国际机场起飞，15 时 32 分安全飞抵武汉天河机场，并完成了首次停靠廊桥、接廊桥电源、接廊桥空调气、使用机位管线油车等验证工作。在湖北机场集团、空管分局、油料公司、商飞公司及相关运行保障单位的协同配合之下，国产大飞机 C919 在 4F 级机场模拟航线运营验证的首次试飞圆满成功，正式拉开了 C919 模拟航线运营验证试飞的序幕，这意味着其距离适航许可交付又更进了一步。随后，C919 将在湖北机场集团所属干支线机场开展系列的运营验证飞行。

2021 年 1 月 22 日 15 时 25 分，C919 飞机 104 架机着陆滑停在西安阎良中国飞行试验研究院机场，经过两个半小时的飞行，C919 飞机首次局方审定试飞试验圆满成功，这预示着 C919 飞机适航取证工作进入一个新阶段。根据 C919 飞机适航审定计划，在局方审定试飞阶段，中国民航上海适航审定中心试飞专业组将与申请方的试飞团队一起，对C919飞机进行包括失速、自然结冰、侧风飞行试验等在内的430多个试飞科目进行符合性验证飞行试验，以全面检查和判断飞机设计的符合性，为C919飞机最终获颁型号合格证并投入航线运营奠定基础。2021年，C919将结束试飞，正式进入民航市场运营。

从立项到首飞成功，从模拟航线运行飞行到局方审定试飞试验圆满成功，在民航人及相关部门的共同努力下，C919翘首于国之重器之列。这十年来，中国民航一直全力支持C919飞机的适航审定工作，为其质量安全“把关”，一直举全民航之力保障首飞，一直努力让国产大飞机早日翱翔蓝天，一直致力于让中国大飞机走向世界，加入世界民航机队。

在保障首飞方面，精密组织和协调是关键。C919的首飞活动在华东空域进行，飞机从上海浦东机场第四跑道起飞。在如此繁忙的大型航空枢纽开展研发飞机的首飞活动，这在全球范围内也没有先例。早在首飞数月前，民航局局长冯正霖便明确要求民航各保障单位高度重视、协同配合，对C919首飞及试飞按照“重要飞行任务”进行优先级保障。同时，民航局签发特急明传电报《关于做好C919飞机首飞保障工作的通知》，要求各保障单位制定具体的保障措施和应急方案，确保C919首飞任务的圆满完成和浦东机场航班运行的安全顺畅。在此基础上，民航各单位在民航局的组织与协调下，各司其职，协同保障。首飞当日，华东空管局全天共调减航班130班左右。浙江、江苏和安徽空管分局协同杭州、南京和合肥机场，严阵以待做好C919首飞期间航班备降工作。民航局、华东局在首飞仪式现场、浦东塔台、浦东机场指挥中心、浦东机场现场指挥车、商飞指挥大厅和商飞指挥车上均派出民航C919大型客机浦东机场试飞保障协调工作小组骨干进行现场值守，以便及时处置突发特情。在民航人的智慧、担当和努力之下，C919飞机首飞成功，并在短短的7分钟后，浦东机场恢复正常运行。

在适航审定方面，民航坚守底线，严格把关国产民机安全。国产大飞机得以翱翔蓝天的前提是安全可靠。适航审定是民用客机安全性能的“保证书”，是走向航空市场的“通行证”。中国民航局承担着国产大型客机适航审定的法定职责，代表公众利益，通过各项适航审定工作，来当好国产民机安全的“把关人”。为进一步推进国产大飞机和支线飞机项目的适航审定工作，保证我国大型客机研制的顺利开展，早在2007年，民航集中国内运输类飞机适航审定方面各专业的专家组建成立了高起点的“中国民用航空上海航空器适航审定中心”。2010年，民航局受理并授权上海审定中心开展C919飞机型号合格审定工作。2011年3月18日，民航局批准上海审定中心组建C919飞机型号合格审定委员会（TCB）专门负责C919飞机型号合格审定。在这期间，相关民航人以高度的政治责任感和使命感，全面展开适航审定工作，并探索一条适应国际先进航空技术和研制方法的审定道路，为C919大飞机翱翔蓝天把好安全关。

在支持大飞机从研发成功到商业成功方面，一方面，民航局积极鼓励国内航空公司使用C919飞机。中国东方航空公司在2010年与中国商飞签署了C919大型客机启动用户协议和采购意向；2016年11月，在第十一届中国国际航空航天博览会上，与中国商飞签署合作框架协议，成为C919大型客机的全球首家用户；2021年3月1日，作为国产大飞机C919全球首家启动用户，与中国商飞公司在上海正式签署了首批引进5架C919大型客机购机合同，在国产大飞机的引进与商业运营上迈出的“重要一步”。另一方面，民航局不断推进中外适航合作，大力支持中国商飞拓展国际航空市场。目前，中国民航已与加拿大、巴西、新西兰、澳大利亚、以色列、俄罗斯等国建立了全面对等的双边关系，正在和美国和欧洲开展双边适航磋商谈判，尽量为大飞机未来的出口营造一个好的国际环境。

（二）支持国产民机发展

目前，除C919飞机之外，已经翱翔蓝天或在等待飞上蓝天的国产民机主要包括支线客机ARJ21和新舟700等机型，其中，ARJ21自2016年6月投入运行以来，共交付用户12架，累计安全飞行9000多小时，运送旅客超过28万人次，航线飞机日可利用率达到6.14小时①。经过第二次设计优化改进后，飞机性能得到了大幅度提升，达到世界同类支线飞机水平。让国产民机翱翔蓝天是国家意志、人民意志、时代要求和中国梦的具象化表达。在让国产民机翱翔蓝天的征途上，民航一直在努力，主要体现在坚持严格适航审查、加大政策支持力度和大力开展国际合作、积极为国产民机飞向世界创造条件等方面。

一是政策引领与保障方面。2012年7月8日，国务院颁布新中国成立以来第一部指导民航业发展的重要文件——《国务院关于促进民航业发展的若干意见》，指出民航业是我国经济社会发展重要的战略产业，进而明确了促进民航业发展的总体要求、主要任务、政策措施。其中，积极支持国产民机制造是主要任务之一。这在民航发展史上具有里程碑意义。2013年1月14日，国务院办公厅印发了《促进民航业发展重点工作分工方案》，对《国务院关于促进民航业发展的若干意见》各项任务和目标进行细化和分解，规定在积极支持国产民机制造方面，要鼓励民航业与航空工业形成科研联动机制，重点加强适航审定和航空器运行评审能力建设；鼓励国内支线飞机、通用飞机的研发和应用；引导飞机、发动机和机载设备等国产化。2014年5月23日，习近平总书记在上海考察“中国商飞设计

---

① 李健：《让中国大飞机飞上蓝天是国家意志　严格适航审查持续提升质量》，载《中国民航报》2019年3月6日。

研发中心”时指出：“我们要做一个强国，就一定要把装备制造业搞上去，把大飞机搞上去，起带动作用、标志性作用。中国是最大的飞机市场，过去有人说造不如买、买不如租，这个逻辑要倒过来，要花更多资金来研发、制造自己的大飞机。”① 2016 年 5 月，中国民航局出台《关于进一步深化民航改革的若干意见》，要求以持续安全为前提，以实现民航强国战略为目标，以推进民航供给侧结构性改革为引领，以调整结构、提质增效为主线，围绕推动“两翼齐飞”、完善“三张网络”、补齐“四个短板”，解决民航发展动力、发展结构和发展方式等问题。党的十九大报告中明确提到，大飞机等重大科技成果推动我国创新型国家建设。这些政策为国产民机的发展提供了重要的支持与发展空间，民航要推进各项政策的协同，有效统筹国家战略与国产民机发展。

二是坚持严格适航审定方面。适航审定是民用客机安全性能的“保证书”，是走向航空市场的“通行证”。国产民机要翱翔蓝天，适航审定必不可少。作为适航审定工作的主管部门，要积极提升适航审定能力。近年来，民航局将提升适航审定能力作为重点工作之一，按照“一二三三四”总体思路要求，补齐适航审定能力的短板，于 2017 年与外交部、发改委、工信部、财政部、商务部联合下发《适航攻关专项方案》，规划了“加强适航审定技术研究”“深化适航审定机制改革”“完善适航审定管理体系”“强化适航审定队伍建设”和“增强适航审定国际合作”五个方面 18 项攻关任务，并提出“2020 年建成适应我国民机产业发展、具备较强审定技术研究能力、审定机制完善、管理体系健全的适航审定系统，运输类飞机适航审定能力达到国际先进水平，到 2030 年建成全面满足我国民用航空工业发展需求、国际先进的适航审定系统”的奋斗目标。2020 年 1 月6 日，全

① 《习近平体验 C919 客机样机：把大飞机搞上去》，新华网，2014 年 5 月 23 日。

国民航工作会议提出，民航业将贯彻落实确保民航安全运行平稳可控的26条措施，其中在支持国产民机发展方面，要加快建成适航审定运行管理系统，提高审定效率，为国产民机提供高质量审定服务，促进国产民机制造技术和能力逐步达到世界一流水平。

三是大力开展国际合作，积极为国产民机飞向世界创造条件方面。民航积极促进国产民机投入航空市场，逐步提高国产民机在我国民航机队占比；不断深化中美、中欧、中俄等国适航合作，利用多种平台推动国产民用飞机走向世界机队。

让国产飞机飞得更好、飞得更顺、更具市场价值是党和国家、人民的共同期盼，符合中华民族的根本利益。国产民机研制是战略先导产业，供应链长、辐射范围广，对国家产业结构升级、占领技术制高点具有重要意义，民航有效助力国产民机研制并翱翔天空，可以更好地推进国产航空制造业的发展，为民航强国建设和交通强国建设、为中国制造2025和中华民族伟大复兴中国梦的早日实现提供强有力的战略支撑。当然，民航人也必当强化政治站位，保持初心，把握职责使命，弘扬和践行当代民航精神、劳动精神、劳模精神、工匠精神和钉钉子精神，筑牢让国产民机翱翔蓝天的桥梁。

六、小　　结

习近平总书记曾提道："实现中华民族伟大复兴是十分伟大而又十分艰巨的事业，需要全体中华儿女众志成城、万众一心，把一切力量都凝聚起来，把一切积极因素都调动起来。"① 伟大事业需要强大的力量，伟大梦想需要共同奋斗。民航作为国家重要的战略产业，必然成为推进伟大事业

① 《习近平：在知识分子、劳动模范、青年代表座谈会上的讲话》，人民网，2016年4月26日。

和实现伟大梦想的动力。

党的十九届五中全会深入分析了我国各项事业发展面临的复杂形势，战略机遇与挑战并存。站在开启全面建设社会主义现代化国家新征程和向第二个百年目标进军的重要历史节点上，在中华民族伟大复兴战略全局与世界未有之大变局的双局叠加期上，在建党100周年之际，中国民航要始终坚持以党的领导和党的建设为根本保证，以习近平中国特色社会主义思想为指导，坚定不移贯彻新发展理念，落实“一二三三四”总体工作思路，坚持稳中求进工作总基调，以推动高质量发展为主题，以深化供给侧结构性改革为主线，以改革创新为根本动力，以弘扬和践行民航精神为强大动力，持续有效推进民航高质量发展，加快建设保障有力、群众满意、竞争力强的民航强国，全力促进民航由自足向自强的历史性跨越，充分发挥发展动力源作用，成为国家创新发展的动力源、协调发展的动力源、绿色发展的动力源、开放发展的动力源、共享发展的动力源，为实现中华民族伟大复兴再立新功。

第五章

与交通强国相适应的民航强国之路

2020 年，突然暴发的新冠肺炎疫情严重冲击了全球民航业的发展。据国际民航组织分析，2020 年全球民航旅客运输量比 2019 年下降了 60%，航空公司客运总收入下降 3710 亿美元[①]。相比较全球受到的冲击，中国民航面对新冠肺炎疫情，牢固树立以人民为中心的思想，认真统筹疫情防控和民航各项工作，保证了行业安全水平稳居世界前列。中国民航在全球率先触底反弹，成为全球恢复最快、运行最好的航空市场，2020 年中国民航飞行架次、旅客运输量、货邮运输量、运输总周转量分别恢复至 2019 年的 74.7%、63.3%、89.8% 和 61.7%。[②]

从 2021 年开始，中国将逐步实现从单一的航空运输强国向多领域的民航强国的跨越，从 2021 年到本世纪中叶，我们将见证一个民航强国屹立在世界民族之林。

第一节　面向 2035 年和本世纪中叶的民航强国之路

民航是战略性产业，在国家开启全面建设社会主义现代化强国的新征程中发挥着基础性、先导性作用。建设民航强国，既是更好地服务国家发展战略、满足人民美好生活需求的客观需要，也是深化民航供给侧结构性改革、提升运行效率和服务品质、支撑交通强国建设的内在要求。建设民航强国是交通强国建设的重要组成部分和有力支撑，是实现中华民族伟大

① 国际民航组织：《新冠肺炎对民航业的影响：经济分析报告》，2021 年 5 月 11 日。

② 《2021 年全国民航工作会议工作报告》，2021 年 1 月。

复兴的必然要求和重要标志①。

进入新时代，我国经济发展由高速增长阶段向高质量发展阶段转变，新一轮科技革命和产业变革方兴未艾，大众出行对安全、便捷、品质等方面的关注不断增强，对成本、质量、效率和环境提出了更高要求。经过几代中国民航人的艰苦奋斗和不懈努力，我国民航发展在安全水平、行业规模、服务能力、地位作用等方面取得了巨大成就，已具备从民航大国向民航强国跨越的发展基础。

一、交通强国战略和民航强国战略

新中国成立 70 多年来，我国交通运输经历了从“瓶颈制约”到“初步缓解”再到“基本适应”的发展历程，取得了历史性的成就。党的十九大谋划了我国社会主义现代化建设的新征程，作出建设交通强国的重大战略部署，为交通运输发展指明了方向。按照党中央、国务院的决策部署，交通运输部牵头编制了《交通强国建设纲要》，并于 2019 年发布。

根据《交通强国建设纲要》，我国将在 2035 年基本建成交通强国，现代化综合交通体系基本形成，人民满意度明显提高，支撑国家现代化建设能力显著增强；拥有发达的快速网、完善的干线网、广泛的基础网，城乡区域交通协调发展达到新高度；基本形成“全国 123 出行交通圈”和“全球 123 快货物流圈”，旅客联程运输便捷顺畅，货物多式联运高效经济；智能、平安、绿色、共享交通发展水平明显提高，城市交通拥堵基本缓解，无障碍出行服务体系基本完善；交通科技创新体系基本建成，交通关

① 董志毅：《加快新时代民航强国建设，发挥民航在交通强国建设中的战略支撑作用》，载《交通强国建设纲要学习读本》，人民交通出版社 2020 年版。

键装备先进安全，人才队伍精良，市场环境优良；基本实现交通治理体系和治理能力现代化；交通国际竞争力和影响力显著提升①。

到21世纪中叶，全面建成人民满意、保障有力、世界前列的交通强国，基础设施规模质量、技术装备、科技创新能力、智能化与绿色化水平位居世界前列，交通安全水平、治理能力、文明程度、国际竞争力及影响力达到国际先进水平，全面服务和保障社会主义现代化强国建设，人民享有美好交通服务。

作为综合交通体系的重要组成部分，民航业在国家发展中具有战略地位和作用。为了全面提升我国民航业综合国际竞争实力，促进国家现代综合交通运输体系的进一步完善，为经济社会又好又快发展服务，中国民用航空局（以下简称“民航局”）党组在2008年全国民航工作会议上提出了全面推进建设民航强国的战略构想。经过多年的研究论证，民航局于2018年出台了《新时代民航强国建设行动纲要》，对实现民航强国梦的奋斗目标做出详细的路径规划，为未来几十年的民航发展指明了方向。《新时代民航强国建设行动纲要》的出台有利于全行业在以习近平同志为核心的党中央坚强领导下，凝心聚力、锐意进取、迎难而上，加快理念变革、质量变革、效率变革和动力变革，突破瓶颈制约，推动民航高质量发展，实现我国由民航大国向民航强国转变，为实现“两个一百年”奋斗目标、实现中华民族伟大复兴作出新贡献。

二、民航强国的总体要求和基本特征

建设民航强国既是一项庞大的系统工程，又是交通强国的有机组成部

① 交通运输部：《交通强国建设纲要》，人民出版社2019年版。

分和以人为本、实现中华民族伟大复兴的保障。《新时代民航强国建设行动纲要》提出了建设民航强国要坚持如下总体要求①：

建设民航强国，要体现出战略思维和系统性思维，要坚持以人民为中心的发展思想，以新发展理念为引领，着力推进民航发展质量、效率和动力变革，实现民航高质量发展，建成保障有力、人民满意、竞争力强的民航强国，更好地服务国家发展战略、更好地满足广大人民群众对美好生活的需要，为全面建成社会主义现代化强国、实现中华民族伟大复兴提供重要支撑。

建设民航强国，要服务国家战略，强化统筹融合。坚持党对民航工作的全面领导，充分发挥民航作为国家战略产业的作用，服务国家重大战略、建设现代经济体系，构建全面开放新格局。统筹协调，加强民航与交通、产业、科技、贸易和军队建设的协调联动，实现融合发展，凝聚发展合力。

建设民航强国，要坚守安全底线，提升质量效率。牢固树立“安全是民航业的生命线”的思想，正确处理安全与发展、安全与效益的关系，确保民航安全运行平稳可控。以质量和效率为导向，深化民航供给侧结构性改革，全面提升民航发展质量。建设现代民航服务体系，强化运行、服务和管理协同，充分发挥航空网络的规模效益，提升与其他交通方式衔接的组合效率。

建设民航强国，要坚持深化改革创新，全面开放合作。着力破解制约民航发展的制度性和结构性问题，激发市场活力和厚植发展动力。健全民航法治，推进民航治理体系和治理能力现代化。强化创新驱动，推进技术、管理和制度创新，培育民航新业态、新产业和新动能。构建民航全方

① 中国民用航空局：《新时代民航强国建设行动纲要》，中华人民共和国中央人民政府网站，2018 年 11 月 26 日。

位开放发展格局，强化国际合作，提升国际话语权和影响力。

建设民航强国，要坚持践行绿色智慧，服务人民大众。将绿色理念融入民航发展的全领域、全流程和全周期，建设生态环境友好的现代民航业。深入推进民航信息化，打造智慧民航运行、服务和管理体系，为大众提供出行即服务的优质民航出行体验。积极践行“发展为了人民”的理念，着力解决人民最关心、最直接、最现实的问题，增强人民群众在民航发展中的获得感、幸福感和安全感。

根据《新时代民航强国建设行动纲要》，民航强国的特征具体表现为：

（1）具有国际化、大众化的航空市场空间；

（2）具有国际竞争力较强的大型网络型航空公司；

（3）具有布局功能合理的国际航空枢纽及国内机场网络；

（4）具有安全高效的空中交通管理体系；

（5）具有先进、可靠、经济的安全安保和技术保障服务体系；

（6）具有功能完善的通用航空体系；

（7）具有制定国际民航规则标准的主导权和话语权；

（8）具有引领国际民航业发展的创新能力。

民航强国的上述八个基本特征实现了均衡发展、协调发展，完成整体跨越，进阶到相互支撑、相互促进的汇集融合状态，系统呈现出民航强国的综合实力和水平。

三、民航强国的总体目标和实施步骤

（一）总体目标

根据《新时代民航强国建设行动纲要》，到21世纪中叶，全面建成保障有力、人民满意、竞争力强的民航强国，为全面建成社会主义现代化强国和实现中华民族伟大复兴提供重要支撑。民航服务能力、创新能力、治理能力、可持续发展能力和国际影响力位于世界前列。

（二）实施步骤

《新时代民航强国建设行动纲要》描述了建设民航强国的宏伟蓝图，即从 2021 年到本世纪中叶，民航强国建设分为两个阶段推进。

第一阶段（2021 ~ 2035 年），建成多领域的民航强国。从 2021 年到 2035 年，实现从单一的航空运输强国向多领域的民航强国的跨越。我国民航综合实力大幅提升，形成全球领先的航空公司、辐射力强的国际航空枢纽、一流的航空服务体系、发达的通用航空体系、现代化空中交通管理体系、完备的安全保障体系和高效的民航治理体系，有力支撑基本实现社会主义现代化。具体内容包括：

服务能力显著提升。国际化、大众化、多元化的航空服务体系更加完善，运行质量和效率进一步提升，旅客体验更加美好。人均航空出行次数超过 1 次（见图 5 - 1），民航旅客周转量在综合交通中的比重超过 1/3。通用航空服务深入生产生活各个方面。

保障能力更加充分。基础设施体系基本完善，运输机场数量达到 450 个左右，地面 100 公里覆盖所有县级行政单元。民航与综合交通深度融合，形成一批以机场为核心的现代化综合交通枢纽。形成安全、高效、智慧、协同的现代化空中交通管理体系。

国际影响力、竞争力更加突出。民航旅客运输量占全球 1/4，规模全球第一。形成一批全球排名靠前、竞争力强、富有创新活力的航空企业。国际航空枢纽的网络辐射能力更强，建成京津冀、长三角、粤港澳大湾区、成渝等世界级机场群。参与国际民航规则、标准等制定的话语权显著增强。

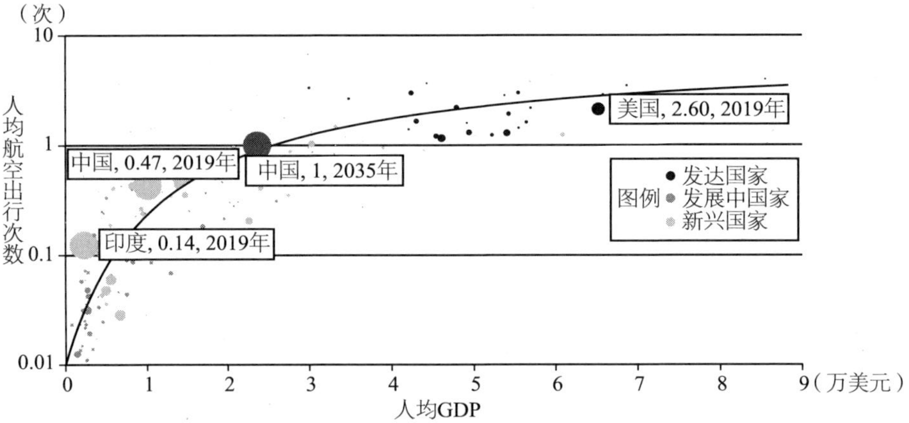

图 5－1　2019 年各国人均航空出行次数及我国 2035 年人均航空出行次数对比

资料来源：民航局：《2019 年民航行业发展统计公报》；空中客车公司：《国际航空市场预测城市、机场和飞机 2019—2038》；中国城市和小城镇改革发展中心、中国民航高质量发展研究中心、华夏航空股份有限公司：《2020 中国副省级以下城市航空通达性报告》。

据国际航空运输协会（IATA）预测，中国航空运输市场很有可能在 2024～2025 年前后超过美国，成为全球最大航空运输市场，并长期保持世界第一的地位（见图 5－2）。

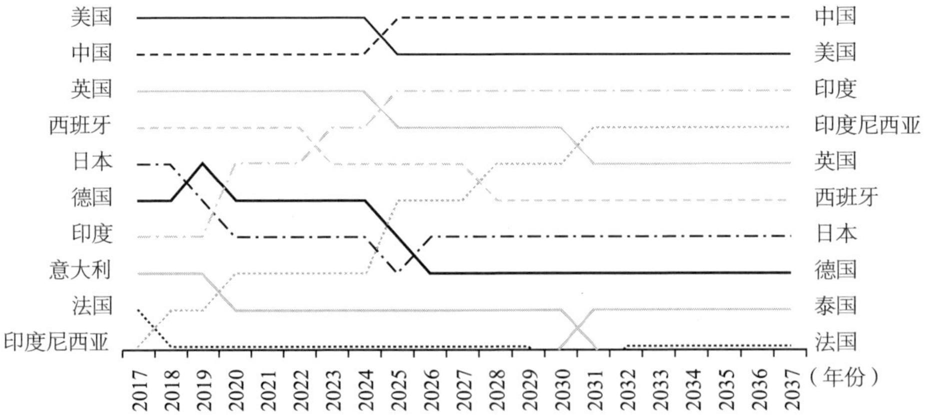

图 5－2　国际航空运输协会（IATA）预测的各主要国家航空运输市场变化情况

资料来源：国际航空运输协会：《20 年航空旅客运量预测：2017—2037》。

有力支撑国家发展战略。形成高效、通达的现代航空物流服务体系，支撑国家产业体系高端化、国际化发展。自主创新取得突破，国产飞机、空管系统、机场运行等民航核心装备广泛应用。军民融合深入发展。民航对扩大对外开放、促进区域协调、保障国家安全、保障民生需求等方面的基础性作用更加突出。

民航发展质量显著提升。中国特色的民航安全安保管理体系和技术服务保障体系更加成熟，航空安全管理水平世界领先。民航治理体系和治理能力更加完善。形成运输优质、人民满意的真情服务体系。全行业能源消耗、污染排放、碳排放水平大幅降低，民航可持续发展能力显著增强。

第二阶段（2036 年到本世纪中叶），建成全方位的民航强国。到本世纪中叶，实现由多领域的民航强国向全方位的民航强国的跨越，全面建成保障有力、人民满意、竞争力强的民航强国。民航的创新能力、治理能力、综合实力、可持续发展能力和国际竞争力领跑全球，形成产业辐射功能强大的现代民航产业，全方位参与新型国际民航治理体系建设。机场网、航线网和信息网深度融合发展，网络化、数字化、智能化民航全面实现，人便其行、货畅其流。

第二节　奏响交通强国的民航乐章

民航业作为国家重要战略产业，是交通强国的重要组成部分和有力支撑。在《交通强国建设纲要》中，对打造航空枢纽、民机和航发的设计制造、完善航空服务网络和物流网络、提高航空服务能力和品质、培育通用航空市场、发展智慧民航等民航业的重要领域提出了战略部署。《新时代民航强国建设行动纲要》提出了拓展国际化、大众化的航空市场空间，打造国际竞争力较强的大型网络型航空公司，建设布局功能合理的国际航空枢纽及国内机场网络，构建安全高效的空中交通管理体系，健全先进、可靠、经济的安全安保和技术保障服务体系，构筑功能完善的通用航空体系，增强制定国际民航规则标准的主导权和话语权，培育引领国际民航业发展的创新能力共八项主要任务和举措。

一、拓展国际化、大众化的航空市场空间

（一）着力拓展国际航空市场

构建航权开放新格局，为航空公司进入国际市场提供更多航权资源。统筹制定民航国际化发展战略，以“一带一路”为重点，逐步推进与全球主要航空运输市场及新兴市场的准入开放，实现国际航空运输市场自由化。打造“空中丝绸之路”，国际航线网络覆盖全球，积极构筑畅行全球、高效通达的国际航空服务体系。全面参加与有关国家的投资协定、自贸协定谈判，积极稳妥地推动在民航领域达成高水平开放承诺，为民航企业拓展国际市场创造条件。

截至2020年，我国已与128个国家或地区签署了双边航空运输协定，其中包括“一带一路”沿线国家100个，并与64个国家保持定期客货运通航。2016～2019年，我国国际旅客运输量增长85.5%①，围绕“一带一路”合作倡议，打造了西安、郑州、昆明、乌鲁木齐等“空中丝绸之路”核心节点。

---

① 《2021年全国民航工作会议工作报告》，2021年1月。

（二）着力推进航空服务大众化

逐步加密机场网建设，建立通达、通畅、经济、高效的航线网络，大力发展支线航空，推进干支有效衔接，推进低成本等航空服务差异化发展。全面实施基本航空服务计划，实现欠发达地区航线网络基本通达，打造更加协调的“民生航空”服务体系。

“十三五”期间，民航局围绕西部大开发、东北振兴、中部地区加快崛起、长江经济带发展、海南自贸港建设、新型城镇化发展战略，增强沈阳、杭州、武汉、长沙等机场的区域性枢纽功能，支持中西部和支线机场建设，推进基本航空服务试点，截至 2020 年，航空服务覆盖全国 92% 的地级行政单元、88% 的人口、93% 的经济总量，比 2015 年分别提高了 4. 8 个、3. 6 个、2. 4 个百分点[①]。

（三）着力开拓航空物流市场

提升货运专业服务能力，在航空快件、生产物流、跨境电商、冷链物流、危险品运输等专业细分领域形成独特优势，支撑新业态、新经济发展。完善战略布局，优化资源配置，构筑覆盖全球的国际航空物流网络，打造以航空物流为主导的全球现代供应链管理中心、国际快件转运中心和跨境电商物流分拨中心，实现货物运输“一单到底、物流全球、货畅其流”，推动传统货运企业向货运集成商和物流企业转型。实施航空物流“效率工程”，不断提高安检和通关效率，促进航空物流加快发展。

随着我国商品进出口的持续增长，民航业需要不断提升国际航空物流能力，推动形成更强创新力、更高附加值、更安全可靠的产业链供应链，

① 《2021 年全国民航工作会议工作报告》，2021 年 1 月。

助力国家产业链供应链稳定发展，服务构建以国内大循环为主体、国内国际双循环相互促进的新发展格局。

（四）着力拓展现代综合交通运输服务空间，全面提升航空服务质量

以需求特征为导向，充分发挥航空、高铁的比较优势和集成发展优势，推进基础设施一体化、运输服务一体化、技术标准一体化、信息平台一体化，打造“无缝衔接、中转高效”的空地联运服务产品，构建具有中国特色的“航空＋高铁”的大容量、高效率、现代化的快速交通运输服务体系，实现相互诱发、互相支撑的良性发展新格局，为全球航空运输发展提供新实践、新理论、新方案。

紧密围绕人民群众的交通圈、工作圈和生活圈，提供全流程、多元化、个性化和高品质的航空服务产品新供给，着力打造“民航＋”生态圈。实施民航“便捷工程”，推进设施自助化、乘机便利化变革，加快实现旅客登机智慧化和行李全程跟踪，提升航空出行体验。以航班正常率为核心，践行“真情服务”，实施中国民航旅客服务“幸福工程”，积极回应人民群众对航空服务质量的关切，通过坚持标准，持续改进，真诚服务，实现民航服务由“合格率”向“满意度”转变。

“十三五”期间，民航每年开展服务质量专项行动，航班正常信息通告机制基本建立，不正常航班信息告知的及时性、准确性和一致性得到基本保障，航班正常率连续三年超过 80%，2020 年达 88.52%，比“十二五”末期提升 20 个百分点；全国 233 个机场实现了国内航班无纸化便捷出行，千万级机场国内旅客自助值机占比超过七成，旅客排队时间大大减少；空中餐食品种不断丰富、质量稳步提升，机场餐饮基本实现“同城同质同价”；行李运输质量明显改善，射频识别（RFID）行李跟踪系统建设进入“串线成网”阶段；购票环境持续优化，41 家国内航空公司实施客票

退改签“阶梯费率”；机上 Wi-Fi 建设加快推进，19 家航空公司的 653 架飞机为近 1000 万旅客提供客舱无线网络服务；旅客投诉渠道畅通，开通 12326 民航服务质量监督电话，国内航空公司投诉响应率达到 100%；安检新模式逐步试行，启用电子临时乘机证明线上平台，15 家千万级机场试点“旅客差异化安检”，过检效率明显提升；优化中转服务，部分机场最短衔接时间压缩至 45 分钟；航空公司在空铁联运方面进行探索，在部分机场航站楼实现“一站购票、一证通关、无缝衔接”；物流信息化加速推进，航空货运电子运单突破 708.4 万票；特色服务明显提升，出台《残疾人航空运输管理办法》，“军人依法优先”通道实现运输机场全覆盖，母婴室建设进一步完善，累计为人体捐献器官开通航空运输绿色通道 5149 次①。服务品质得到根本性改善，得到人民群众广泛赞誉，民航在综合运输体系中的比较优势得到进一步发挥。

二、打造国际竞争力较强的大型网络型航空公司

（一）打造世界级超级承运人

鼓励航空公司联合重组、混合所有制改造，加大对主基地航空公司航线航班资源配置，打造具有全球竞争力、服务全球的世界级超级承运人。鼓励开展全球并购和战略合作，发挥资本的纽带作用，构建全产业链的现代民航产业体系，打造服务品质与企业规模均全球领先的世界级航空企业集团。构建轴辐式和城市对相结合的航线网络，积极发展空中快线。

“十三五”期间，中国民航新增运输飞机 1253 架，民航机队规模达到

① 《2021 年全国民航工作会议工作报告》，2021 年 1 月。

6747 架，旅客运输量连续 15 年稳居世界第二，从“十二五”末期相当于美国的 54%，提升至 2019 年的 71%。2020 年，在新冠肺炎疫情对全球民航业造成巨大冲击的情况下，由于我国疫情防控措施得力有效，中国民航在全球率先触底反弹，成为全球恢复最快、运行最好的航空市场。2016～2019 年全行业连续保持盈利，实现利润总额 2306.4 亿元，超过“十二五”时期的 471.9 亿元①。庞大的行业规模、巨大的市场空间以及良好的行业业绩为打造世界级超级承运人创造了良好环境，同时，为了更好地适应民航的全球竞争，还需要打造世界级超级承运人，更好地实现资源配置效率和高质量发展②，在全球民航运输体系中发挥引领和担当作用③。但是打造世界级超级承运人并不只是简单地扩大航空公司的机队规模和业务规模，更重要的是要提高其综合管理能力和服务品质。同时，现代化的民航产业体系、合理的地面机场布局和高效的空中航线网络也是打造世界级超级承运人的重要条件。未来，中国民航将在资本、资源、供应链和产业链、地面和空中网络等多方面采取措施，打造具有全球竞争力、服务全球的世界级超级承运人。

（二）打造全球性的航空物流企业

满足现代航空物流企业的基础设施需求，推进专业化航空物流设施和核心航空货运枢纽建设。改善航空物流政策环境，支持航空物流企业做大做强。构建多层次的物流信息服务系统，打造“畅通全球”的综合航空物

---

① 《2021 年全国民航工作会议工作报告》，2021 年 1 月。

② 马须伦：《聚焦高质量发展　加快建设世界一流航空运输企业》，载《学习时报》2020 年 12 月 16 日。

③ 王疆民：《中国打造超级承运人　是在为世界航空市场做贡献》，民航资源网，2018 年 12 月 10 日。

流信息服务平台。规范航空货运代理市场秩序，打造若干覆盖全球的超级货运代理服务商。加快全球战略资源布局，构筑面向全球的航空物流服务网络，打造全球最具效率和竞争力的航空物流企业集团。

民航业和物流业是支撑我国经济社会发展的战略产业。航空物流业是以航空货运为核心，实现物品“门到门”实体流动以及延伸服务的战略性产业体系，具有服务范围广、附加值高、快捷高效等特点①。尤其是当前全球航空业受到新冠肺炎疫情的冲击，航空物流作为国家重要战略性资源，得到国家前所未有的高度重视，为国家稳定产业链供应链发挥了重要作用。从全球航空物流业的发展经验来看，强大的全球性航空物流企业在提高物流效率、实现规模经济、开展全球服务等方面具有显著优势，在我国目前民航市场发展的环境下，打造全球性的航空物流企业既是对我国产业链供应链发展的有力保障，也有助于我国更好地开展国际经贸合作、高质量共建“一带一路”。

（三）培育多元化的航空市场主体

支持建设低成本航空公司、支线航空公司、货运航空公司，实现市场更加平衡、更加充分发展。创新低成本、支线、货运等细分市场运营模式，强化特色经营、特色产品和特色服务，培育一批各具特色的航空运输企业。发挥大型航空企业的经营管理优势和社会责任的主体作用，带动中小航空企业向“专、精、特、新”发展，实现大中小航空公司高效协同、良性竞争的互动发展新格局。

航空消费市场是大众化的市场，不同消费者对航空消费的差异性巨

---

① 中国民用航空局：《民航局关于促进航空物流业发展的指导意见》，中华人民共和国中央人民政府网站，2018 年 5 月 11 日。

大。培育多元化的航空市场主体，不仅有利于提高航空市场的活力，更有利于发挥企业能动性，为不同消费者群体提供差异化产品，更好地满足人民群众对航空消费的多样化需求。

三、建设布局功能合理的国际航空枢纽及国内机场网络

民用运输机场作为国家重要公共交通基础设施，是民航业发展的基础，在综合交通运输体系中发挥着重要作用。为积极对接国家战略、进一步完善综合交通运输体系，民航局于 2017 年制定了《全国民用运输机场布局规划》，提出要从综合交通运输体系出发，发挥民航安全、快捷、舒适、灵活的优势，有效衔接高速铁路等交通运输方式，兼顾公平与效率，构建世界级机场群、国际枢纽和区域枢纽层次清晰、布局合理、功能完善的机场体系，提升机场服务水平①。

“十四五”及以后一段时期，中国民航将构建并完善三个体系，其中就包括构建完善功能健全的现代化国家机场体系，这就要求中国民航更加注重每个机场的功能和作用，更加注重机场间的协同效应，更加注重以机场为核心的航空服务覆盖范围，构建包括四个世界级机场群、数十个区域性枢纽机场以及数百个干支机场和通用机场组成的综合机场体系。

（一）构建机场网络体系

统筹协调民用运输机场和通用机场布局建设，结合国家战略、区域经济社会、综合交通运输体系发展要求，新增布局一批运输机场，完善通用

---

① 中国民用航空局：《全国民用运输机场布局规划》，中华人民共和国国家发展和改革委员会网站，2017 年 2 月 13 日。

机场网络体系，构建覆盖广泛、分布合理、功能完善、集约环保的机场网。优化布局结构，着力提升北京、上海、广州机场国际枢纽的竞争力，加快建设成都、昆明、深圳、重庆、西安、乌鲁木齐、哈尔滨等国际航空枢纽，打造若干国际航空货运枢纽，建成以世界级机场群、国际航空枢纽为核心、区域枢纽为骨干、非枢纽机场和通用机场为重要补充的国家综合机场体系。高质量推进机场规划建设，建设平安、绿色、智慧、人文的“四型机场”。

四型机场是以“平安、绿色、智慧、人文”为核心，依靠科技进步、改革创新和协同共享，通过全过程、全要素、全方位优化，实现安全运行保障有力、生产管理精细智能、旅客出行便捷高效、环境生态绿色和谐，充分体现新时代高质量发展要求的机场。建设四型机场，有助于实现发展方式从规模速度型向质量效率型转变、发展动力从要素投入驱动向创新驱动转变，满足人民对民航运输的美好需要，推进新时代民航高质量发展和民航强国建设，为世界民航机场建设与发展贡献中国智慧、分享中国方案①。为推动四型机场建设，民航局先后出台了《中国民航四型机场建设行动纲要（2020—2035 年）》《四型机场建设导则》《人文机场建设指南》等文件，为建设四型机场明晰了路径、提供了建设指导。

（二）建设世界级机场群

着力推动京津冀、长三角、粤港澳大湾区、成渝等世界级机场群建设。按照共商共建共享原则，探索建立全面、系统的运行协调与融合发展机制。完善区内各机场功能定位。统筹机场群基础设施布局建设、航线网

---

① 中国民用航空局：《中国民航四型机场建设行动纲要（2020—2035 年）》，中华人民共和国中央人民政府网站，2020 年 1 月 3 日。

络规划、地面交通设施衔接，优化航权、时刻等资源高效供给，形成优势互补、互利共赢的发展格局。

建设世界级机场群，既是协调京津冀、长三角、粤港澳大湾区、成渝等地区综合交通体系的重要基础设施，也是区域经济协调发展的重要载体，同时，也有利于我国经济发达地区以世界级机场群为纽带，走向全球市场参与国际竞争。

（三）推进枢纽机场建设

加强大型枢纽机场战略规划编制工作。按照“精品工程、样板工程、平安工程、廉洁工程”建设要求，加快建设北京大兴国际机场等国际航空枢纽示范工程。实施枢纽机场功能提升工程，适度超前调整并完善千万级以上枢纽机场总体规划，扩大枢纽机场终端容量。接近终端容量且有条件的城市研究建设第二机场。积极有序推进以货运功能为主的机场布局建设。推动枢纽机场与其他交通方式的深度融合，打造若干以枢纽机场为核心的世界级综合交通枢纽。深化机场管理体制改革，完善民用机场公共基础设施属性，建立适应现代综合交通运输发展趋势的机场综合体运行管理体制机制。以质量效率提升为导向，创新和完善枢纽机场运行流程，充分发挥基础设施效率和效益。

（四）加快非枢纽机场和通用机场建设

提高航空服务均等化水平，新增布局一批运输机场，重点布局、加密中西部地区机场，鼓励利用军用机场资源开展军民合用，建立通用机场转换为运输机场的机制。实施一批机场改扩建工程，提升机场安全运行保障能力。大力实施军民融合发展，在民用机场建设中兼顾国防建设需求，探索军民航协同运营机制。加快通用机场建设，实施国家级、区域性通用机场建设示范工程，鼓励非枢纽机场增加通用航空设施，鼓励在偏远地区、地面交通不便地区建设通用机场。

四、构建安全高效的空中交通管理体系

民航空中交通管理是国家综合交通运输体系和国家空域系统的重要组成部分，是保障民用航空安全高效运行的中枢。构建安全高效的空中交通管理体系，是保障飞行安全、提高运行效率、提升行业服务的重要条件。根据《新时代民航强国建设行动纲要》，构建安全高效的空中交通管理体系将从如下四个方面展开。

（一）深化空管体制机制改革

推动国家空域管理体制改革，建立健全空域资源配置体系，促进空域管理推进军民融合发展，建成安全高效的现代化空域管理体制。围绕建设强安全、强效率、强智慧、强协同的“四强”① 现代化空管体系，深化民航空管系统改革，建立符合空管实际、适应民航发展需要的企业化管理机制，推进绩效型组织建设。建立空管运行领域军民融合发展机制，最终实现军民航空管联合运行。

（二）增强空域资源保障

加强空域规划的引领作用，积极参与国家空域总体规划和空域分类工作，不断优化民航使用空域，实现空域分类划设。推进干线航路网规划实施，推进京津冀、长三角、粤港澳大湾区等重点区域的空域优化方案实

---

① 中国民用航空局空中交通管理局：《“四强空管”行动方案》，中国民航网，2018 年5 月8 日。

施，持续优化成都、昆明、深圳、重庆、西安、乌鲁木齐、哈尔滨等重点枢纽机场终端区空域方案。强化空域资源意识，加大基础设施投入，加强空域资源开发利用。

（三）提高空域运行效能

推进空域管理、流量管理、管制服务一体化运行。建立全国、区域、机场多级飞行流量管理体系和空管、机场、空域用户等多方协同决策机制。缩小管制移交间隔。全面推广空域精细化管理。建立空域使用效率评估机制，不断改善空域管理工作。

（四）实施空管强基工程

完善区域管制中心、终端管制中心、塔台管制室的建设。建成国际一流、高效运行的民航运行管理中心、气象中心、情报管理中心、民航通信网、自动相关监视广播系统（ADS－B）监视网。建成空天地一体化、网络化的数据通信、精密导航、综合监视系统，完成陆基向星基导航转变。建设智慧气象工程。建设航空情报自动化系统。构建空管安全风险管理平台，完善空管应急管理体系。推动国产空管技术和装备产业化发展，实现空管设备安全与技术自主可控。

五、健全先进、可靠、经济的安全安保和技术保障服务体系

飞行安全关系到人民群众的生命财产安全，是民航发展的重要底线，也是民航的头等大事。截至 2020 年 8 月 25 日，中国民航全行业实现运输航空安全飞行 10 周年，到 2020 年底，中国民航持续安全飞行“120＋4”

个月[①]，行业安全水平稳居世界前列。“十三五”期间，中国民航果断停止波音737MAX8机型的商业运行，消除了发生航空安全事故的最大隐患。按照符合国际惯例的航空安全保障要求，及时对香港国泰航空发出重大安全风险警示并采取有力措施，有效防控涉及内地的输入性安全风险。

要实现持续安全，就要健全先进、可靠、经济的安全安保和技术保障服务体系，坚持安全发展理念，完善安全政策规章体系和风险防控体系。积极应对航空安全态势和航空企业超大机队、巨大流量、更广范围的形势变化，创新安全监管模式，探索实施重点精准差异性监管方式，加大新技术应用，增强精准监管力度，严厉查处安全违章失信行为，提高行业安全监管效能。严格落实安全生产责任体系，坚持对安全隐患“零容忍”，加强队伍作风和能力建设，筑牢安全生产底线。

推进大数据、人脸识别等新技术应用，全面建设民航安保科技信息应用新格局。加强航空安保力量建设，增强反恐处突能力。放管结合，构建适应通用航空、航空物流等领域的航空安保体系。构建国际间合作机制，建立及时响应、协同合作、运行高效的航空应急救援体系和国家航空应急运输力量。

六、构筑功能完善的通用航空体系

通用航空和公共运输航空一起，被称作是民航发展的“两翼”，推动两翼齐飞是“十四五”时期我国民航总体工作思路的重要内容。“十三五”期间，通用航空业务量年均增长13.7%，通用机场数量超过运输机场。截至2020年末，全行业注册无人机共52.36万架，全年经营性飞行159.4万

① 《2021年全国民航工作会议工作报告》，2021年1月。

小时，同比增长36.4%[①]。“十四五”时期，随着低空空域改革不断深入，通用航空市场需求将进一步激活，构筑功能完善的通用航空体系是满足通用航空市场需求的重要条件。

（一）做大做强服务市场

培育充满活力的通用航空市场，稳步扩大短途运输、公益服务、航空消费等市场规模，推进传统工农林生产服务市场提质增效。建成一批综合或专业通航示范区，融合旅游、“互联网+”、创意经济等，构建全域运营服务体系。打造一批竞争力强的专业化运营服务企业，在重点领域培育全球领军企业，带动形成覆盖广泛、服务优质的通航市场。

（二）强化基础保障体系

建立飞行流程全服务、国土空间全覆盖、能力服务高质量的基础保障体系。建设通用航空低空飞行服务保障体系，建成区域及国家通航飞行服务中心，建成功能完善的飞行服务站（FSS）服务体系，实现国内通用航空器兼容ADS－B等各种监视技术的北斗导航系统全覆盖。完善固定基地运营服务商（FBO）体系和航油航材供应体系，建设功能全面的维修保障基地（MRO）。

（三）构筑全体系产业链

大力提升以制造业为核心的上游产业市场竞争力，积极培育租赁等下游现代服务业，构建具有自主创新能力的全链条产业体系。全面提升通用飞机高性能发动机、关键部（附）件及整机研发制造能力，促进传统装备

① 《2021年全国民航工作会议工作报告》，2021年1月。

制造的转型升级。做大现代服务业规模，在租赁、保险、咨询等专业领域形成一批进入国际先进行列的服务企业。创新引领无人机应用，依托云系统建设无人机大数据中心，构建无人机智慧产业生态圈，提升无人机在智慧物流、智慧城市、智慧农业等领域的服务能力。积极推进无人机各类应用场景，催化示范区建设，探索建立载人载货无人机低空交通运输系统，创新“无人机+”产业体系。培育一批全球领先的航空制造、飞行监控、运营服务的无人机龙头企业。

七、增强制定国际民航规则标准的主导权和话语权

民航业是高度国际化的行业，旅客运输、航空物流、航空器、零部件和装备制造、航线网络和地面保障等各领域都离不开国际市场和国际标准。近年来，随着我国民航开始由民航大国向民航强国转变，我国在卫星导航、飞机和装备制造、无人机制造、安全运行等方面跻身世界前列或正在向世界前列迈进，积极参与相关国际民航规则标准的制定，提高我国在全球民航业的主导权和话语权，是我国成为民航强国的重要标志之一。

（一）积极参与国际事务

深度参与国际民航组织事务，主动承担国际民航组织一类理事国相关责任和义务，推动国际化民航人才交流，支持国际性行业组织高效管理和有序运作。推动民航国际性、区域性组织在我国设立分支机构，设立民航技术合作交流项目，为国际民航技术创新、应用与合作提供新平台。积极支持发展中国家民航事业发展，为提升世界民航可持续发展能力作出“中国贡献”。

（二）全面深化国际合作

构建合作共赢、平等互利的合作机制，打造跨企业、跨行业、跨区域的合作链条。全面创新战略合作平台与机制，提升我国航空运输企业在国际航空组织、联盟中的影响力。支持和推进北斗导航、国产大飞机、技术标准、技术服务等中国民航相关产品服务“走出去”。推进全球航空运输服务便利化，为世界民航发展注入“中国动力”。

（三）积极参与全球民航治理

秉持共商共建共享的全球治理观，构建世界民航发展的命运共同体。倡导国际民航关系民主化，积极参与有关国际公约的制定和修订，逐步提高在国际民航标准规则制定中的影响力和话语权。打造新型国际民航合作机制，携手共创航空繁荣之路，实现政策沟通、航线互通、客货畅通、共同发展，为全球民航治理提供“中国智慧”。

八、培育引领国际民航业发展的创新能力

科技创新是推动航空制造、安全运行、服务保障、行业监管等民航各领域高质量发展的重要动力源，是建设民航强国的重要推动力量。要从实施科技创新引领战略、建设智慧民航、提高适航审定能力、打造一流科技创新平台、培养国际化创新人才队伍、改革创新行业治理能力等领域，培育引领国际民航业发展的创新能力。

（一）实施科技创新引领战略

深化创新体制改革，强化企业创新主体地位，以航空运输服务链为

导向部署创新链、资金链，形成产学研深度融合的技术创新机制。开展应用基础研究和前沿技术创新，组织实施国家科技计划重点项目，开展机场建设、空域管理、节能减排等重大技术创新研究，构建稳定、多元的民用航空器、发动机、关键设施设备、核心软件系统以及零部件的航空产品供应链①，实现核心技术和瓶颈技术的重大突破，推动成果应用。

（二）建设智慧民航

推进航空系统组块升级计划实施，加大北斗卫星导航系统等具有自主知识产权的新技术、新装备、新系统在空管、航空器运行等领域的研发和应用，形成空、天、地全方位的新航行技术应用体系。抓住国家新基建的机遇②，着力推动民航与互联网、人工智能、大数据等新技术的深度融合。实施智慧机场示范工程，加强机场新技术、新产品的研发应用，推动机场管控模式、服务模式的革命性变革，实现“智慧运行”“智慧服务”“智慧管理”。

（三）提高适航审定能力

建设世界一流适航审定体系、世界一流适航审定能力和世界一流适航审定队伍，构建并不断完善统一、完整的民用航空飞行验证管理体系，补齐飞行验证短板，实现与航空制造业深度融合发展。聚焦 C9X9 系列国产大飞机、航空发动机、无人机、生物和煤制航油等重点产品适航审定能力建设，全面满足我国民用航空产业发展需求。优化改进适航管理措施和程序，加强对产品全寿命周期适航能力建设。大力提升适航审定国际输出能力，助力国产航空产品“走出去”。

---

① 中国民用航空局：《关于“十四五”期间深化民航改革工作的意见》，2021 年 3 月 2 日。

② 高俊：《抓住新基建机遇　加快民航强国建设》，载《民航管理》2020 年第 5 期。

（四）打造一流科技创新平台

调动社会创新资源，构建民航创新产业集群，建成全国首家民航科技创新示范区，创建“四型”科研院所，打造科技创新“五大”基地，加强民航重点实验室和工程技术研究中心能力建设，构建和发展民航产业技术创新战略联盟，推进民航科技产学研用协同创新，促进科技成果转化。建设适航审定、航空产品制造、安全安保技术、战略规划以及大数据平台等领域的国家级重点实验室和工程技术中心。建立科技企业、科研院所、高等院校产学研相结合的开放性技术创新机制，加强与国外知名科研机构合作，提高全行业综合创新能力。

（五）培养国际水平人才队伍

实施“人才强业”战略，实行更加积极、更加开放、更加有效的人才政策。组织实施民航科技创新人才推进计划，培养造就一批具有国际水平的民航科技领军人才、拔尖人才和重点领域创新团队。支持国际化和复合型人才培养，鼓励引进国外及相关领域的高端人才。营造良好的人才成长环境，造就一支与民航强国相适应的结构全、素质高、规模大的人才队伍。

（六）全面提升治理能力

以建设人民满意的服务型、法治型政府为目标，全面深化民航体制机制改革，不断提高行业治理效率效益，实现治理体系和治理能力现代化。创新和完善宏观调控方式，推进民航领域中央与地方财政事权和支出责任划分改革，深化价格改革，提高行业投资效率，逐步有序放松行业准入。加强行业法规建设，构建完善的民航法律法规规章体系。建设行业监管执法系统，丰富规范监管手段，提升行业监管能力。健全标准体系，完善标准实施推进机制。

参考文献

[1] 陈俊杰：《尼克松时期的中美关系》，上海师范大学学位论文，2010 年。

[2] 陈惟杉：《机场：国家发展的动力源》，载《中国经济周刊》2009 年 9 月 15 日。

[3] 陈小丽：《美国官员记忆中的美中关系正常化趣闻》，载《党史纵览》2012 年第 5 期。

[4] 邓力群、马洪、武衡：《当代中国民航事业》，中国社会科学出版社 1989 年版。

[5] 董志毅：《加快新时代民航强国建设发挥民航在交通强国建设中的战略支撑作用》，引自《交通强国建设纲要学习读本》，人民交通出版社 2020 年版。

[6] 范恒菲：《中国民用航空运输业行政立法规制若干问题研究》，南京航空航天大学学位论文，2013 年。

[7] 高俊：《抓住新基建机遇　加快民航强国建设》，载《民航管理》2020 年第 5 期。

[8] 顾明：《十年磨一剑——空中客车 A380 正式诞生》，载《国际经济合作》2005 年第 2 期。

[9] 《广州白云机场走出非典阴影　要打造“文化机场”》，搜狐新闻，2003 年 6 月 17 日。

[10] 郭晓晔：《英雄万岁：东北老航校暨人民空军创建史诗》，解放军文艺出版社 2006 年版。

［11］郭振华：《天津与新中国民航》，载《档案时空》2008 年第 5 期。

［12］郭振华：《天津与中国民用航空事业的不解之缘》，载《中国民航学院学报（综合版）》2002 年第 5 期。

［13］国家统计局：《中国统计年鉴 1993》，中国统计出版社 1993 年版。

［14］《国庆 69 周年，重温习近平谈“爱国”十段经典语录》，人民网，2018 年 10 月 1 日。

［15］韩晓玲：《如何在旅游大氛围中提高中国民航竞争力的思考》，载《中国商贸》2013 年第 24 期。

［16］杭迅：《伊留申民机家族的中国缘》，载《大飞机》2017 年第 1 期。

［17］胡祥鸿：《周恩来用词的敏感》，载《阅读与写作》2011 年第 5 期。

［18］蒋祝平：《关于民航加强安全改进工作情况的报告》，中国人大网，1993 年 12 月 27 日。

［19］《军民合一到政企分开　体制改革助推民航发展》，中国民用航空局，2008 年 12 月 4 日。

［20］《空客公司总裁“中国是最令人兴奋的航空市场”》，载《中国对外贸易》2003 年第 5 期。

［21］邝志勇：《以艰苦朴素著称的邝任农将军》，载《党史文苑》2010 年第 7 期。

［22］李红垒：《中美关系解冻——三条渠道探析》，曲阜师范大学学位论文，2008 年。

［23］李华：《当代中国的民航事业》，中国社会科学出版社 1989 年版。

［24］李华：《1950～1954 年中苏民航公司的成立、业绩及其影响因素》，载《当代中国史研究》2019 年第 26 期。

［25］李建文：《大革命时期国共合作的又一产物：记中国最早的军事飞机学校》，载《广东党史》1997 年第 1 期。

［26］李健：《让中国大飞机飞上蓝天是国家意志　严格适航审查持续提升质量》，载《中国民航报》2019 年 3 月 6 日。

［27］李军：《中国民航年谱》，中国民航出版社 2013 年版。

［28］李莉：《武汉天河机场航站楼管理问题研究》，华中师范大学学位论文，2016 年。

［29］《两大机型中国练兵中国签下波音 787 最大订单》，新浪财经，2005 年 1 月 31 日。

［30］林明华：《天泉——周恩来与中国民航》，中国民航出版社 2007 年版。

［31］刘波：《胜利密码：解放军战力之谜》，广东人民出版社 2019 年版。

［32］刘栋：《乒乓外交与中美关系解冻》，载《兰台世界》2010 年第 7 期。

［33］刘海泉：《毛泽东时代的中国周边安全战略评析》，载《湖南师范大学社会科学学报》2014 年第 43 期。

［34］刘莉、王勇：《中国民航发展简史》，中国民航出版社 2010 年版。

［35］刘鲁颂：《如何认识和理解北京新机场是我们国家发展的一个新的动力源》，载《中国民航报》2017 年 3 月 24 日。

［36］刘庆胜：《民航专业图书编写与出版的五项注意要点》，载《民航学报》2018 年第 2 期。

［37］刘振敏：《新中国成立 70 周年 · 航空维修篇从零到千亿的跨越——中国航空维修产业 70 年发展回顾》，载《大飞机》2019 年第 9 期。

［38］龙乃禾：《1972：尼克松访华的台前幕后》，载《党史博采》2002 年第 2 期。

［39］吕黎平：《星光照西陲——忆我党第一支航空队的前前后后》，战士出版社 1983 年版。

［40］《毛泽东文集》第三卷，人民出版社 1996 年版。

［41］《民航企业联合顺利完成六大集团公司宣告成立》，载《中国民用航空》2002 年第 10 期。

［42］《民航喜迎十八大系列报道：大爱的天空》，中国民航网，2012 年 10 月 8 日。

［43］《民航要走企业化道路》，载《人民日报》1980 年 8 月 4 日。

［44］民航总局规划科技司：《中国民航事业回顾与展望》，2003 年 10 月 19 日。

［45］民航总局规划科技司：《中国民航事业回顾与展望》，2007 年 9 月 14 日。

［46］民航总局国际合作司：《建国五十五年中国民航国际关系的发展》，载《中国民用航空》2004 年第 10 期。

［47］荣宁：《周恩来与新中国的航空运输业》，载《廊坊师范学院学报》2007 年第 1 期。

［48］石文龙：《60 年来我国解决“台湾问题”的法治实践与经验启示》，载《上海市社会主义学院学报》2009 年第 6 期。

［49］汪静：《第五航权陷落的幕后隐情　开放决策用心良苦》，新浪财经，2003 年 4 月 7 日。

［50］王勇等：《中国民航史教程》，中国民航出版社 2019 年版。

［51］王渝生：《共和国科技奠基——中华科技六十年（一）1949－1955年》，载《科学中国人》2010年第1期。

［52］温天蓉：《广州市南沙岛城市空间形态研究》，华南理工大学学位论文，2010年。

［53］吴小宝：《周恩来总理专机首任机长张瑞霭访谈》，载《广东党史》2001年第1期。

［54］武健华：《我随周总理首次访问坦桑尼亚》，载《党史博览》2006年第7期。

［55］《习近平：保障改善民生没有终点　只有连续不断的新起点》，载《重庆日报》2016年2月4日。

［56］《习近平：从小积极培育和践行社会主义核心价值观》，新华网，2014年5月30日。

［57］习近平：《打好“团结牌”》，载《浙江日报》2003年11月11日。

［58］《习近平：青年要自觉践行社会主义核心价值观——在北京大学师生座谈会上的讲话》，新华网，2014年5月5日。

［59］《习近平谈治国理政》第三卷，外文出版社2020年版。

［60］《习近平体验C919客机样机：把大飞机搞上去》，新华网，2014年5月23日。

［61］《习近平在北京考察：抓好城市规划建设　筹办好冬奥会》，新华网，2017年2月24日。

［62］《习近平在省部级主要领导干部学习贯彻党的十九届五中全会精神专题研讨班开班式上发表重要讲话》，新华网，2021年1月11日。

［63］《习近平：在知识分子、劳动模范、青年代表座谈会上的讲话》，新华网，2016年4月26日。

［64］徐柏龄：《专机机长回忆：周恩来总理带领中国民航飞向世界》，载《党的文献》2018 年第 3 期。

［65］徐向前：《历史的回顾》，人民出版社 2016 年版。

［66］杨元元：《中国民航将进一步开放市场引入竞争》，新浪财经，2004 年 1 月 16 日。

［67］杨正泉：《特殊岁月里的幕后新闻》，载《时代文学》2009 年第 4 期。

［68］岳从欣：《中国共产党关于“四个现代化”提法之历史考察》，载《思想理论教育导刊》2010 年第 5 期。

［69］张安、刘伟：《20 世纪 60 年代中巴通航问题解决始末》，载《南亚研究》2013 年第 2 期。

［70］张宏喜：《“乒乓外交”的背后　中美关系突破中的小球与大球》，载《世界博览》2016 年第 17 期。

［71］张雄旗、李宜：《中国民航安全管理现状研究》，载《科技，经济，市场》2011 年第 3 期。

［72］张焱：《芝加哥公约体系和国际航空运输自由化》，华东政法学院学位论文，2005 年。

［73］郑囿君：《论我国民用航空器适航管理行政许可制度》，南京航空航天大学学位论文，2012 年。

［74］《政府及行政简讯》，载《中国民用航空》2002 年第 2 期。

［75］中共中央党史研究室：《中共党史资料第五十辑》，中共党史出版社 1994 年版。

［76］《中国民航史上最大订单签订中国购 60 架波音飞机》，中国新闻网，2005 年 1 月 29 日。

［77］《中国民航最大规模撤侨任务结束 35860 人回国》，腾讯新闻，

2011 年 3 月 6 日。

［78］《中国与苏联关系文献汇编》编委会：《中国与苏联关系文献汇编（1949 年 10 月～1951 年 12 月）》，世界知识出版社 2009 年版。

［79］钟义辉：《“八一开航”新中国民航起步的重要标志》，载《大飞机》2017 年第 7 期。

［80］朱秀玲：《尼克松政府的越南战争政策和策略》，西北师范大学学位论文，2008 年。

［81］宗金北：《尼克松政府对华政策战略调整的原因》，山东师范大学学位论文，2010 年。